U0541311

中国服务业全要素生产率的演化及其异质性

崔 敏 ◎ 著

中国社会科学出版社

图书在版编目(CIP)数据

中国服务业全要素生产率的演化及其异质性/崔敏著. —北京：中国社会科学出版社，2023.3
ISBN 978-7-5227-1408-0

Ⅰ.①中… Ⅱ.①崔… Ⅲ.①服务业—全要素生产率—研究—中国 Ⅳ.①F719

中国国家版本馆 CIP 数据核字(2023)第 026583 号

出 版 人	赵剑英	
责任编辑	李斯佳	
责任校对	李　剑	
责任印制	戴　宽	

出　　版	中国社会科学出版社	
社　　址	北京鼓楼西大街甲 158 号	
邮　　编	100720	
网　　址	http://www.csspw.cn	
发 行 部	010-84083685	
门 市 部	010-84029450	
经　　销	新华书店及其他书店	

印　　刷	北京君升印刷有限公司	
装　　订	廊坊市广阳区广增装订厂	
版　　次	2023 年 3 月第 1 版	
印　　次	2023 年 3 月第 1 次印刷	

开　　本	710×1000　1/16	
印　　张	17.5	
插　　页	2	
字　　数	238 千字	
定　　价	88.00 元	

凡购买中国社会科学出版社图书，如有质量问题请与本社营销中心联系调换
电话：010-84083683
版权所有　侵权必究

序　言

　　改革开放40多年以来，中国经济获得了高速增长，但经济的快速增长主要建立在以要素投入为主的粗放型增长模式上，代表经济增长质量和效率的全要素生产率（TFP）增长缓慢，甚至呈现下降趋势。为了转变长期以来的传统经济增长模式，习近平总书记提出了"新常态"经济增长模式，改变传统以要素投入为主的粗放型经济增长模式，转向以提升生产效率为主的质量效率型集约增长方式，以适宜的速度和方式向高效率、高质量、低成本、可持续性的增长阶段转型和迈进。新常态下，作为吸纳就业和实现资源友好型经济的关键领域，服务业的发展取得了一系列新进展和新突破，尤其是"十二五"时期，服务业的增加值比重和就业比重不断提升，分别从2011年的43.1%和35.7%提升到2018年的52.2%和46.3%，服务贸易规模达到52402亿元，同比增长9%，服务业发展潜力的逐步发挥使其成为推动我国经济增长提质增效的有力支撑。尽管我国服务业发展取得了一定的成效，但就目前而言，仍存在着结构性失衡、有效供给不足、生产率及其效率低下等一系列问题，尤其是区域和行业间服务业增长存在较大的不均衡性，东部发达地区服务业拥有较高的增长水平和劳动生产率，中部和西部地区的服务业增长水平和劳动生产率则相对滞后，交通运输、仓储和邮政业，批发和零售业等传统产业一直以较高的产值比重占据服务业主导地位，金融业、科学研究等技术和知识密集型行业增加值比重远低于传统服务行业，文化体育业、娱乐业、社会福利业等具有巨大发展潜力的生活性服务业发展一直较为缓慢，区域与行业间增长的非均衡性成为制约我国服务业协调可持续发展的一大瓶颈。《中国国民经济和社会发展第十三个五年规划纲要》指出，要坚持协调发展，着力形成平衡发展结构，尤其是推动区域协调发展，塑造要素有序自由流动、资源环境可承载的区域协调发展新格局。因此，如何在推动我国服务业快速发展的同时，实现其在"质"和"量"上的双向提升，如何在提升我国服务业生产率水平的同时，实现区域间服务业以及服务业内部各细分行业间均衡、协调、可持续发展，成为我国服务业发展过程中亟须解决的问题。鉴于此，在贯彻新发展理念和高质量发展要求的背景下，考察我国服务业区域和行业间TFP演化进程及其异质性现象，分析TFP演化过程中的异质性程度、趋势和特征，并对此异质性作用于区域和行业间服务业发展差距的影响效应进行评估，对于正确认识新时期服务业发展与高质量经济增长之间的关系，实现服务业提质增效，切实发挥其对于我国经济增长的支撑作用有着重要的理论价值和现实意义。

本书以服务业演化理论、内生经济增长理论、生产率理论等经济学理论为基础，以"服务业TFP演化—TFP异质性存在性论证—TFP异质性影响效果分析—引致TFP异质性的因素及其效应分析"为主体分析框架，首先构建了服务业TFP增长模型，通过数理推导分析了TFP的增长机制，从理论层面论证了引致我国服务业TFP演化异质性的各经济变量及其影响效应；其次，运用超越对数生产函数，分别对区域和行业两大层面的服务业TFP进行了分解和测度，实证检验了各地区及各行业TFP、技术进步、技术效率改进、规模效率改进以及配置效率改进的演化过程，并对我国服务业TFP及其构成部分演化过程中的异质性程度、趋势特征以及影响效果进行了剖析；再次，采用因素变量与技术无效联合的生产函数模型，对引致我国服务业 TFP 异质性演化的各因素效应和机制路径进行了分析；最后，总结本书的研究结论，并为实现我国服务业的协调可持续发展提出了相应的政策建议。

本书的主要创新点包括以下几个方面：

第一，构建了服务业 TFP 增长模型，论证了引致服务业 TFP 异质性演化的主要因素及其影响效应。本书根据服务业增长效应，构建了作为中间投入品和最终消费品的服务业 TFP 增长模型，运用数理推导对服务业 TFP 增长机制进行了系统性分析，对引致服务业 TFP 异质性演化的因素变量及其影响效应进行了论证。结果表明：生产性服务业能够在与制造业互动过程中，通过"自增强"效应提升自身 TFP 增长水平；消费者偏好、人力资本、研发资本、吸收能力、技术结构、技术差距以及政府财政支出能够对消费性服务业 TFP 增长产生影响。其中，除了技术差距的影响具有不确定性，其他因素均能够提升服务业 TFP 增长水平。

第二，实证检验了我国区域和行业间服务业 TFP 及其构成部分演化过程中的"异质性"程度与趋势特征，揭示了服务业 TFP 异质性对区域和行业间服务业发展差距的影响效果。研究结果表明：东部地区具有较高的服务业 TFP 增长水平，且省际存在逐步缩小的异质性；西部地区服务业 TFP 增长滞后，且省际存在不断扩大的异质性；中部地区服务业 TFP 增长水平和省际异质性较小，且变化幅度较为稳定。各行业 TFP 增长水平呈下降趋势，但行业间异质性呈缩小态势，其中生活性服务业行业间异质性程度要小于生产性服务业。TFP 及其构成部分的横向对比说明：服务业 TFP、规模效率改进以及配置效率改进在演化过程中的异质性程度均明显高于技术进步和技术效率改进。服务业 TFP 异质性演化的影响效果表明：服务业 TFP 异质性是造成区域和行业间服务业发展差距扩大的主要原因，其构成部分中的综合技术效率异质性是主导因素。

第三，阐明了引致我国区域和行业间服务业 TFP 异质性演化的影响因素及其效应，提出了实现我国服务业协调可持续发展的对策建议。本书通过考察各因素对服务业技术效率的作用机制，剖析了引致我国区域和行业间服务业 TFP 异质性演化的主要因素影响效应及其机制路径。研究结果表明：消费者偏好、人力资本和进口贸易能够通过显著提升区域服务业技术效率水平而引致区域间服务业 TFP 演化的异质性，国内研发资本存量的影响效果取决于国际溢出资本存量的获取程度，出口贸易和 FDI 作用于技术效率的效应程度因不同吸收能力和技术结构的调节作用而存在差异性。行业层面的研究结果与区域层面类似，不同之处在于各国际溢出渠道效用水平的发挥均需要借助于吸收能力和技术结构的调节作用。另外，以交通运输、仓储和邮政业，批发和零售业，金融业为主的生产性服务业由于与制造业关联度较高而具有较高的 TFP 增长水平，对服务业行业间 TFP 演化的异质性也产生一定的影响。

目 录

第一章 绪论 …………………………………………… (1)
  第一节 研究背景及意义 ……………………………… (1)
  第二节 研究目标与内容 ……………………………… (9)
  第三节 研究方法 …………………………………… (12)
  第四节 主要创新点 ………………………………… (13)

第二章 相关理论与文献综述 ………………………… (16)
  第一节 相关理论 …………………………………… (16)
  第二节 文献综述 …………………………………… (26)
  第三节 研究成果评述 ……………………………… (43)

第三章 服务业 TFP 增长模型构建及引致其异质性影响
       因素分析 …………………………………… (45)
  第一节 服务业 TFP 增长模型的构建思路 ………… (45)
  第二节 封闭经济下服务业 TFP 增长模型的
        构建与分析 ………………………………… (47)
  第三节 开放经济下服务业 TFP 增长模型的
        构建与分析 ………………………………… (55)
  第四节 引致服务业 TFP 异质性影响因素分析 …… (66)

第五节 本章小结 …………………………………………（71）

第四章 区域层面服务业 TFP 演化及其异质性实证分析 ………（73）
第一节 各区域服务业 TFP 分解及其异质性演化分析 ……（73）
第二节 各区域服务业 TFP 异质性测度及其趋势
特征分析 ………………………………………………（95）
第三节 各区域服务业 TFP 异质性对区域服务业发展
差距影响分析 …………………………………………（102）
第四节 本章小结 ……………………………………………（129）

第五章 行业层面服务业 TFP 演化及其异质性实证分析 ………（132）
第一节 各行业 TFP 分解及其异质性演化分析 …………（132）
第二节 各行业 TFP 异质性测度及其趋势特征分析 ……（149）
第三节 各行业 TFP 异质性对其行业发展差距
影响分析 ………………………………………………（156）
第四节 本章小结 ……………………………………………（173）

第六章 引致服务业 TFP 异质性演化的因素及其效应
实证分析 ……………………………………………………（176）
第一节 主要因素变量的选取与说明 ………………………（177）
第二节 引致区域服务业 TFP 异质性演化的因素及其
效应分析 ………………………………………………（180）
第三节 引致服务业各行业 TFP 异质性演化的因素
及其效应分析 …………………………………………（212）
第四节 本章小结 ……………………………………………（233）

第七章 结论与展望 …………………………………………………（235）
第一节 研究结论 ……………………………………………（235）

第二节　政策建议……………………………………（239）
第三节　研究展望……………………………………（244）

参考文献……………………………………………（246）

后记…………………………………………………（267）

第一章 绪论

第一节 研究背景及意义

一 研究背景

随着世界经济在全球范围内呈现出"工业型经济"向"服务型经济"转变的趋势,服务业已经成为衡量一个国家和地区现代化水平及综合竞争力的重要标志。我国服务业作为国民经济和社会发展中的重要组成部分,已经逐步发展成为新一轮推动经济增长的重要产业,对于经济增长和产业结构升级的提升有着重要的带动作用。

从我国服务业发展背景与改革历程看,我国的服务业改革起步于1978年。在此之前,受物质生产部门优先发展战略思想的影响,被视为非物质生产部门的服务业发展受到限制。1978年以后,国家针对第三产业提出了经济结构调整的发展思路,服务业增加值比重和国民经济贡献率由此开始逐年上升。1992年中共中央、国务院正式颁布了《关于加快发展第三产业的决定》,从真正意义上明确了服务业改革的方向,服务业逐步进入平稳发展阶段。2001年《"十五"期间加快发展服务业若干政策措施的意见》的出台,对服务业经济结构进行了战略性调整,服务业改革得以全面推进。2006年我国正式宣布全面开放服务贸易,进一步拓宽市场准入和扩大对外开放,服务业改革进入深化与突破阶段。2007年和2008年国务院再次颁布了《关于加快发展服务业的若干意见》以及《关于加快发展服务业若干政策措施的实施意见》,继续深化对垄断性服务业的改革力度。为了进一步调整服务业内部结构,国家"十二五"规划以及"十三五"规划均指出要将发展服务业作为产业结构升级的战略重点,推动服务业特别是现代服务业的发展壮大。

我国服务业通过"渐进式"改革取得了重大突破和成效,但仍面临一些问题。

1. 服务业增加值占全国GDP比重不断提升,但发展滞后格局仍未改变

自1992年中共中央、国务院正式颁布《关于加快发展第三产业的决定》以来,我国服务业产业增加值由1992年的9668.9亿元增加到2018年的469574.6亿元,服务业增加值占GDP的比重由1992年的35.6%上升至2018年的52.2%,占比每年增加约0.6个百分点。我国服务业的快速增长是毋庸置疑的,但从服务业占全国GDP的比重来看,其虽然整体呈上升趋势,但增速缓慢。20世纪90年代我国服务业占全国GDP的比重为35%—39%,21世纪初到目前为40%—55%,这与发达国家服务业产业增加值占GDP的比重达70%—80%的水平相比,仍存在较大差距。随着服务业逐步发展成为各国国民经济增长的主导产业,我国服务业发展速度不论与发达国家还是同等经济发展水平国家相较,均存在相对滞后的现状。

2. 区域间服务业发展不均衡,东部地区服务业发展速度明显快于中西部地区

虽然我国服务业整体增长水平呈不断上升趋势,但区域间服务业在增长水平及其劳动效率方面均存在不同程度的差异性,东部发达地区服务业拥有较高的增长水平和劳动生产率,中部和西部地区

的服务业增长水平和劳动生产率则较为滞后。表1-1反映了以1992年不变价计算的1992—2017年我国28个省份服务业实际增加值占GDP的比重,以及服务业劳动生产率的发展状况。①

表1-1　　1992—2017年我国28个省份服务业实际增加值
占GDP的比重与劳动生产率　　　单位:%,元/人

地区	增加值比重	劳动生产率	地区	增加值比重	劳动生产率	地区	增加值比重	劳动生产率	地区	增加值比重	劳动生产率
北京	2.79	19417	黑龙江	2.94	9695	山东	8.74	8920	贵州	1.05	6266
天津	2.00	14283	上海	4.55	21057	河南	5.38	6635	云南	1.72	7795
河北	5.29	8460	江苏	8.11	9610	湖北	3.69	5973	陕西	1.71	8899
山西	2.04	10242	浙江	6.13	11372	湖南	3.14	7054	甘肃	0.94	6186
内蒙古	2.03	9856	安徽	2.80	5094	广东	10.97	15633	青海	0.30	6721
辽宁	4.12	12199	福建	3.70	10220	广西	2.33	6300	宁夏	0.31	10021
吉林	1.90	7950	江西	1.91	5626	川渝	4.34	7321	新疆	1.24	11881

注:各省份服务业增加值占全国服务业增加值的比重以及劳动生产率指数均是按各年份的几何平均数测算得出的。

资料来源:根据《中国国内生产总值核算历史资料(1952—1995)》《中国国内生产总值核算历史资料(1952—2004)》中的修订数据和相关年份《中国统计年鉴》中的数据测算得出。

从表1-1可以看出,从各省份服务业增长水平的比较看,服务业增长水平较高值主要集中在广东、山东、江苏等东部发达地区,其实际增加值比重均超过了8%;中部和西部地区各省份服务业增长水平较为滞后,大部分省份的服务业实际增加值比重均在5%以下,尤其是西部地区各省份服务业实际增加值比重仅维持在1%左右。服务业增加值比重最高的省份(广东)与最低的省份(青海)之间相差了近11个百分点。各省份服务业劳动生产率较高

---

① 鉴于海南和西藏数据缺失严重,本书在样本数据中予以剔除,同时将重庆并入四川并统称为"川渝"。

值仍然集中在北京、上海、浙江、广东等东部地区,中部和西部地区劳动生产率水平普遍较低,其中服务业劳动生产率最低的省份(安徽、江西、湖北)的平均水平不足服务业劳动生产率最高的省份(上海)的三分之一。由此可见,我国服务业区域间的发展存在明显的不均衡性。

3. 服务业行业间发展不均衡,传统服务业比重明显高于现代服务业和新型服务业

我国服务业各行业在发展与演化过程中存在明显的不均衡性,交通运输、仓储和邮政业,批发和零售业等传统服务业一直以较高的增加值比重占据服务业主导地位;金融业、科学研究等技术和知识密集型行业增加值比重远低于传统服务业;文化体育业、娱乐业、社会福利业等具有巨大发展潜力的生活性服务业发展一直较为缓慢。在劳动效率方面,金融业和房地产业一直以来是推动我国服务业劳动生产效率上升的主要行业,而批发和零售业虽然拥有较高的产业增加值比重,但其劳动生产率一直发展较为滞后。表1-2反映了以1992年不变价计算的1992—2017年各行业实际增加值占GDP比重的变化状况[①]以及各行业劳动生产率的变化状况。

表1-2　　　　1992—2017年服务业各行业实际增加值占GDP比重与劳动生产率　　　单位:%,元/人

1992—2002年					
行业	增加值比重	劳动生产率	行业	增加值比重	劳动生产率
地质勘查、水利管理业	1.22	12534	社会服务业	9.71	15062

---

① 我国在2003年对服务业行业类型进行了划分,为了清晰展示各行业发展状况,本书分别对1992—2002年以及2004—2017年各行业变化状况进行考察,2003年各行业增加值数据由于所使用的行业口径差别较大,在此予以剔除。

续表

1992—2002 年					
行业	增加值比重	劳动生产率	行业	增加值比重	劳动生产率
交通运输、仓储及邮电通信业	17.94	11374	卫生、体育和社会福利业	2.96	7826
批发和零售贸易、餐饮业	26.95	7581	教育、文化艺术及广播电影电视业	7.33	6152
金融保险业	12.49	50724	科学研究和综合技术服务业	1.83	13557
房地产业	11.30	161019	国家机关、政党机关和社会团体	8.31	9502

2004—2017 年					
行业	增加值比重	劳动生产率	行业	增加值比重	劳动生产率
交通运输、仓储和邮政业	12.37	12398	科学研究、技术服务和地质勘查业	3.07	23470
信息传输、计算机服务和软件业	5.73	27152	水利、环境和公共设施管理业	1.05	10468
批发和零售业	19.87	12575	居民服务、修理和其他服务业	3.70	70308
住宿和餐饮业	4.99	7910	教育	7.10	9525
金融业	11.08	53431	卫生、社会保障和社会福利业	3.62	12609
房地产业	12.14	129033	文化、体育和娱乐业	1.50	24069
租赁和商务服务业	4.25	17627	公共管理和社会组织	9.55	14595

注：服务业各行业增加值占全国服务业增加值的比重以及劳动生产率指数均是按各年份的几何平均数测算得出的。由于年份不同，行业的具体表述不同，本书不做统一。下同。

资料来源：根据《中国国内生产总值核算历史资料（1952—1995）》、《中国国内生产总值核算历史资料（1952—2004）》、相关年份《中国统计年鉴》、相关年份《中国劳动统计年鉴》及国家统计局网站中公布数据测算得出。

从表1-2中可以看出，在各行业增长状况上，1992—2002年，批发和零售贸易、餐饮业以及交通运输、仓储及邮电通信业两大传统性行业占整个服务业的增加值比重最高，分别达到了26.95%和17.94%；地质勘查、水利管理业，卫生、体育和社会福利业、科学研究和综合技术服务业的增加值比重在所有行业中最低，仅维持在1%—2%，其余行业基本维持在7%—13%的水平。2004—2017年，批发和零售业增加值比重仍然最大，交通运输、仓储和邮政业的增加值比重则明显有所下降，但相较于其他行业仍位于较高水平；信息传输、计算机服务和软件业，教育，金融业，房地产业，公共管理和社会组织的增加值比重位于5%以上；除此之外，其他行业的增加值比重仍处于5%以下的较低水平。在劳动生产率的增长水平上，金融保险业和房地产业的实际劳动生产率在整个考察期内一直保持较高水平，餐饮业和教育则一直是劳动生产率最低的行业。可见，我国服务业各行业在发展与演化过程中亦存在明显的不均衡性。

从我国服务业的改革背景及其在各领域取得的改革成效可以看出，尽管我国服务业发展迅速并取得一定成绩，但不可否认的是，相较于国际服务业经济和我国制造业经济，我国服务业仍存在"增加值比重低、发展不均衡、国际竞争力弱"等一系列滞后现象。这一方面归结于我国服务业仍以要素投入为主的增长方式，降低了生产率对经济增长的贡献度；另一方面，服务业领域深层次的体制束缚和行业垄断，仍在很大程度上影响着我国服务业整体的增长质量和效用水平。随着新常态下我国经济增长方式的转变，以及"一带一路"倡议为我国服务业发展提供的良好契机，服务业的繁荣发展成为推动我国产业结构优化升级、实现经济增长提质增效的有力支撑。因此，如何在推动我国服务业快速发展的同时，实现其在"质"和"量"上的双向提升，如何在提升我国服务业生产率水平的同时，实现其均衡、协调、可持续发展。为了解答这些疑惑，本书以中国服务业作为研究对象，从全要素生产率（TFP）视角全面考察我国服务业生产率的演化过程，揭示其在区域和行业发展过程中存在的异质性现象及其影响因素与效应，为新常态下我国服务业的科学可持续发展提供参考。

二 研究意义

1. 理论意义

第一，构建了服务业TFP增长模型，完善和丰富了现有的关于服务业TFP增长效应的理论体系。随着TFP逐步成为解释各国和地区经济增长与产出水平差异的重要因素，关于生产率增长的内生经济增长理论得到了国内外学者的广泛关注，但已有的内生经济增长模型的考察对象主要是基于制造业经济增长的视角。本书基于内生经济增长模型的建模思路，根据服务经济的增长效应，分别构建了作为中间投入品和最终消费品服务业TFP增长模型，并通过数理模型的推导，分别对封闭经济和开放经济条件下的服务业TFP增长机制进行了分析。在服务业TFP增长模型设定过程中，本书将人力资本的直接效应和间接效应纳入分析框架，充分考虑人力资本对服务业TFP增长所产生的效用；同时，在对开放经济下服务业TFP增长模型进行分析中，将技术结构、吸收能力和政府政策等因素效应分别引入TFP增长模型，并通过静态比较分析论证了各经济变量在引致服务业TFP异质性演化过程中的影响效应和作用机制，从而对现有的服务业TFP增长理论体系的研究形成了有效的补充。

第二，系统展示了我国服务业TFP的演化历程，揭示了其演化过程中的异质性现象，拓展和细化了我国服务业TFP演化的影响因素分析中的国际溢出渠道和吸收能力的考察范围。本书从生产率视角对我国服务业演化与发展进行研究，将服务业TFP进一步分解为技术进步、技术效率改进、配置效率改进以及规模效率改进，并从区域和行业两大层面系统性地对我国服务业TFP及其分解部分的演化状况及其异质性趋势特征进行了详细的描述和比较分析，在一定程度上弥补了现有研究中大多基于整体时序和省际差异角度，且在

TFP 研究中忽略配置效率改进构成部分的分析框架。在对引致服务业 TFP 异质性演化的影响因素分析中，为了更为全面地反映国际溢出效应对服务业 TFP 增长的影响，本书将国际溢出渠道的研究范围细化为进口贸易、出口贸易、外商直接投资（FDI）及对外直接投资（ODI）四个方面，并将影响国际溢出效应的吸收能力的考察范围拓展为人力资本、制度因素、研发比重、城市化率、贸易开放度、技术差距以及综合变量七大方面，同时将技术结构纳入分析框架，从而更为深入地剖析了各因素作用于我国服务业 TFP 的影响效应机制途径。

2. 现实意义

第一，有助于对我国服务业 TFP 的演化历程形成全面客观的认识。在实施服务业快速发展战略过程中，由于经济增长方式的转变，技术进步和各种效率的改善成为提高经济生产率、维持经济长期增长的重要源泉。因此，关于我国服务业生产率发展的研究成为了众多学者关注的重点。但到目前为止，对于服务业 TFP 的研究仍缺乏系统性的理论论证和实证检验。本书从 TFP 分解的角度对我国区域和行业层面服务业生产率的演化进程进行了系统性考察，更为详尽地阐述和分析了我国区域和行业间 TFP 及其构成部分的动态演化特征及其异质性现象，为提升我国服务业增长质量，解决服务业发展过程中的长期"滞后性"和"不均衡性"问题提供了可参考的证据，有助于对我国服务业生产率的实际发展状况形成辩证的客观认识。

第二，为新时期我国服务业发展路径的战略和措施的制定、实施提供决策参考。鉴于我国不同区域和行业服务业 TFP 演化过程中存在异质性现象的客观事实，本书分别从消费者偏好、人力资本、制度改革、对外开放、政府行为、技术结构等视角考察了引致服务业 TFP 在区域和行业间增长不均衡性的深层次原因，剖析了各经济变量在我国服务业 TFP 增长过程中所产生的影响效用和机制路径，并据此提出了提升我国服务业 TFP 水平、实现区域和行业间均衡、协调、可持续性发展的对策建议，为政府部门制定合适的服务业发展战略提供了相关的决策依据和政策参考。

第二节　研究目标与内容

一　研究目标

中国经济的增长方式由以要素投入为主的粗放型经济增长模式向以提升质量效率为主的集约型增长方式转变，代表经济增长质量和效用的生产率成为学术界重点关注和研究的对象。但就目前而言，在生产率发展状况及其增长效应的研究领域，制造业因一直被默认为经典的分析对象而得到了充分的研究和论证。相比之下，对于服务业领域生产率的研究则较为薄弱。在服务业发展过程中，区域和行业间增长的不均衡性一直是影响我国服务业快速实现全面可持续发展的主要原因。那么，我国服务业 TFP 在演化过程中是否存在显著的异质性？如果存在，这种异质性对于区域和行业间的服务业发展差距有着怎样的影响？引致我国服务业 TFP 演化异质性的影响因素及其效应又是什么？如何在提升服务业生产率水平的同时实现区域和行业间协调、健康、可持续性发展？为了解答这些问题，本书将对我国服务业 TFP 的演化及其异质性现象进行研究。本书的研究目标包括以下几个方面。

第一，从理论层面阐明服务业 TFP 增长的内在机制，论证引致服务业 TFP 异质性演化的各经济变量的存在性、条件性和多面性。

第二，从区域和行业两大层面考察我国服务业 TFP 演化过程中是否存在异质性，实证检验服务业 TFP 演化过程中异质性的程度、特征趋势以及对区域和行业间服务业发展差距的影响效果。

第三，从消费者偏好、人力资本、制度改革、对外开放、吸收能力、技术结构等多角度对引致我国服务业 TFP 异质性演化的因素变量、影响效应和机制路径进行剖析。

第四，基于研究结论，寻求提升我国服务业 TFP，实现区域及行业间服务业协调、均衡、可持续性发展的对策措施。

二 研究内容与框架

本书的主要内容分为七个部分，具体章节安排如下：

第一章为绪论。本章主要介绍了本书的研究背景、研究意义、研究目标与内容，确定了本书的研究方法，归纳和总结了本书的主要创新点。

第二章为相关理论与文献综述。本章首先对与本书研究相关的基础理论进行了简要的说明与阐述，包括服务业理论、全要素生产率理论以及内生经济增长理论；其次，全面系统地梳理了与本书研究相关的国内外研究成果，具体包括 TFP 的测度与计量研究、服务业 TFP 研究、服务业 TFP 异质性研究及引致服务业 TFP 异质性影响因素研究；最后，本章对已有研究成果进行总结与评述，为本书的进一步研究寻找突破点。

第三章为服务业 TFP 增长模型构建及引致其异质性影响因素分析。本章借鉴内生经济增长模型的建模思路，构建了服务业 TFP 增长模型，运用数理推导对作为中间投入品和最终消费品的服务业 TFP 增长机制进行了系统性分析，并对引致服务业 TFP 异质性演化的因素变量及其影响效应进行了论证。本章从理论层面诠释了服务业 TFP 的增长机理，论证了各经济变量在引致服务业 TFP 异质性演化过程中的存在性、条件性和多面性，为后续章节的实证检验提供了理论基础。

第四章为区域层面服务业 TFP 演化及其异质性实证分析。本章从区域视角实证检验中国服务业 TFP 演化过程中是否存在异质性，并对区域服务业 TFP 异质性演化的程度、趋势特征以及影响效果进行了分析。具体内容包括三个方面：首先，根据 1992—2017 年省级面板数据对我国服务业 TFP 进行分解和测度，对各地区服务业 TFP 及其构成部分的演化过程及其异质性现象进行分析；其次，对区域服务业 TFP 演化过程中的异质性程度、趋势和特征进行分析；最后，对区域服务业 TFP 异质性作用与区域服务业发展差距的影响效果进行剖析。

第五章为行业层面服务业 TFP 演化及其异质性实证分析。本章从行业层面对我国服务业 TFP 演化进程及其异质性现象进行实证检验。首先，根据 1990—2017 年各行业面板数据对中国服务业 TFP 进行分解，考察服务业内部各行业 TFP 及其构成部分的演化过程；其次，对各行业 TFP 及其构成部分演化过程中的异质性程度和趋势特征进行分析；最后，对各行业 TFP 异质性作用于服务业行业间发展差距的影响效果进行剖析。

第六章为引致服务业 TFP 异质性演化的因素及其效应实证分析。基于第三章理论分析所提出的研究结论，本章通过考察各因素对服务业技术效率的作用机制，对引致我国区域和行业间服务业 TFP 异质性演化的各因素的影响效应进行了实证检验。

第七章为结论与展望。本章对全书的研究成果进行了归纳性总结，主要内容包括三个部分：首先，对本书的理论分析以及经验实证所得出的研究结论进行总结；其次，基于本书的研究结论，针对性地提出提升我国服务业生产率、推进服务业协调可持续发展的对策建议；最后，指明本书研究的不足和局限之处，对后续的进一步研究工作进行展望。

本书的研究框架如图 1-1 所示。

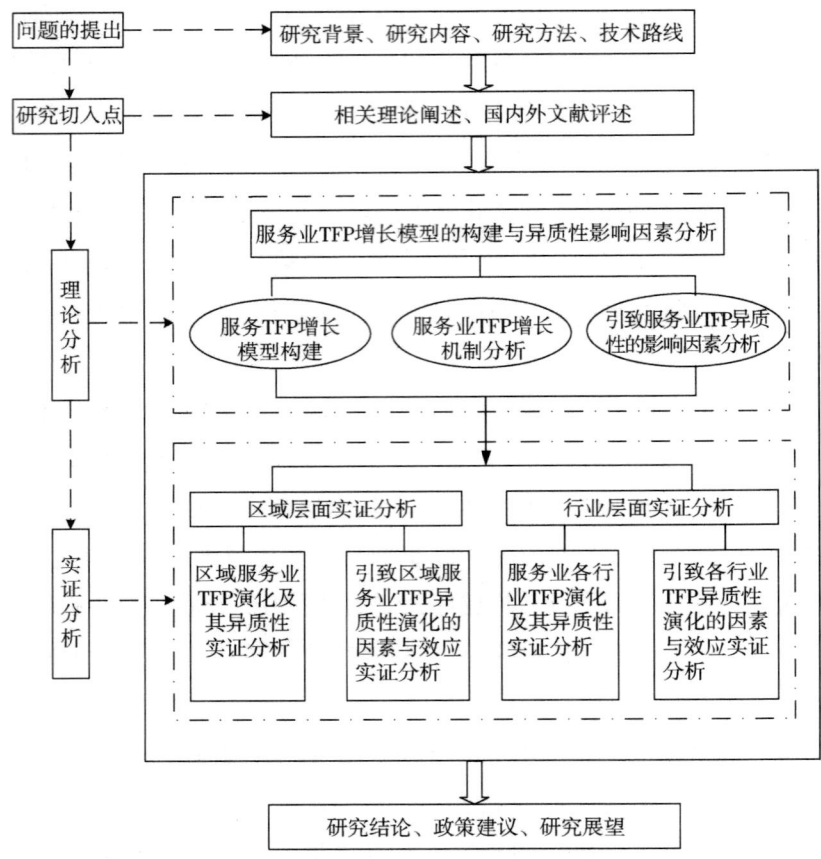

图 1-1 研究框架

第三节 研究方法

本书所采用的研究方法包括以下几个方面。

第一，文献分析方法。本书通过对相关的经典理论以及国内外代表性的研究成果进行梳理、归纳和总结，对与本书研究相关的学术动态进行较为全面的认知和把握，根据已有研究成果的贡献与不足，为本书进一步研究寻找拓展点与突破点。

第二，理论分析方法。本书借助内生经济增长模型的建模思路，构建了作为中间投入品和最终产出品的服务业 TFP 增长模型，对封闭经济和开放经济状态下的服务业 TFP 增长机制进行了系统性分析，考察了引致服务业 TFP 异质性演化的因素变量及其影响效应。本章从理论层面诠释了服务业 TFP 的增长机理，论证了各经济变量在引致服务业 TFP 异质性增长过程中的存在性、条件性和多面性，为后续实证研究的展开奠定了坚实的理论基础。

第三，实证分析方法。本书在理论分析的基础上，运用面板数据模型、超越对数生产函数等实证分析方法，对我国服务业 TFP 的演化过程中所存在的异质性现象、异质性程度、趋势特征以及影响效果进行了分析，并通过采用因素变量与技术无效的联合模型，对引致我国服务业 TFP 异质性的影响因素及其效应进行了剖析。

第四，比较分析方法。本书在对我国服务业 TFP 及其构成部分的演化轨迹及其异质性趋势特征等方面进行描述时，一方面将服务业 TFP 分解为技术进步、技术效率改进、配置效率改进以及规模效率改进四大部分，分别对这四大部分各自的演化状况及其异质性程度进行了对比；另一方面，基于区域和行业两大层面，分别对各省份及各行业的服务业 TFP 及其分解部分的演化特征以及异质性程度进行了详细的比较分析，从而更为全面地从生产率视角展示了我国服务业在各领域的演化状况。

第四节 主要创新点

第一，构建了服务业 TFP 增长模型，论证了引致服务业 TFP 异质性演化的主要因素及其影响效应。本书根据服务业增长效应构建了作为中间投入品和最终消费品的服务业 TFP 增长模型，运用数理推导对服务业 TFP 增长机制进行了系统性分析，对引致服务业 TFP 异质性演化的因素变量及其影响效应进行了论证。研究结果表明：生产性服务业能够在与制造业互动的过程中，通过"自增强"效应提升自身 TFP 增长水平；消费者偏好、人力资本、研发资本、吸收能力、技术结构、技术差距以及政府财政支出能够对消费性服务业 TFP 增长产生影响。其中，除了技术差距的影响具有不确定性，其他因素均能够提升服务业 TFP 增长水平。

第二，实证检验了我国区域和行业间服务业 TFP 及其构成部分演化过程中的异质性程度与趋势特征，揭示了服务业 TFP 异质性对区域和行业间服务业发展差距的影响效果。研究结果表明：东部地区具有较高的服务业 TFP 增长水平，且省际存在逐步缩小的异质性；西部地区服务业 TFP 增长滞后，且省际存在不断扩大的异质性；中部地区服务业 TFP 增长水平和省际异质性较小，且变化幅度较为稳定。各行业 TFP 增长水平呈下降趋势，但行业间异质性呈缩小态势，其中生活性服务业行业间异质性程度要小于生产性服务业。服务业 TFP 及其构成部分的横向对比说明：服务业 TFP、规模效率改进以及配置效率改进在演化过程中的异质性程度均明显高于技术进步和技术效率改进。服务业 TFP 异质性演化的影响效果表明：服务业 TFP 异质性是造成区域和行业间服务业发展差距扩大的主要原因，其构成部分中的综合技术效率异质性是导致区域和行业间服务业发展差距扩大的主导因素。

第三，阐明了引致我国区域和行业间服务业 TFP 异质性演化的影响因素及其效应，提出了实现我国服务业协调可持续发展的对策建议。本书通过考察各因素对服务业技术效率的作用机制，剖析了引致我国区域和行业间服务业 TFP 异质性演化的主要因素、影响效应及其机制路径。研究结果表明：消费者偏好、人力资本和进口贸易能够通过显著提升区域服务业技术效率水平而引致区域间服务业 TFP 演化的异质性，国内研发资本存量的影响效果取决于国际溢出资本存量的获取程度，出口贸易和 FDI 作用于技术效率的效应程度因不同吸收能力和技术结构的调节作用而存在差异性。行业层面的研究结果与区域层面类似，不同之处在于各国际溢出渠道效用水平的发挥均需要借助吸收能力和技术结构的调节作用。另外，以交通运输、仓储和邮政业，批发和零售业，金融业为主的生产性服务业由于与制造业关联度较高而具有较高的 TFP 增长水平，对服务业行业间 TFP 演化的异质性也产生一定的影响。

第二章 相关理论与文献综述

本章首先对与本书研究相关的基础理论进行了简要的说明与阐述，包括服务业理论、全要素生产率理论以及内生经济增长理论；其次，全面系统地梳理了与本书研究相关的国内外研究成果，具体包括服务业 TFP 的测度与计量研究、服务业 TFP 研究、服务业 TFP 异质性研究及引致服务业 TFP 异质性影响因素研究；最后，对上述研究成果进行评述，总结现有研究的主要贡献与不足之处，提出本书研究的突破点。

第一节 相关理论

一 服务业理论

（一）服务业内涵的界定

在国外学者对服务业的研究中，服务业内涵的界定主要基于社会分工和行业角度。亚当·斯密（1776）在《国富论》中提到，非生产性劳动在不断深化的分工和交易中独立化，具有非生产性劳动性质的企业也随之出现，而服务业就是在消费掉这种非生产性劳动之后，消费者还能够再购买到同等数量的这种劳动服务。服务业正式以"第三产业"的表述形式出现，最早是在阿伦·费雪（1935）

所著的《安全与进步的冲突》一书中。费雪认为第三产业的兴起与发展在于生产力和生产率的不断提高显著改变了人们的收入水平和生活方式。费雪在对第三产业进行定义时，认为第三产业是与生产毫无相关的产业部门，其中商业和交通运输未被归入其中。统计学家科林·克拉克（1957）在此基础上进一步深化了关于第三产业的研究，其在《经济进步的条件》一书中首次用"服务业"一词替代了"第三产业"，并运用了排除法将三大产业划分为以农林牧渔为主的第一产业，以原材料运输和加工为主的第二产业，以交通运输、建筑业和手工业生产为主的服务业。美国经济学家丹尼尔·贝尔（1974）认为服务业主要包括批发零售、美容、理发等生活性服务业，运输、教育、科研、卫生等管理性服务业以及银行、保险等企业性服务业，其界定的服务业领域中并未包括生产性与传统性服务。希尔（1977）认为，服务业的生产活动能够改善个人或经济单位所拥有的商品及其物质形态，提升服务商品使用者的价值，达到改善消费者的身体状态或精神状态的目的。1994年，《质量管理和质量体系要素》将服务业定义为服务提供商在消费者所接触的活动中，为满足消费者的某种需求而提供的一种内部生产活动。

在国内学者关于服务业内涵的界定中，黄少军（2000）将服务业的发展归结于后工业时代中间需求的产生，其认为在商品生产、流通和消费过程中，由于技术进步以及分工和管理方式的变革带动了服务中间需求的产生和增加。另外，黄少军进一步对第三产业和服务业进行了区分，认为第三产业和服务业各自的侧重点有所不同，第三产业强调从就业的角度对经济结构的变动进行描述，而服务业侧重于从技术进步的角度对生产结构的变化加以描述。黄纬兵（2003）认为，服务业作为提供各种服务的经济单位或企业集合，以满足社会和人们所需要的各种生产和消费使用价值为目的。原毅军（2003）从企业内部专业分工和细化的角度对服务业的产生进行了说明，认为服务业是为了节约企业运营过程中生产和服务内部交易所产生的成本而作为经济中介组织出现的,并随着其专业化水平的不断提升,降低企业实际使用成本。江小涓(2004)和张淑君(2006)指出服务业的特性在于为社会生产和人类生活提供服务的同时,为国民经济的增长创造价值。

但是,由于服务业包含的部门庞杂且涉及的行业多样,众多学者对其内涵的界定并未给出统一的理论描述。另外,由于"服务业"和"第三产业"在用词上的接近性,易引起人们对"服务业"认识的混淆。事实上,关于服务业和第三产业区分的本质正如黄少军所说,二者只是对于产品描述角度的侧重点不同,所包含的行业范围并没有太大差别。因此,为了避免混淆,本书在对服务业内涵进行界定的过程中将服务业与第三产业视为同一概念,并运用综合排除法和描述法将服务业定义为:服务业是除第一产业和第二产业以外的以服务为主的产业部门,其以服务形式为社会生产与人民消费提供各种使用价值的同时推动国民经济增长,具有无形性、即时性和异质性的特征。

(二) 服务业的分类

由于服务业涵盖领域众多、涉及部门庞杂,根据研究和分析,对服务业进行分类是十分必要的,它是对服务业进行内部结构演化和定量比较分析的基础。对于服务业的内部结构,国内外经济学家分别采用了不同的分类方式对其进行考察。

美国经济学家布朗宁和辛格曼(1978)最早根据联合国产业分类(ISIC)法将服务业分为生产者服务业、消费者服务业和分配服务业三大类;其后,辛格曼在以上研究成果的基础上,进一步将服务业划分为流通、生产者、社会以及个人服务四大类;之后,Katouzian(1970)根据经济阶段性发展理论将服务业分为传统性服务业、新兴服务业以及补充性服务业三大类。信息统计局(SISD)和世界贸易组织根据国家标准对服务部门的分类方法,将服务贸易划分为11个种类和143个部门。1994年的《质量管理和质量体系要素》将服务业划分为12类：交通运输、通信业；金融保险业；采购服务业；医疗保健业；商品贸易业；招待服务业；维修服务业；技术服务业；科学研究业；专业技能服务业；行政管理业以及公共服务业。

在服务业类型的划分上，黄少军（2000）根据辛格曼对服务业的分类，将服务业进一步拓展为经济网络型、最终需求型、交易成本型和生产者服务型。1984年，我国首次发布了《国民经济行业分类》，服务业被划分为四大类：第一类为流通业，第二类为生产与生活服务业，第三类为与人们素养和文化水平息息相关的服务行业，第四类为公共服务业。随着产业结构演化过程中一些新兴行业的出现，国家统计局于1994年根据《国民经济行业分类和代码的国家标准》，将服务业重新划分为农、林、牧、渔业，交通运输、仓储及邮电通信业，地质勘查、水利管理业，批发和零售贸易、餐饮业，房地产业，金融保险业，社会服务业，教育、文化艺术及广播电影电视业，卫生、体育和社会福利业，科学研究和综合技术服务业，国家机关、政党机关和社会团体，其他行业，共计12个细分行业。2003年5月，国家统计局根据最新发布的《三次产业划分界定》，再次将服务业细分为信息传输、计算机服务和软件业，交通运输、仓储和邮政业，住宿和餐饮业，批发和零售业，金融业，租赁和商务服务业，房地产业，水利、环境和公共设施管理业，科学研究、技术服务和地质勘查业，居民服务、修理和其他服务业，卫生、社会保障和社会福利业，教育，文化、体育和娱乐业，公共管理和社会组织，共计14个细分行业，这种分类方法一直沿用至今。

（三）服务业的兴起与演化

阿伦·费雪（1935）在《安全与进步的冲突》一书中指出，人类的产业按照递进和规律的演进方式可分为三个阶段：第一阶段处于生产力不发达、人均收入水平低下的背景下，农业成为推动经济增长并具有统治地位的经济类型。随着社会分工的进一步深化和商品交换的日益频繁，制造业和工业开始迅速扩张并促使大量剩余劳动力向这两大领域转移，工业与制造业的地位逐步提升并成为主导产业，第二阶段由此开始。生产力和生产率的不断提高明显改变了人们的收入水平和生活方式，医疗、卫生、餐饮、旅游等行业逐步壮大并成为吸纳就业的重要领域，这些行业所带来的产值不断提升并最终超过了农业和工业，从而进入第三阶段，即第三产业的演化阶段。第三产业，即服务业，随着服务经济的不断发展以及规模的不断扩大，整个经济系统的产业结构和就业结构开始逐步发生转变，服务业的发展推动着国家经济体系中的产业和就业结构均逐步向现代服务业转变，并且服务产品也不再仅仅局限于传统理念中的最终产品，而是更多地作为技术和知识密集型的中间投入品参与到制造业及其他行业的生产中，服务业逐步发展成为在现代经济中占主导地位的产业。Buera 和 Kaboski（2008）从产业结构变迁的角度对服务业的发展与演化进行了更为明确的界定，并认为随着生产规模的不断扩大，生产技术的转变在推进工业化的同时，促进了服务经济的市场化，使服务业生产率活动由传统的家庭式生产向市场化过程转变，服务消费需求的不断增加导致了工业部门比重的逐步下降和服务经济比重的逐步上升。

二 全要素生产率理论

（一）全要素生产率内涵的界定

全要素生产率（Total Factor Productivity，TFP）最早是由荷兰经济学家丁伯根在 1942 年对各国生产率进行比较时所提出的，1947 年美国经济学家施蒂格勒也独立提出了 TFP 的概念。此后，其他学者在丁伯根和施蒂格勒提出 TFP 概念之后，纷纷在此领域展开了研究。1954 年，西朗·戴维斯在《生产率核算》中提出 TFP

的测算应当针对全部要素投入，首次明确界定了 TFP 的内涵。1957 年索罗在对生产函数概念进行扩展的前提下，提出用"索罗剩余值"来定义 TFP。美国经济学家肯德里克（1956）在索罗研究的基础之上进一步完善和拓展了 TFP 的概念，将 TFP 定义为"要素投入在经济增长过程中无法解释的部分"，这些要素投入以外的部分可以归结于资源配置效率提升、技术进步以及管理水平提升等因素。

TFP 是技术进步、技术效率、配置效率和规模效率共同作用的结果。技术进步包含广义技术进步和狭义技术进步两种概念。广义技术进步是指在生产过程中运用新发明和创造的先进技术，通过增加产出来提升社会财富和经济效益；狭义技术进步是指通过对生产工艺和技能的改进来达到提升生产效率的目的。每一个生产前沿面代表一定的技术水平，生产前沿面的外移代表技术进步，在生产前沿面上的技术水平限定了通过资源投入所能够获取的最大产量。技术效率表示生产者在一定的技术水平下能够实现的最大产出，产出能力和技术效率主要取决于生产前沿面与生产活动之间的距离，技术效率水平越高，生产活动与生产前沿面的距离越近，反之则说明技术水平越低。技术效率最早由 Koopsmans 等人于 20 世纪 50 年代提出，Nishinizu 和 Page（1982）在此基础上首次运用技术效率对经济现象进行了分析。在一定技术水平的限定下，企业越是适应和充分利用其所拥有的技术，就越能够提升生产效率并增加产能（石风光，2009）。Banker、Charnes 和 Cooper（1988）在 BBC 模型中将技术效率进一步分解为纯技术效率和规模效率，其中技术效率表示为在既定的投入下各决策单元所能够获得的最大产出，规模效率表示为决策单元与固定规模报酬之间的偏离程度。Farrel（1957）从成本效率角度指出，配置效率反映的是企业在给定要素价格的前提下能够以合理的比例安排要素投入的能力。

(二) TFP 测度方法

TFP 测度方法主要有索罗余值法、非参数数据包络分析指数法（DEA – Malmquist 指数法）和随机前沿生产函数法（SFA）等。

1957 年，美国经济学家罗伯特·索罗在《技术进步与总量生产函数》中首次将技术进步纳入生产函数经济增长模型中，系统地阐述并拓展了一般生产函数的计量方法，索罗在进行定量研究的过程中将扣除资本等投入要素增长率之后的产出增长率中未被解释的部分作为 TFP，并将其等同于技术进步率，这一方法又被称为"索罗余值法"。索罗余值法作为分析经济增长源泉的先河，其优点在于计算过程简单，缺点在于无法对全要素生产率进行分解，同时将技术进步视为中性的、外生的变量，认为其变动只受到时间因素的影响，而与制度、政策等因素无关，但这一假设与现实不符。

针对索罗余值法所存在的缺陷，Aigner 和 Chu 于 1968 年提出了前沿生产函数法，前沿生产函数法可分为参数随机前沿生产函数法和非参数数据包络分析指数法（DEA – Malmquist 指数法）。数据包络分析指数法的概念最早由 Farrell（1957）提出，其重点在于强调通过距离函数的估算来测度 TFP。在数据包络分析指数法研究中，生产率变化可通过产出与投入之间的数量指数比例来进行测量，此时价格被用于测量输入和输出的权重。数据包络分析指数法属于生产率的指数测算方法，Abramvitz 在 1956 年提出用代数指数法对 TFP 进行测度，其基本思想就在于用全部投入要素的加权指数与要素投入的产出数量指数之间的比例来作为衡量 TFP 的指标，其后众多学者在 Abramvitz 研究的基础上提出了 Laspeyres 指数法、Fisher 指数法、Tornqvist 指数法等，代数指数法能够对 TFP 内涵进行较为直观的反映，但其缺陷在于无法分解 TFP 进行深入研究。Caves 等（1982a，1982b）构造了 DEA – Malmquist 生产率指数模型，这也是目前最广泛使用的一种指数模型，这种方法是通过线形优化直接估算出每个决策单元的前沿面生产函数。该方法的优点就在于可以不通过设定任何具体形式的生产函数，仅通过采用线形规划的方法即可得到生产前沿面；其局限性在于将观测值与生产前沿面的距离均视为无效率所产生的结果，并未考虑噪音和测量误差所带来的随机误差的影响，从而降低了测量的准确度。

其后，Aigner、Lovell 和 Schmidt（1977）以及 Meeusen 和 Borekc（1977）最先提出随机前沿生产函数法（SFA）的概念，它给出了投入、产出、成本、利润以及环境因素之间的生产函数关系。Jnodrow（1982），Battese（1988）和 Coelli（1992），Comwell、Schmidt 和 Sickles（1990），Kumbhakar（1990，1996）在此基础上分别对其进行了完善和拓展，使其与经济增长的现实更为接近。随机前沿生产函数法是在考虑随机误差因素影响的前提下，根据设定的生产函数中误差项分布的不同，通过采用不同的技术方法来估算参数计算 TFP 的方法，这种方法在采用过程中各决策单元所使用的生产前沿面并不是固定的。随机前沿生产函数法的优点为在处理随机误差影响的同时，能够对个体在生产过程中运用的生产函数进行描述，技术效率的估计在此过程中得到了很好的控制，并且更为客观地说明了技术发展的实际状况。这种方法主要适用于单要素投入单产出以及多要素投入单产出的生产情形，并且针对大样本容量的数据。20 世纪 80 年代，美国经济学家乔根森提出运用超越对数生产函数，从总量和部门两个层次对生产率进行估算，乔根森的超越对数生产函数相较于柯布—道格拉斯形式的前沿生产函数，一方面在函数形式上因放松了常替代性假设而更为灵活；另一方面，决策单元在测算技术进步、技术效率、规模效率改进和配置效率改进过程中，因考虑了投入要素的影响作用而将其内生化。

（三）TFP 异质性内涵的界定

对于 TFP 进行测度的直接应用就是分析 TFP 演化过程中的异质性及其对于经济发展的影响（曾世宏，2016）。异质性是经济系统演化和产业结构变迁过程中的一个重要特征。异质性，即经济系统在演化和发展过程中各部门或各行业之间呈现出的不均衡性和差异性。演化经济学认为，在未存在结构变迁的情况下，整个经济系统中各部门在具有固定比例和相同增长速度的条件下，非均衡增长的现象仍可能出现。演化推进了整个经济层面以及产业层面的经济增长，而多样性与异质性是各部门和企业发展过程中的主要特征。"异质性"的概念早在1995年Bernard和Jensen对美国出口企业的研究中已被强调，相较于非出口企业，美国出口企业在企业规模、生产率、工资支付、技术能力等方面均存在较大的差异性。因此，异质性是一个广泛的概念，但其主要反映在部门或企业生产率的差异上。2003年，Melitz M.将"生产率异质性"引入企业垄断竞争模型中，构建了异质性企业的贸易模型。在模型中，Melitz M.以Krugman（1979，1980）的垄断竞争模型、产品差异化以及规模经济为基础，将生产率差异作为衡量企业异质性的变量，在开拓国际贸易理论新前沿的基础上解释了部门及行业生产率动态演化的内在机制。

服务业TFP异质性就是指不同国家或地区在服务业TFP演化过程中增长水平的差异性，一个国家生产率水平的总体演化即使是收敛的，不同国家之间的TFP在演化过程中依然会存在较大的异质性，而同一个国家的不同产业之间以及同一产业的不同行业之间TFP的发展会存在更大的异质性，这种异质性能够对一个国家或地区的经济发展差距、就业率以及工资收入等方面产生较大影响。本书在此主要对我国服务业TFP在各区域及各行业之间发展与演化的异质性进行系统性分析，考察服务业生产率演化异质性对我国服务业发展差距造成的影响，并揭示引致我国服务业生产率异质性演化的经济因素影响效应和机制途径，为实现我国服务业的协调可持续发展提供科学参考。

三 内生经济增长理论

经济增长的渊源在半个多世纪以来一直是经济学领域争论的焦点，现代经济增长根据其由内生到外生的演化路径，经历了资本积累论—外生增长论—内生增长论三大阶段的理论演化。哈罗德和多马早在20世纪40年代末几乎同一时期提出了资本积累理论，并形成了作为资本积累理论代表的哈罗德—多马模型，该模型的核心就在于资本积累利率（亦即储蓄率）是经济中决定其增长的唯一因素，劳动和资本要素在经济增长过程中具有不可替代的特征。60年代，索罗、丹尼森等经济学家突破了哈罗德—多马模型中劳动与资本不可替代的局限性，在经济增长模型中引入技术进步，构建了技术进步外生经济增长模型的理论框架，以解释各国经济增长存在差异性的内在机制。索罗的模型能够较为容易地满足稳定状态下均衡经济增长的条件，但其缺陷在于无法普遍化地解释所有经济增长。1962年阿罗在《边学边干的经济含义》中提到了在生产过程中将经验积累作为要素投入的重要性。罗默（Romer，1986）在《收益递增与长期增长》中拓展和修改了以"干中学"为基础的阿罗模型，提出竞争性经济均衡模式应由知识收益递减、产出效益递增和外部效应三大要素构成，进而从真正意义上开拓了以内生经济增长为基础的"干中学"和知识外溢研究思路。80年代中期，卢卡斯（Lucas，1988）、罗默（Romer，1990）等经济学家在新古典经济增长理论的基础上，提出了以"技术进步内生化"为核心的新经济增长理论，其认为相较于外生增长变量，以研发投入、人力资本为主的内生要素的投入才是决定经济长期均衡增长的关键要素。在人力资本内生化的经济增长理论中，关于人力资本对经济增长的影响效用存在两种观点：一种是以卢卡斯为代表的"直接效用"理论，即人力资本在经济增长过程中不但能够直接提升产能，而且存在一定的规模报酬递增效应。另一种观点是以罗默为代表的"间接效用"理论，认为人力资本在经济增长过程中主要通过提升技术进步和知识积累来推进生产率水平。阿温·杨（1991）在《发明与有限的边干边学》中提出了以创新发明与边干边学为核心的内生经济增长模型，认为长期的经济均衡增长取决于边干边学与创新发明之间的相互作用。

在经济增长中，生产利润的最大化是厂商有目的地投资创新发明的主要动力，而具备创新发明思维的人通过拥有一定的市场垄断力来获取效用，由此进一步引发出以研究与开发为核心的内生经济增长模型。研发内生经济增长模型的基本思路在于，通过有研发和创新意识的专有部门创造出新的技术和知识，在一定垄断效用下以最低边际成本提供给生产部门，生产厂商为获取生产利润将所购买到的新技术与知识应用于生产当中，从而有效提升生产率。

第二节 文献综述

一 TFP 测度与计量研究

自从 TFP 的概念和测度方法被提出之后，国内外众多学者根据研究需要分别采用各种测度方法对区域、行业以及企业的全要素生产率状况进行实证分析，这些研究成果的视角、技术与方法是本书进行服务业全要素生产率研究的基础和指导，因此，本书将对已有的经典代表性的研究成果进行阐述，为本书的研究做理论铺垫。

（一）国外研究

在索罗最早提出用"余值法"测算生产率，并且由丹尼森进行修正和拓展之后，这种方法开始逐步应用于一些领域，如 Ubiana Chamarbagwala 等（2000）运用索罗余值法对包括新加坡、中国香港、马来西亚、朝鲜、印度、印尼、菲律宾在内的七个国家和地区的机器设备对制造业的贡献度、机器的产能进行比较分析，并通过构建时间序列的横截面数据，证明了一个国家和地区所处的发展阶段、劳动要素投入以及资本投入中的新技术都将成为影响生产率的决定性因素。自 1968 年引入前沿生产函数之后，运用该方法测度和分析 TFP 成为众多学者和学术界的焦点。Caves、Chistensen 和 Swanson（1982）在提出对全要素生产率采用估算法的基础上，运用超越对数成本函数法估算了美国在 1955—1974 年生产率的增长状况，其缺陷在于无法反映均衡点上下变动和整体规模变化的状况。Battese 和 Coelli（1992）运用随机前沿生产函数的面板数据分析了 1978—1981 年澳大利亚奶牛场的 TFP 状况，研究过程中考虑了随机变量以及随机误差两方面因素对企业数据的干扰影响，并且与企业效率相联系，对 Jondrow 横断面数据模型的广义性进行了证明。其后，Battese 和 Coelli（1996）在此基础上又对横断面数据模型中的技术无效性进行了扩展性研究，用代表技术无效的 Z 变量解释了其与 TFP 之间的关系。Berg（1992，1993）、Miller（1996）、Sathye（2003）和 Havrylchyk（2006）采用 DEA - Malmquist 指数法对服务领域中的金融、银行业 TFP 进行了测度和分析；Brown（2002）、Hwang（2003）和 Barros（2005，2008）通过采用 DEA - Malmquist 指数法对酒店 TFP 进行测算，并对其运营效率进行了考察和分析；Keh 等（2006）则通过 DEA - Malmquist 指数法对营销行业领域的生产率以及技术效率进行了测度和分析；Fried 等为解决 DEA 模型中的不足之处，提出将 SFA 和 DEA - Malmquist 指数法相结合的三阶段 DEA 模型，以去掉技术无效和随机误差的影响；其后 Pastor（2002）、Avkiran（2008）、Hsu（2009）、Picazo-Tadeo（2009）以及 Estelle（2010）等纷纷采用此方法进行了一系列实证分析和检验。

（二）国内研究

自 Chow（1993）对中国经济增长的源泉进行开创性研究之后，

关于全要素生产率的研究开始不断涌现。李京文、钟学义（1998）运用索罗余值法对1953—1995年的中国经济增长进行了分析，研究结果显示：中国在改革开放前后的全要素生产率年均增长率分别为-1.19%和3.62%，整个考察期内年均增长率为1.01%，生产率对于产值的贡献度为36.23%。张军、施少华（2003）与Wang和Yao（2003）同样采用索罗余值法对中国改革开放前后的全要素生产率增长状况进行了对比分析，研究结果表明：中国在改革开放前期生产率波动较大，且对经济增长呈现负的贡献度；改革开放后，代表中国经济质的增长的全要素生产率增长速度明显有所上升，对经济增长的贡献度也达到了25%左右。傅晓霞（2006）通过采用索罗余值法对中国各区域的全要素生产率增长进行测度分析发现，区域间的经济增长存在不均衡性，资本要素的投入是造成这种差异性的主要原因，而全要素生产率对形成这种差异性结果的贡献度为25%—30%。这些学者主要采用经济增长核算中的索罗余值法对中国改革开放前后的全要素生产率增长状况进行了分析，并得出一致的结论，即中国的全要素生产率在改革开放前增长十分缓慢，在改革开放后有所提升，此时的中国经济增长主要依赖要素投入，全要素生产率的贡献度相较而言要小得多。

前沿生产函数测度方法被提出后，它在我国行业和区域领域全要素生产率的研究方面更是得到了广泛的应用，孔翔（1999）运用柯布—道格拉斯生产函数对我国市场经济改革初期阶段工业部门全要素生产率进行研究，发现我国工业经济在该时间段的全要素生产率的增长是停滞不前的，有时甚至出现负值。何枫等（2004）运用柯布—道格拉斯生产函数对我国改革开放以来技术效率的变化状况进行了测度分析，计量结果表明我国的技术效率虽然平均水平较为低下，但其整体呈缓慢上升趋势，并且从区域角度看，我国中西部地区的技术效率水平要明显低于东部地区。傅晓霞和吴利学（2006）根据柯布—道格拉斯生产函数将各地区劳均产出差异分解为规模差异、资本差异以及全要素生产率差异三个部分，并指出在投入要素作为中国经济增长源泉的背景下，随着全要素生产率在产出份额贡献度上的比重不断上升，其将成为我国区域经济增长存在差异性的决定性因素。王自锋等（2014）从区域角度分析中国技术进步状况，将利用效率和规模性基础设施影响因素引入分析框架，对能源和交通等基础设施所产生的资本效用以及产业结构和研发投入所产生的溢出效用进行了分析。相较于柯布—道格拉斯生产函数，超越对数生产函数具有函数形式灵活性、拟合度更高等优点，因此更多学者逐渐倾向于采用此方法对各领域的全要素生产率进行研究，并取得一定成果，例如王争等（2006）运用超越对数生产函数，在 Kumbhakar 和 Lovell 研究思路的基础上根据我国工业领域省级面板数据将全要素生产率分解为技术进步、技术效率改进、配置效率改进和规模效率改进四大部分。王志刚（2006）对改革开放以来我国东中西部地区全要素生产率的演化状况进行了分析，并通过采用超越对数生产函数对三大区域生产率水平进行测度发现，一方面全要素生产率水平的提高主要取决于技术进步；另一方面三大区域间生产率的发展具有很大的差异性，东部地区全要素生产率水平提升较快，而中西部地区的全要素生产率的增长具有较大的波动性。钟世川（2014）根据 1978—2011 年中国工业领域各行业面板数据，对技术偏向性与全要素生产率之间的关系进行了测量分析，结果表明我国工业领域生产率低下的主要原因在于其资本的技术偏向性所导致的劳动效率和资本效率低下。申广军（2015）对制造业 TFP 增长与市场分割之间的关系进行了考察，研究发现市场分割通过保护主义、寻租行为、抑制规模化等方式对制造业生产率水平的提升起到了显著的负向影响效用。另外，部分学者集中于采用数据包络的 DEA – Malmquist 指数法进行测度分析，如颜鹏飞和王兵（2004）通过建立省级面板数据，对我国 1978—2001 年各省份的全要素生产率、技术进步率以及技术效率改进水平进行了测度分析，并通过构建全要素生产率、技术进步、技术效率制度以及人力资本之间的计量模型，对各变量之间的关系进行了探讨。徐盈之和赵豫（2007）采用 DEA – Malmquist 指数法，根据 1996—2005 年我国信息制造业的省级面板数据，测度了区域间全要素生产率的增长状况和差异性，并通过分析企业规模、工业化、人力资本、聚集效应以及技术进步等因素对全要素生产率的影响，表明信息制造业全要素生产率变动的主要原因在于技术进步。邱爱莲等（2014）采用 DEA – Malmquist 指数法对制造业 TFP 及其分解部分进行了测度，从价值链角度对服务贸易作用于制造业 TFP 的内在机制进行了分析，研究结果表明生产性服务贸易中的进口贸易作用于制造业 TFP 的效果要明显高于 FDI，并且进口贸易提升制造业生产率的途径主要是依靠技术效率和规模效率的改进。王霞等（2015）运用 DEA – Malmquist 指数法对各大中心城市在经济新常态下的 TFP 增长方式进行了研究，结果表明各中心城市生产率水平不断提升主要依赖于技术进步；此外，对东中西部地区进行比较分析，发现产业结构的调整和增长方式的转变是提升生产率水平的必要途径。

二 服务业 TFP 研究

（一）国外研究

富克斯早在 1965 年最先提出了服务经济生产率的概念，并将其简单定义为投入要素使用过程中的效率，但此时的服务业生产率的界定和研究仅局限于劳动生产率上，且没有明确的计量指标和测度方法。随着新经济的产生以及服务业占 GDP 的比重不断上升，服务业 TFP 的研究成为学术界关注的热点，Biema 和 Greenwald（1997）在《如何提高服务业生产率》中提出测度问题是造成服务业 TFP 增长明显滞后于制造业的根本原因，这篇文章也成为服务业领域 TFP 研究的代表性作品。此后，众多学者针对服务业 TFP 测度问题展开了研究，Ismo Vuorinen（1998）将服务业 TFP 的测度表示为服务业输出和输入数量与质量之间的比例，认为在对服务业数量和质量进行测度分析时不能将二者绝对分开，因此在服务业 TFP 测度过程中会存在共同冲击的问题。James C. Spohrer（2009）运用缩尺模型、数字连接模型对服务业 TFP 质量进行了测度分析，该模型能够降低供应商和客户在价值创新过程中的边际成本，同时通过采用供应商、客户以及 DCS 资源降低服务交易成本和周期，达到提升服务质量和效率的目的。在服务业 TFP 的实证应用研究方面，Gouyette 和 Pereman（1997）通过对 1970—1987 年 13 个国家生产率的测度，对服务业和制造业之间的 TFP 差距进行了比较分析。Bartvanrk 和 Erikmonnikhof（1999）对国际生产率不同领域进行了比较，包括方法论的比较、交通运输领域的比较、批发零售领域的比较以及其他领域的比较，并对各领域 TFP 产生差异性的原因进行了分析和解释。Jose L. Navarro 和 Jose A. Camacho（2001）采用 DEA – Malmquist 指数法，对 1990—2000 年西班牙服务业 TFP 变化状况进行了分析。Masayuki Morikawa（2008）根据日本服务业领域所编制的级别数据，对其中六个行业的全要素生产函数进行了估算，从而探讨了服务业生产率与需求波动之间的关系，研究结果表明分散假期能够对服务业 TFP 提高起到积极作用，而需求的波动则会对服务业 TFP 的提升产生负面影响。近几年，国外学者对服务业 TFP 的研究主要聚焦在 TFP 增长率不同所带来的各国收入和经济增长的差异（Zago Angelo，Mastromarco Camilla，2012；Cavallo E.，Arizala F.，2013；Nam Deokwoo，Wang Jian，2014），以及从技术效率和技术进步角度对人均收入、地区经济以及行业间差异进行解释等方面（Batra Ravi，Beladi Hamid，2013；Arthur Moura Neto，2013；Inès Ayadi，2014）。

（二）国内研究

1978 年以来，在中国经济呈现良好增长态势的背景下，反映经济增长质量的 TFP 研究成为国内众多学者关注的热点，但此时的 TFP 研究主要局限于农业和工业领域，服务业由于发展的滞后性尚未成为考察和分析的重点，直到 20 世纪 80 年代，随着中国服务业增加值比重、产值贡献度的不断上升，以及服务业统计资料的不断完善，关于服务业 TFP 的研究才得以逐步展开，并且主要集中在时间维度服务业整体演变趋势、生产性服务业与制造业的互动、具体服务行业发展几个方面。

在区域服务业 TFP 分析方面，郭克莎（1992）通过索罗余值法对中国 1979—1990 年三大产业的 TFP 年均增长率进行了比较和分析。程大中（2003）采用索罗余值法，分析了 1978—2000 年中国服务业增长和技术进步之间的关系。徐宏毅和欧阳明德（2004）采用超越对数生产函数模型对 1992—2002 年中国 TFP 进行了测度分析，发现该时间段内 TFP 的平均增长率为 4.8%，技术进步在其中起到了关键的推动作用。杨向阳和徐翔（2006）根据 1990—2003 年省级面板数据，采用 DEA – Malmquist 指数法，将 TFP 分解为技术进步和技术效率改进，发现在此期间 TFP 的年均增长主要来源于技术进步水平的提高。杨勇（2008）采用柯布—道格拉斯生产函数，发现中国服务业 TFP 增长率对经济增长的贡献在 1980 年以前波动较大，在 1980 年以后较为平稳。刘兴凯和张诚（2010）通过对 1978—2007 年中国服务业技术进步和技术效率进行分析，发现各省份 TFP 长期增长呈逐渐收敛趋势，并且技术进步对 TFP 增长的积极推动效用要明显高于技术效率。吴建新（2010）运用非参数生产前沿方法将我国 1978—2007 年服务业劳均产出增长分解为效率变化、技术进步和资本积累的贡献三个部分，采用核密度分布方法分析了上述三个部分对地区服务业发展的影响。臧霄鹏、林秀梅（2012）以我国 2009 年 31 个省份为例，采用三阶段 DEA 模型对我国服务业的运营效率进行了分析。杨向阳（2012）以东部地区 9 大省份为例，采用 Hicks – Moorteen 指数法将中国 TFP 分解为技术进步和技术效率改进。金飞、张琦（2013）采用 DEA 和 KSM 相结合的方法，对中国 2007—2010 年 2543 个市（区、县）TFP 发展状况进行了分析，结果表明 TFP 变动同固定资产间的变动存在负相关性。

相较于区域层面而言，关于行业层面的服务业 TFP 的研究相对较少，且主要侧重于生产性服务业与制造业互动融合、服务业内部具体行业的发展研究等视角。在生产性服务业与制造业互动融合方面，江静、刘志彪和于明超（2007）根据 1993—2003 年服务业各行业面板数据，分析了生产性服务业在与制造业互动过程中对于制造业效率提升的效用，研究发现，生产性服务业水平的提升对于制造业整体的效率改进有很关键的促进作用，其中交通运输、仓储和邮政业能够显著提升劳动密集型制造业的效率水平，而金融保险业则在很大程度上对资本密集型制造业效率改进起到积极的推动作用。刘浩、原毅军（2010）深入剖析了生产性服务业在结构演化过程中与制造业形成的共生关系，通过构建 TFP 的面板数据对生产性服务业与制造业之间的共生模式进行了判别，研究结果表明我国目前生产性服务业与制造业之间处于互惠共生但非对称的状态，生产性服务业整体上更加依赖于制造业，而制造业对生产性服务业的需求程度相对较小。顾乃华、夏杰长（2010）根据我国 2003—2007 年 236 个城市的样本数据，对鲍莫尔-富克斯假说从理论和实证两个方面进行了检验，研究结果发现，生产性服务业的发展带动了整体服务经济增加值比重的提高，从而影响并改变了服务经济增长的比重与整个经济增长之间的线性关系，挑战并质疑了鲍莫尔-富克斯假说的形成。在服务业内部具体行业的发展研究方面，徐盈之、赵玥（2009）利用 Malmquist 生产率指数，对中国 1997—2006 年信息服务业的 TFP 进行了测度和分析。胡日东、李颖（2010）采用动态因子分析法对我国房地产业的发展进行了评价和分析。黄宪等（2008）通过对我国 1998—2005 年 13 家商业银行的效率进行测度分析，发现在配置效率的主要贡献下商业银行整体效率呈上升趋势，并且股份制银行的效率均值的提高程度要低于国有银行。支燕（2009）对我国人寿保险业领域的行业效率进行了分析，研究结果表明市场占有率的扩张以及财务杠杆率的提升是推动人寿保险业效率提升的重要途径，并且我国人寿保险业之所以在国际竞争中处于劣势，其主要原因就在于股权属性优势在各资源投入中的差异性以及企业成立时间影响的不显著性。钟祖昌（2010）通过对2007年我国物流产业技术效率进行研究，发现若不控制随机因素和外部环境的影响，会造成规模效率及技术效率估计值的偏差，最终导致综合效率估计值偏低。王家庭、张容（2009）以及蒋萍、王勇（2011）分别对我国文化产业效率进行了研究，指出区域发展水平、产业需求等环境因素对文化产业的发展具有很大的影响效用，同时过多文化企业的拥挤、财政支持的消极性以及单位内部体制的不规范性成为阻碍文化产业高效发展的重要因素。

三 服务业 TFP 异质性研究

（一）国外研究

服务业生产率异质性概念的提出最早源自"鲍默尔成本病"理论，鲍默尔（1967）在《非平衡经济增长的宏观经济学：城市病的剖析》中指出，部门间生产率的异质性取决于劳动投入在经济活动过程中参与生产的形式。鲍默尔认为在制造业领域的劳动投入属于中间产品，而在服务业领域的劳动投入属于最终产品，其通过构建生产率非平衡增长模型发现，服务业部门由于其生产率的不变性而被称为"非进步部门"，制造业部门则由于生产率的持续增长性而被称为"进步部门"，正是由于非进步的服务业部门生产率的相对滞后性，造成了其成本的不断上升，服务业领域价格成本的上升无疑提升了整个经济社会的总成本，进而拉低了整个经济体系的增长速度，这就是"鲍默尔成本病"理论的核心。该理论成立的前提在于仅作为最终消费品的服务业及其低生产率性，但在现实的经济发展过程中服务业不仅作为最终消费品产出，还作为中间投入品的生产性服务参与到制造业的生产过程中，而建立在密集型知识和信息技术基础上的商务以及生产性服务行业对于提升服务业整体的生产率具有很大的潜力，因此，"鲍默尔成本病"理论所得出的结论具有很大的局限性。

由此，众多学者对"鲍默尔成本病"理论提出了怀疑，并对其理论进行了再次验证。Peneder（2003）在对产业结构演化过程中的生产率增长机制进行分析时提出了"结构红利假说"，该假说认为资本和劳动等投入要素从低生产率产业部门向高生产率产业部门流动时，能够通过提升整个社会的生产率水平来推进经济的可持续增长。Oulton（2001）和 Wêlfl（2007）对构建的鲍默尔成本模型进行了改进和修正，Oulton 改变了仅作为最终消费品的服务业前提假设，并将其作为中间投入品；Wêlfl 同时考虑了作为最终消费品和中间投入品的服务业生产率增长状况，并通过研究表明服务业部门生产率增长的滞后性尽管会引起整个经济体系的增长速度放缓，但会增加服务业领域的就业规模。

随着对服务业生产率研究的逐步深入，对于服务业生产率的考察范围由单纯的劳动生产率拓展至全要素生产率（TFP），如 Triplett and Barry（2002）对服务业劳动生产率和 TFP 分别进行考察，发现 TFP 是推动服务业劳动生产率水平提升的源泉，也是服务业劳动生产率增长的主要贡献者。对于服务业 TFP 进行测度所产生的直接效用就是考察服务业 TFP 异质性对于经济发展的影响，因此关于服务业 TFP 异质性的研究除聚焦于对不同区域或行业之间的生产率进行比较外，还集中在服务业 TFP 异质性对于经济发展的影响方面。Katouzian（1970）最早从服务业发展阶段考察了服务业 TFP 异质性在不同经济变化阶段的作用，通过比较农业、工业和服务业产品，发现当有着较高消费需求的服务业大量转移的时候，能够带动人均

GDP 水平的提升；而当与农业及制造业有着密切关联性的生产性服务业在发生技术革新的时候，能够带动其自身 TFP 水平的持续提升。Thurow（1989）较早地从投入产出以及供给需求角度考察了服务业 TFP 异质性，并通过对美国过去 20 年的批发和零售业、生产性服务业和卫生护理业进行研究发现，这些行业的需求在不断增加，但这些行业的 TFP 增长率在下降；计算机软件行业、法律、咨询管理以及会计等服务业 TFP 异质性的增长则能够解释这些行业增长水平和就业收入增长水平存在差异性的原因。Brus（1998）认为美国服务业就业在 1929—1965 年得以快速增长的主要原因在于服务业部门 TFP 增长的落后，美国服务业的实际产出份额一直以来并未发生变动，而部门之间 TFP 增长的差异性在很大程度上解释了服务业就业的增长状况。Ruttan（2002）采用数值模拟证明了美国的服务业 TFP 增长率能够降低总体经济生产率的增长，当服务业 TFP 增长率不断降低时，总体经济的生产率有可能接近于零，由此说明了美国有 70% 的经济生产率贡献度来自服务业 TFP。除了对于经济增长水平的影响，服务业 TFP 增长的异质性还能够解释工资水平差异性，Rubalcaba（2007）从服务业生产率视角解释了当美国服务型企业在资本设备和雇佣劳动力之间进行权衡的时候，为了达到服务业成本的最小化，欧洲和日本的企业家选择使用资本设备，而美国企业家选择使用雇佣劳动力，由于资本设备代表的是生产技术，欧洲和日本由于使用新的资本设备而提升了服务业劳动生产率，美国则不能。Femand（2009）通过对 1997—2004 年东欧转型经济体服务业部门之间的 TFP 增长率异质性进行分析发现，不同服务部门之间的 TFP 增长率存在很大的异质性，拥有较高信息通信技术和较高劳动技能的部门拥有较高的 TFP 增长水平，而拥有较高 TFP 增长水平的服务部门能够对制造业产生正的影响效应。

（二）国内研究

我国关于服务业异质性的研究主要集中在近几年，从区域、企业和行业三大层面的研究成果上看，首先，在区域层面，顾乃华和李江帆（2006）根据1992—2002年中国省际面板数据，采用随机前沿模型，分析了我国服务业技术效率的区域差异及其对劳动服务业增加值区域不均衡的影响，认为市场化进程是导致服务业技术效率差异的原因。蒋萍、谷彬（2009）利用超越对数生产函数模型，对中国服务业 TFP 增长率进行分析，揭示其演进过程中存在的阶段性特征。尹琳琳和苏秦（2009）根据我国1993—2007年省级面板数据，采用 DEA - Malmquist 指数法对服务业 TFP 进行了测算，结果表明我国服务业增长呈现出先增后减的倒"U"形，但整体而言呈增长态势，对服务业生产率增长有很大推动作用的是技术进步，而技术效率在该时间段内成为抑制生产率水平提升的主要因素。贺胜宾、许建平和任燕（2012）采用 DEA - Malmquist 模型，从区域角度出发，对服务业的效率特征以及区域服务业的效率差异进行了考察。

其次，在服务型企业异质性方面，张礼卿、孙俊新（2010）基于中国制造业企业数据，采用 Olley 和 Pake 模型对2004—2007年出口企业和非出口企业之间的 TFP 异质性进行了分析，研究发现出口企业 TFP 要高于非出口企业 TFP，但这种生产率的异质性存在于企业进入市场之前，而并非是市场因素导致了两种类型企业生产率的异质性。贺胜宾、周华蓉和刘有金（2011）在采用 SML 指数法测算出区域工业企业 TFP 的基础上，运用 PSTR 模型从环境角度考察了导致区域工业企业 TFP 增长异质性的原因，研究发现我国近几年的金融危机和环保措施分别对工业企业的 TFP 产生了反向和正向的冲击，在环境约束下的工业企业 TFP 在增长过程中产生了异质性，而工业结构、能源强度等影响因素作用于工业企业 TFP 增长的差异性影响效应是导致企业 TFP 异质性的主要原因。赵伟、韩媛媛和赵金亮（2012）采用大量中国企业作为样本数据，采用 Probit 模型对企业 TFP 异质性作用于企业创新的影响效应进行了分析，研究发现企业 TFP 异质性表现出"创新自选择效应"，TFP 能够对不同类型的企业均产生显著的正向影响效应。高凌云、屈小博和贾鹏（2014）运用工业企业样本数据分析了中国规模工业企业 TFP 增长的异质性，研究发现由于资源错配的问题，大部分规模工业企业的 TFP 水平并不高，而行业层面的 TFP 增长率亦存在明显的异质性。

最后，在服务业各行业生产率异质性的研究方面，陈健、史修松（2008）从产业关联角度对我国生产性服务业行业间 TFP 发展的异质性进行了分析，研究发现其与制造业之间的产业关联性影响着生产性服务业 TFP 的发展，这主要体现在制造业对生产性服务业需求的差异性导致了不同的生产性服务业 TFP 增长的差异性方面。王恕立和胡宗彪（2012）采用 DEA - Malmquist 指数法测算了中国服务业各行业 TFP、技术进步、技术效率以及规模效率增长率，认为中国服务业技术效率改进已开始由以纯技术效率为主向以规模效率为主转变。肖挺和刘华（2013）在采用 DEA - Malmquist 指数法对服务业各行业 TFP 进行测度的基础上，运用回归模型考察了服务业行业异质性对行业收入差距的影响，研究结果表明服务业各行业 TFP 增长异质性对行业间收入差距扩大具有正的影响效应。崔敏和魏修建（2015）运用超越对数生产函数对 1990 年以来中国服务业各行业的生产率状况进行了分析，并通过进一步采用动态因子分析法对服务业内部结构演化以及各行业发展的异质性进行分析。肖挺（2015）在运用 DEA - Malmquist 指数法测算出 2004—2011 年我国服务业中的八大细分行业 TFP 的基础上，考察了各行业 TFP 异质性对于各行业中国有企业和非国有企业产权收入的影响，研究结果表明各行业 TFP 增长都能够正向影响两类企业的工资收入变化，但在非国有企业中的正向影响效应的工资弹性要大于国有企业。丛静和张宏（2015）采用中国行业面板数据，根据企业内生边界与异质性企业理论，研究了企业 TFP 异质性对一国对外直接投资所产生的影响，结果表明高 TFP 增长率的大型企业是进行对外直接投资的主体。

四 引致 TFP 异质性影响因素研究

（一）国外研究

为了给服务业生产率产生异质性的原因寻找经验证据，经济学者分别从服务外包、技术研发、国际贸易等角度对服务业 TFP 异质性的原因进行了解释。首先，Waldstein（1989）认为服务业部门生产率异质性产生的原因之一在于服务外包所引出的服务业生产率的测量的差异性，当服务业部门的劳动投入和产出之间出现不均衡性增长时，会造成服务业生产率下降以及同制造业之间的生产率差距的不断扩大。

其次，Waldstein 认为技术研发也是造成服务业生产率异质性的重要因素。20 世纪 90 年代，美国、澳大利亚、日本等发达国家服务业之所以能够得到快速发展，在很大程度上归因于研发技术投入的增加而带动的金融、物流以及商务等领域的快速发展，并且频繁的贸易往来使这些国家能够吸收和利用更多的先进信息技术，从而推动服务业领域生产率水平的提高。Hempll（2005）认为技术投资以及技术吸收能力是造成服务业在不同国家之间生产率异质性的重要原因，服务业领域的生产思路同制造业领域类似，倾向于通过增加资本和技术的投入以降低总生产成本的方式来提升生产率水平。Hempll 指出服务业领域技术投资和创新过程中是否具有价值性和长期性，主要取决于在此过程中所产生的先进技术能否在改进服务质量的同时显著提升服务生产绩效，通过运用矩估计法对德国 1994—1999 年信息技术服务行业的生产率进行测度分析，发现在信息技术与创新活动息息相关的时代，越早使用技术创新，越能够获得更加丰富的高水平生产率。Pugno（2006）从人力资本的视角对服务业生产率异质性进行了解释，认为通过干预资源的配置效率和家庭式服务的偏好，能够在有效调节人力资本聚集效应的同时改善服务业产品质量和生产率水平。

最后,有部分学者集中于从国际贸易溢出效应角度解释产生 TFP 增长异质性的原因。新经济增长理论和新贸易理论认为,国际 R&D 溢出效应对于经济增长起着重要的推动作用,发展中国家能够在与发达国家互动的过程中通过溢出的知识和技术间接提升本国的生产率和效率,这一点最早 Coe 和 Helpman(1995)、Liehtenberg 和 Potterie(1998)等采用不同的方法在国际贸易技术溢出效应的研究过程中均对其进行了理论与实践的证实,其后,Lumenga-Neso(2005)、Jakob(2007)等分别对其进行了检验并得出了同样的结论。Kasahara 和 Rodrigue(2008)、Vogel 和 Wagner(2010)对发达国家进口贸易进行研究,发现进口国在从事贸易进口过程中,不但能够获取从出口国直接引进的中间产品的先进技术,以提高企业全要素生产率;而且能够得到类似于出口生产效率提升机制的外溢效应,这种外溢效应主要体现在知识与技术的学习方面。Jabbour(2010)从国际外包视角对企业全要素生产率进行了研究,其在考察法国制造业国际外包行为的过程中肯定了国际外包对企业 TFP 的提升效果要明显高于国内外包的事实,并进一步指出外包给发达国家所获取的 TFP 提升效果要高于外包给发展中国家。近几年对于国际溢出效应的研究进一步拓展到 IT 技术以及产品市场竞争等更广泛的领域(Tambe,Hitt,2014;Bloom,Schankerman,2013),由此国际溢出渠道对经济增长所产生的推动效应得到了一定的认同,但国际溢出效应所产生的知识和技术由于物化和嵌入到贸易商品和服务商品中而复杂和默会(葛小寒、陈凌,2009),其作用于经济增长的效用还受到其他因素的限制,这便涉及 Cohen 和 Levinthal(1989)最早提出的"吸收效应"。国外学者对于溢出效应吸收能力的研究一方面主要集中在人力资本吸收能力上(Falve,2004;Burns 和 Mohapatre,2008;Debrulle Jonas,2014),另一方面集中在技术差距所产生的"门槛效应"与技术溢出效应之间的关系上(Keller,

Yeaple，2009；Sawada，2010；Mendoza，U.，Ronald，2014）。

（二）国内研究

我国现有文献中对于 TFP 增长异质性的研究，主要集中在人力资本、制度、金融水平、国际溢出等因素对 TFP 增长的影响效应方面，但研究范围主要限定在工业和制造业领域。如李小平、朱钟棣（2006）针对中国工业领域采用 6 种回归方法对国外研发资本存量和国际溢出效应的计量进行了比较，实证检验并证明了国际溢出对工业 TFP、技术进步、技术效率起到了积极的促进作用，因此加强与具有较高研发投入的发达国家之间的贸易往来是提升本国研发效率和水平的必要途径。赵伟、汪全立（2006）以进口为传导机制，研究了人力资本效应下的研发效应对我国 TFP 增长的影响，研究结果表明，国内与国际研发均与我国 TFP 存在着长期稳定的均衡关系，人力资本与国际研发相结合的情况更能有效提升 TFP 增长率。李谷成（2009）从 DEA 视角对 1988—2006 年中国人力资本与农业 TFP 之间的关系进行了分析，通过将 TFP 进一步分解为技术进步、纯技术效率以及规模效率三大部分进行深入研究，发现该时间段内农业 TFP 对农业产值的贡献度是顺周期性的，并且农业 TFP 增长主要依赖于技术进步，而人力资本因素的引入则会对农业 TFP 增长的改善产生较大的影响。梁超（2013）从工业行业视角分析人力资本与工业技术创新能力的相关性，结果表明人力资本的直接影响效应对工业技术创新有着很强的提升作用。陈怡安、杨河清（2013）基于省级面板数据，实证考察了海归人才回流对中国技术进步的影响效应，研究发现海归人才的回流能够促进我国技术进步水平的提升，并且根据区域的差异性发现，海归人才回流所产生的技术溢出效应在东部地区要明显高于中西部地区。王华、祝树金、赖明勇（2012），宋勇超、朱延福（2013）以及陈志军、缪沁男（2014）分别从技术差距、制度、金融水平等视角对国际溢出效应的吸收能力进行了研究。

在研究影响 TFP 异质性的国际溢出渠道方面，我国已有研究成果主要集中在国际贸易与外商直接投资两个方面，如谢建国、周露昭（2009）根据中国 1992—2006 年的省级面板数据，对进口贸易过程中国际 R&D 技术效应进行了分析，结果表明通过进口贸易所获得的国际研发资本存量对中国 TFP 增长具有显著的影响效用，其中国际技术外溢对技术进步的促进作用要高于技术效率，并且进口溢出效用对中西部地区所产生的影响要明显高于东部地区。孙江永、冼国明（2011）运用广义矩估计法估计非均衡面板数据，考察了在技术差距和产业关联下 FDI 对中国纺织业的技术溢出效应，结果表明 FDI 的溢出效应主要通过水平和向后两种产业关联方式作用于企业内部，并且通过水平产业关联所获得的溢出效应能否提升企业效率取决于国内外企业间的技术差距。何兴强等（2014）运用门槛回归模型，分析了 FDI 技术溢出在包括外贸依存度、人力资本等吸收能力作用下的门槛效应。胡宗彪、王恕立（2014）基于 2004—2011 年服务业各行业面板数据，从进出口贸易的视角对服务业 TFP 增长的差异性进行了分析，研究结果表明进口服务贸易能够通过技术选择、资源配置以及竞争效应方式来有效提升服务业 TFP 水平，而出口贸易在这些方面的效应不明显。张少华和蒋伟杰（2015）从加工贸易的角度对 TFP 的作用机制和影响效用进行了分析，结果表明不论是进出口加工贸易还是加工本身，均无法对技术进步、技术效率以及混合性规模效率产生显著的正向影响。仇怡和聂荨辉（2015）通过构建 CH 模型并根据 2000—2011 年省级面板数据，分析了留学归国人员所产生的技术溢出效应对各区域技术进步产生的影响，研究结果表明不同区域所获取的留学生技术溢出效应具有明显的异质性，其作用于技术进步和 TFP 的效用要小于国内自身的研发投入。

第三节 研究成果评述

本章基于研究需要，首先对服务业理论、全要素生产率理论以及内生经济增长理论进行了说明和阐述。其次，对与本书相关的文献成果进行了系统性梳理和归纳，包括 TFP 测度与计量研究、服务业 TFP 研究、服务业 TFP 异质性研究以及引致 TFP 异质性影响因素研究等方面，为本书的后续研究奠定了理论、思想以及方法等层面的坚实基础。

通过对上述研究成果的梳理和归纳可以看出，一直以来关于 TFP 的研究大多数集中在制造业和工业领域，对于服务业 TFP 的研究相对较少，已有研究内容也主要局限在服务业 TFP 测度、服务业 TFP 增长动力、生产性服务业与制造业关联度几个方面。学术界关于服务生产率异质性演化的考察开始于近几年，从现有的研究成果来看，部分聚焦于对服务业与制造业之间的生产率差异性的考察，部分集中于对区域、行业及企业层面服务业生产率异质性的比较分析，缺乏对于服务业生产率演化过程中的异质性程度、异质性趋势特征、异质性经济效果以及引致异质性的影响因素及其效应等方面的系统性的剖析，而针对服务业内部行业之间生产率异质性的研究则更为薄弱。

相较于已有研究，本书从区域和行业两大视角出发，对我国服务业 TFP 及其分解部分演化过程中的异质性程度、异质性特征趋势、异质性效果以及异质性影响因素等方面进行深入剖析。在研究过程中，本书将在以下两个方面进行突破。

第一，从 TFP 内部结构的考察范围上看，现有文献关于 TFP 构成部分增长效用的研究主要集中在技术进步、技术效率改进和规模效率改进三个方面，忽略了配置效率改进在市场经济体系中对 TFP 增长的重要影响效用，其中不容忽视的难点在于客观数据的收集和计量程序的繁杂。本书尝试在此方面进行突破，分别对区域和行业两大层面的配置效率改进进行测度分析，系统性地解读技术进步以及三大效率改进对服务业 TFP 增长的重要影响效用。

　　第二，从引致 TFP 异质性的影响因素上看，国际溢出对服务业 TFP 增长的重要影响效应在众多已有研究成果中已得到证实和肯定，但在已有的研究成果中，相关文献亦主要集中在工业与制造业领域，对于服务业领域的研究可谓凤毛麟角，并且关于国际溢出渠道的考察也主要局限在进口贸易及 FDI 等正向溢出效应方面，忽略了出口贸易以及对外直接投资（ODI）过程中所产生的逆向影响效应。对于国际溢出成果吸收能力的考察，现有文献则主要集中在人力资本或技术差距等单一影响因素上，以致对于国际溢出效用作用机制和途径的分析略显单薄。本书在对服务业 TFP 异质性演化影响因素分析过程中，将国际溢出渠道的研究范围拓展为进口贸易、出口贸易、FDI 及 ODI 四个方面，更为全面地反映国际溢出效应对服务业 TFP 增长的作用机制。同时，在吸收能力的考察上，本书将研究变量进一步拓展为人力资本、制度因素、研发比重、城市化率、贸易开放度、技术差距以及综合变量 7 大方面，并将技术结构效应纳入分析框架，以深入探究技术结构与吸收效应双重调节效应下国际溢出效应作用于我国服务业 TFP 的机制和途径。

第三章 服务业 TFP 增长模型构建及引致其异质性影响因素分析

本章借鉴内生经济增长模型的建模思路，构建了服务业 TFP 增长模型，运用数理推导对作为中间投入品和最终消费品的服务业 TFP 增长机制进行了系统性分析，对引致服务业 TFP 异质性演化的因素变量及其影响效应进行了论证。在分析框架的构建中，以已有研究成果为基石，本章首先构建了封闭经济条件下，以研发部门、中间产品部门、人力资本部门以及最终产品部门为基础的服务业 TFP 增长模型，考察了国内单一因素下各经济变量作用于服务业 TFP 增长的影响效应；其次，基于我国服务业已全面对外开放的现实，对基本模型进行拓展，将国外研发资本存量和国外中间投入品等国际因素以及影响国际溢出效应的吸收能力和技术结构等调节因素引入服务业 TFP 增长模型中，充分考察国内与国际双重因素下各经济变量与服务业 TFP 增长之间的关系。本章从理论层面诠释了服务业 TFP 增长的内在机理，论证了国内外各经济变量在引致服务业 TFP 异质性增长过程中的存在性、条件性和多面性，并提出相关的理论命题，为后续章节的实证分析提供了理论基础。

第一节 服务业 TFP 增长模型的构建思路

长期以来，内生经济增长的研究主要集中于制造业领域，而对服务业领域关注较少。本章借鉴内生经济增长模型的建模思路，根据服务业经济的增长效应构建服务业 TFP 增长模型，对服务业 TFP 增长机制及其异质性演化的影响因素进行分析。

关于服务业增长所产生的经济效用存在两种观点。一种观点认为，服务业的发展是一种"非工业化"，意味着劳动力逐步转向停滞部门而造成产业结构负担，进而降低经济增长率。实际上，"非工业化"带来经济增长减速的结论，除了展现服务业和工业在生产率上具有差异性，还存在一种含义：服务业只是作为满足最终需求的产品。Baumol（1967）支持此观点，并通过"成本病"增长模型对其进行了验证。这种观点在 Baumol 所处的时代基本符合当时情形，但随着服务业发展规模的不断壮大，服务业产品同工业产品一样，不仅包含满足最终需求的最终消费品，还包含参与工业及制造业部门最终生产的中间投入品，以用于提升这些部门最终产品生产的效率和产出水平。这些作为中间投入品的服务业又被统称为生产性服务业。因此，另一种关于服务业增长效应的观点认为，作为中间投入品的服务种类的增加，能够提升制造业等部门最终产品的生产率，提升其经济增长速度（Ethier，1982）。Markusen（1989）以及 Marrewijk（1997）等对第二种观点进行了验证，分析了作为中间投入品的服务业提升经济增长的内在机理。Peneder（2003）提出的"结构红利假说"，同样证实了作为中间投入品的服务经济增长，能够提升产业结构，重新合理分配生产资源，进而提升整个系统经济的增长水平和 TFP 增长率。

基于服务业经济的两种增长效应，本章分别构建作为中间投入品和最终消费品的服务业 TFP 增长模型，通过数理推演，对服务业 TFP 增长的内在机制进行分析。在服务业 TFP 增长模型的设定过程中，本章首先基于封闭经济条件，构建以研发部门、中间产品部门、人力资本积累部门以及最终产品部门四大部门为核心的服务业 TFP 增长模型，其中研发部门所使用的研发资本存量以及最终产品部门所使用的中间投入品均只考虑国内因素，即仅考察国内研发资本存量以及国内中间投入品对服务业 TFP 增长所产生的影响；其次，针对开放经济条件，本章进一步对封闭经济中的基本模型进行改进，尝试将国际研发资本存量和国外中间投入品等国际因素，以及影响国际溢出效应的吸收能力和技术结构等调节因素纳入分析框架，充分考察各经济变量在开放经济条件下作用于服务业 TFP 经济增长的影响效用。另外，在模型的构建上，本章将人力资本的直接效应和间接效应均纳入分析范围，充分考虑内生化的人力资本对服务业 TFP 增长所产生的影响效用。

第二节 封闭经济下服务业 TFP 增长模型的构建与分析

关于封闭经济和开放经济的界定主要以我国服务业的全面对外开放作为条件。在封闭经济状态下，上下游产业链包含四大核心部门：研发部门、中间产品部门、人力资本部门和最终产品部门。整个经济系统的运行机制为：国内研发部门采用一定的人力资本和国内研发资本存量进行技术创新活动，并将研发出的新型产品设计方案出售给中间产品部门，中间产品部门使用最新购买的研发方案生产中间产品，并将其出售给最终产品部门，最终产品部门使用购买的国内中间产品和一定量的人力资本生产出最终产品，整个过程不涉及国际影响因素。

一 服务业作为中间投入品的增长模型

在封闭经济条件下，当作为中间投入品的生产性服务业参与制造业等部门的生产时，整个经济系统设定为四个部门：一是最终产品部门，二是中间产品部门，三是研发部门，四是人力资本部门。

经济中非熟练劳动力为 L，可将其假设为人口总量，并以不变的外生速率 l 增长，即非熟练劳动增长率 = 总人口增长率 = $\dot{L}/L = l$，人力资本 H 分为三部分：一部分参与最终产品生产 H_Y；一部分参与研发部门技术开发 H_N；剩余部分 H_H 用于人力资本部门的人力资本积累。由此，根据扩展的柯布—道格拉斯形式，最终产品生产部门的生产函数可设定为：

$$Y_1 = AL^{\alpha_1} H_{Y_1}^{\alpha_2} \left(\int_0^N x_i^{\alpha_3} di \right) S^{\alpha_4}, \quad \alpha_1, \alpha_2, \alpha_3, \alpha_4 > 0,$$
$$\alpha_1 + \alpha_2 + \alpha_3 + \alpha_4 = 1 \quad (3-1)$$

其中，Y_1 代表制造业最终产品；A 代表一般生产率；L 代表非熟练劳动力投入；H_Y 代表投入到最终产品部门的人力资本量；x_i 代表区别于服务业中间投入品的其他中间投入品数量；N 代表 x_i 中间投入品的种类；S 代表服务业中间投入品数量；α_1、α_2、α_3、α_4 分别代表各要素的投入产出弹性。

在服务业中间投入品以外的其他中间投入品 $\int_0^N x_i^{\alpha_3} di$ 中，[0, N] 代表 N 种中间投入品的生产厂商，每个厂商生产一种产品，产品之间不存在替代或互补关系，为了简化模型，任意一种中间投入品的生产都消耗 1 单位的物质资本，即：

$$\int_0^N x_i di = K \quad (3-2)$$

每一时刻物质资本存量的净增加值为总产出减去总消费量，即物质资本存量的积累可表示为：

$$\dot{K} = Y - C \quad (3-3)$$

在市场出清条件下，Nx 单位的物质资本均衡状态所必须满足的条件为：

$$Nx = Y \quad (3-4)$$

另外，考虑物质资本存量分别投入到中间产品部门和研发部门，总的物质资本存量可表示为：

$$K = K_{中间产品部门} + K_{研发部门} \quad (3-5)$$

其中,将中间产品部门所使用的物质资本占总资本的比重设为 a_k,则中间产品部门和研发部门所使用物质资本可分别表示为:

$$K_{中间产品部门} = a_k K \quad (3-6)$$

$$K_{研发部门} = (1 - a_k) K \quad (3-7)$$

由于人力资本分别投入到最终产品部门、研发部门和人力资本部门,可令最终产品部门和研发部门所使用的人力资本占总人力资本的比重分别为 u_{Y_1} 和 u_N,则各部门人力资本量可表示为:

$$H_{Y_1} = u_{Y_1} H \quad (3-8)$$

$$H_N = u_N H \quad (3-9)$$

$$H_H = (1 - u_{Y_1} - u_N) H \quad (3-10)$$

由此,最终产品部门的生产函数可进一步表示为:

$$Y_1 = A L^{\alpha_1} (u_{Y_1} H)^{\alpha_2} N^{1-\alpha_3} (a_k K)^{\alpha_3} S^{\alpha_4} \quad (3-11)$$

服务业作为中间产品部门,其产生的中间投入品 S 可视为各种服务要素的集合体,即服务业中间投入品是由各种服务要素组合而成,且组装过程视为无成本(Ethier,1982),集合内元素为($s_1 \cdots s_j \cdots s_n$),由此,作为中间投入品的服务集合体生产函数可表示为:

$$S = S(s_1 \cdots s_j \cdots s_n) \quad (3-12)$$

其中,s_j 表示投入的服务要素。为了进一步简化模型,假定各服务投入要素的生产函数相同,且与 S 的生产者相分离,与 S 生产函数在地位上相对称。由此,S 生产函数可进一步表示为:

$$S = S(s_1^\theta + \cdots s_j^\theta + \cdots s_n^\theta) = \left(\sum s_j^\theta\right)^{\frac{1}{\theta}} \quad (3-13)$$

其中,θ 为各种服务组合要素相对于 S 的产出弹性,且 $0 < \theta < 1$。

由于各服务投入要素 s_j 具有相同的生产函数,因此各要素均具有相同的价格,且在组合最终投入 S 时采用相同的投入量,即 $X_j = m$;$j = 1, 2, \cdots, n$,则 S 的要素投入总量 $X = nm$,将其代入式(3-13),可进一步简化为:

$$S = \left(\sum s_j^\theta\right)^{\frac{1}{\theta}} = n^{\frac{1}{\theta}}m \qquad (3-14)$$

此时,作为服务业中间投入品的 S 的增长率,即服务业 TFP 增长率可表示为:

$$g_S = \frac{S}{X} = n^{\frac{1-\theta}{\theta}} \qquad (3-15)$$

研发部门主要对投入的中间产品提供设计和技术方案,根据 Romer(1990)的知识积累函数,研发部门生产函数可设定为:

$$\dot{N} = \varepsilon \left[(1-a_k)K\right]^\beta (u_N H)^\gamma N^\phi \qquad (3-16)$$

其中,ε 为生产力参数;$(1-a_k)K$ 为研发部门所使用的物质资本存量;$u_N H$ 为研发部门所使用的人力资本量;N 为已有的知识存量;β 为研发部门物质资本产出弹性;γ 为人力资本产出弹性,即技术创新率;ϕ 代表外部性参数。

人力资本部门生产函数可设定为:

$$\dot{H} = B(1 - u_{Y_1} - u_N)H \qquad (3-17)$$

其中,B 为人力资本部门生产力参数,$(1-u_{Y_1}-u_N)$ 为用于积累的人力资本占总人力资本的比重,H 为总人力资本量。

假设一个家庭在消费过程中所产生的效用函数为拉姆齐效用函数:

$$U(C) = \int_0^\infty \frac{C_t^{1-\sigma} - 1}{1-\sigma} e^{-\rho t} dt \qquad (3-18)$$

其中,C_t 为消费者在 t 时刻消费;$\frac{1}{\sigma}$ 为跨时期替代弹性,$\sigma > 0$;ρ 为时间偏好率,即贴现率,$\rho > 0$。

为获取消费(C)、最终产出(Y)、物质资本(K)、人力资本(H)、技术知识存量(N)等经济变量的最优长期增长率,根据以上模型建立最优增长路径的汉密尔顿函数(Hamilton 函数):

$$\tilde{H} = \frac{C^{1-\sigma} - 1}{1-\sigma} + \lambda_1 \left[AL^{\alpha_1}(u_{Y_1}H)^{\alpha_2}N^{1-\alpha_3}(a_k K)^{\alpha_3}S^{\alpha_4} - C\right]$$

第三章　服务业 TFP 增长模型构建及引致其异质性影响因素分析　51

$$+ \lambda_2 B (1 - u_{Y_1} - u_N) H + \lambda_3 \varepsilon [(1 - a_k) K]^\beta (u_N H)^\gamma N^\phi$$

$$(3-19)$$

其中，λ_1、λ_2、λ_3 分别为物质资本、人力资本及知识资本的影子价格，为区别 Hamilton 函数与人力资本变量的标识符号，用 $\widetilde{H}$ 来表示 Hamilton 函数。

用 Hamilton 函数分别对控制变量 C、u_{Y_1}、u_N 一阶求导，可获得 $\widetilde{H}$ 最大化的一阶条件，即：

$$\lambda_1 = C^{-\sigma} \qquad (3-20)$$

$$\lambda_2 BH = \alpha_2 \frac{\lambda_1 Y_1}{u_{Y_1}} \qquad (3-21)$$

$$\lambda_2 BH = \lambda_3 \gamma [(1 - a_k) K]^\beta \frac{\varepsilon (u_N H)^\gamma N^\phi}{u_N} \qquad (3-22)$$

由 λ_1、λ_2、λ_3 表示的欧拉方程分别为：

$$\dot{\lambda}_1 = \rho \lambda_1 - \frac{\partial \widetilde{H}}{\partial K} = \rho \lambda_1 - \lambda_1 \alpha_3 \frac{Y_1}{K} - \lambda_3 \frac{\beta \varepsilon}{K} [(1 - a_k) K]^\beta (u_N H)^\gamma N^\phi$$

$$(3-23)$$

$$\dot{\lambda}_2 = \rho \lambda_2 - \frac{\partial \widetilde{H}}{\partial H} = \rho \lambda_2 - \lambda_1 \alpha_2 \frac{Y_1}{H} - \lambda_2 B (1 - u_{Y_1} - u_N)$$

$$- \lambda_3 \frac{\gamma \varepsilon}{H} [(1 - a_k) K]^\beta (u_N H)^\gamma N^\phi \qquad (3-24)$$

$$\dot{\lambda}_3 = \rho \lambda_3 - \frac{\partial \widetilde{H}}{\partial N} = \rho \lambda_3 - \lambda_1 (1 - \alpha_3) \frac{Y_1}{N}$$

$$- \lambda_3 \frac{\phi \varepsilon}{N} [(1 - a_k) K]^\beta (u_N H)^\gamma N^\phi \qquad (3-25)$$

横截性条件为：$\lim e^{\rho t} \lambda_1 K = 0$，$\lim e^{\rho t} \lambda_2 H = 0$，$\lim e^{\rho t} \lambda_3 N = 0$。

由式（3-3）以及一阶条件中式（3-20）、式（3-21）可知，均衡状态下 $g_C = g_K = g_Y$，再根据式（3-8）至式（3-10）以及式（3-17）可得，均衡状态 $g_{H_Y} = g_{H_N} = g_{H_R} = g_H$。

对一阶条件中式（3-20）、式（3-21）、式（3-22）的公式两边分别同时求导可得：

$$g_{\lambda_1} = \sigma g_C \qquad (3-26)$$

$$g_{\lambda_2} + g_H = g_{\lambda_1} + g_C \qquad (3-27)$$

$$g_{\lambda_2} + g_H = \gamma g_H + \phi g_N + \beta g_K + g_{\lambda_3} \qquad (3-28)$$

由式（3-20）和式（3-23）可得家庭消费增长率为：

$$g_C = \frac{\dot{C}}{C} = \frac{1}{\sigma}\left(\frac{\partial Y}{\partial K} - \rho\right) \qquad (3-29)$$

将 g_C 看作常数，对式（3-29）两边同时求导，整理后可得：

$$\alpha_1 g_L + \alpha_2 g_H + (1-\alpha_3) g_N + (\alpha_3 - 1) g_K + \alpha_4 g_S = 0$$
$$(3-30)$$

由研发部门生产函数 [式（3-16）] 可得：

$$g_N = \frac{\dot{N}}{N} = \varepsilon [(1-a_k)K]^\beta (u_N H)^\gamma N^{\phi-1} \qquad (3-31)$$

对式（3-31）两边同时求导得：

$$g_{g_N} = \beta g_K + \gamma g_H + (\phi - 1) g_N \qquad (3-32)$$

由于在稳态经济增长条件下，g_N 为常数，因此 $g_{g_N} = 0$，由此可得：

$$g_N = \frac{\beta g_C + \gamma g_H}{1 - \phi} \qquad (3-33)$$

另外，对式（3-24）两边同时除以 λ_2，经推导可得：

$$g_{\lambda_2} = \frac{\dot{\lambda}_2}{\lambda_2} = \rho - B \qquad (3-34)$$

分别将式（3-26）和式（3-34）代入式（3-27）可得：

$$g_H = (1-\sigma) g_C - (\rho - B) \qquad (3-35)$$

最后，根据式（3-15）、式（3-30）、式（3-33）、式（3-35）以及条件 $g_C = g_K$ 和 $\alpha_1 + \alpha_2 + \alpha_3 + \alpha_4 = 1$ 可得制造业经济均衡增长率为：

$$g = g_C = \frac{\dfrac{\alpha_1 l + \alpha_4 n^{\frac{\theta}{1-\theta}}}{\alpha_1 + \alpha_2 + \alpha_4} + (B-\rho)\Omega}{1 + \Omega(\sigma - 1) - \dfrac{\beta}{1-\phi}} \quad (3-36)$$

其中，$\Omega = \dfrac{\gamma}{1-\phi} + \dfrac{\alpha_2}{\alpha_1 + \alpha_2 + \alpha_4}$。

从式 (3-36) 所得的制造业最终产品均衡增长率可知，当服务业作为中间投入品参与到制造业等部门的产品生产时，服务业要素投入种类 n、各种服务要素的产出弹性 θ 均能够对制造业经济增长产生积极的影响效应。另外，制造业增长水平的提升，又能够进一步刺激服务业经济增长，使作为中间投入品的生产性服务业要素投入种类 n 和生产服务总量 $\sum S_j$ 增加。根据式 (3-15) 所示的作为中间投入品的服务业 TFP 增长率可知，由于 $0 < \theta < 1$，随着 n 的增加，能够提升作为中间投入品服务业 TFP 的增长率，这正是服务业与制造业发展互动过程中所具备的"自增强"机制[①]，在提升制造业增长水平的同时，也提升了自身的 TFP 增长率水平。

二 服务业作为最终消费品的增长模型

在封闭经济条件下，当服务业作为用于直接消费的生活性服务业时，四大核心部门分别为：最终产品部门、中间产品部门、研发部门、人力资本部门。经济中非熟练劳动力为 L，非熟练劳动增长率为 l，人力资本 H 分为 H_{Y_2}、H_N、H_H 三部分。此时，最终产品部门的生产函数可设定为：

[①] 服务业"自增强"机制是指，服务业在与制造业互动融合的过程中，基于与制造业之间的产业关联，在发展过程中逐步形成的一种自我服务、自我强化和自我实施的一种发展系统（曾世宏，2011）。

$$Y_2 = AL^{\alpha_1} H_{Y_2}^{\alpha_2} \int_0^N x_i^{\alpha_3} di, \quad \alpha_1, \alpha_2, \alpha_3 > 0, \quad \alpha_1 + \alpha_2 + \alpha_3 = 1$$

$$(3-37)$$

其中，Y_2 代表服务业最终产品；A 代表一般生产率；L 代表非熟练劳动力投入；H_{Y_2} 代表最终产品部门的人力资本投入量；x_i 代表最终产品部门的中间产品投入量；N 代表 x_i 中间投入品的种类；α_1，α_2，α_3 分别代表各要素的投入产出弹性。

由此，最终产品部门的生产函数可进一步表示为：

$$Y_2 = AL^{\alpha_1} (u_{Y_2} H)^{\alpha_2} N^{1-\alpha_3} (a_k K)^{\alpha_3} \qquad (3-38)$$

其他部门生产函数的设定方式基本不变，此时建立最优增长路径的 Hamilton 函数变化为：

$$\widetilde{H} = \frac{C^{1-\sigma} - 1}{1-\sigma} + \lambda_1 [AL^{\alpha_1} (u_{Y_2} H)^{\alpha_2} N^{1-\alpha_3} (a_k K)^{\alpha_3} - C]$$
$$+ \lambda_2 B (1 - u_Y - u_N) H + \lambda_3 \varepsilon [(1-a_k) K]^{\beta} (u_N H)^{\gamma} N^{\phi}$$

$$(3-39)$$

其中，λ_1、λ_2、λ_3 分别为物质资本、人力资本及知识资本的影子价格。

由此可得，服务业研发部门和人力资本部门的均衡增长率分别为：

$$g_N = \frac{(B-\rho)\left[\beta\Omega + \gamma - \dfrac{\gamma\beta}{1-\phi}\right] + \dfrac{\alpha_1 \beta l}{\alpha_1 + \alpha_2} + \dfrac{\gamma(1-\sigma)n\alpha_1}{\alpha_1 + \alpha_2}}{(1-\phi)[1 + (\sigma-1)\Omega] - \beta}$$

$$(3-40)$$

$$g_H = \frac{(B-\rho)\left(\dfrac{1-\phi-\beta}{1-\phi}\right) + \dfrac{\alpha_1(1-\sigma)l}{\alpha_1 + \alpha_2}}{1 + \Omega(\sigma-1) - \dfrac{\beta}{1-\phi}} \qquad (3-41)$$

作为最终消费品的服务业 TFP 增长率为：

$$g = g_C = \frac{\dfrac{\alpha_1 l}{\alpha_1 + \alpha_2} + (B-\rho)\Omega}{1 + \Omega(\sigma-1) - \dfrac{\beta}{1-\phi}} \qquad (3-42)$$

其中，$\Omega = \dfrac{\gamma}{1-\phi} + \dfrac{\alpha_2}{\alpha_1 + \alpha_2 + \alpha_4}$。

由此可知，在封闭经济状态下，当服务业作为最终消费品进行生产时，人力资本部门生产力参数 B、研发部门技术参数 γ 及知识外部性参数 ϕ 均能够对服务业 TFP 增长率产生影响。

第三节　开放经济下服务业 TFP 增长模型的构建与分析

在开放经济条件下，相较于封闭经济，服务业经济系统的运行机制进一步在两大方面进行了拓展：首先，受国际技术外溢的影响，研发部门可以同时获取国内研发资本存量和国外研发资本存量进行中间产品的设计；其次，最终产品部门可以同时购买国内中间产品和国外中间产品进行最终产品的生产。考虑到国际研发资本的获取还受到国内吸收能力和技术结构的约束，本节将吸收能力和技术结构两大影响因素也纳入分析框架。鉴于本节研究背景是基于我国服务业的全面对外开放，因此对于开放经济下服务业 TFP 增长机制及其异质性影响因素的分析也将是重点之一。

一　服务业作为中间投入品的增长模型

（一）模型设定

在开放经济条件下，当服务业作为中间产品投入到制造业等部门时，上下游产业链四大核心部门依然设定为最终产品部门、中间产品部门、研发部门、人力资本部门。但相较于封闭经济，研发部门可以同时使用国内研发资本存量和国外研发资本存量进行中间产品的设计；最终产品部门可以同时购买国内中间产品和国外中间产品进行最终产品的生产；人力资本 H 的用途主要分为两部分：一部分参与最终产品生产 H_Y；另一部分参与研发部门技术开发 H_n。为了进一步简化模型，将除了服务业中间投入品以外的其他中间投入品均以专用性资产 K 表示，此时，最终产品部门生产函数可扩展为：

$$Y_1 = AH_{Y_1}^{\alpha} K^{\beta} \left(\int_0^n S_j^{\gamma} dj + \int_0^{n^*} S_{j^*}^{\gamma} dj^* \right), \quad \alpha, \beta, \gamma > 0, \quad \alpha + \beta + \gamma = 1$$

$$(3-43)$$

其中，Y_1 代表制造业最终产品；A 代表一般生产率；H_{Y_1} 代表最终产品部门的人力资本投入量；K 代表最终产品部门专用性资产；n 代表国内服务业中间投入品的种类；n^* 代表国外服务业中间投入品的种类；S_j 代表国内服务业中间投入品数量；S_{j^*} 代表从国外引进的服务业中间投入品数量；α, β, γ 分别代表各要素的投入产出弹性。

作为服务业中间投入品的研发部门，已有研发资本存量分为国内研发资本存量和国外研发资本存量，其中国外研发资本存量来自对外开放过程中的国际溢出效应。由于发展中国家在吸收和模仿发达国家先进技术的过程中，技术的"适应性"使来自发达国家的先进研发成果并非能够完全适用于发展中国家，技术的匹配度会影响技术溢出效应的成果。另外，国际溢出效应还受到本国自身吸收能力以及技术结构的合理性的影响。因此，在考察服务业国外研发溢出效应的同时，本节将吸收能力和技术结构纳入分析框架。由此，服务业研发部门生产函数可进一步扩展为：

$$\dot{n} = \delta H_n [n + G(\cdot) T n^*] \quad (3-44)$$

其中，$\dot{n}$ 为研发部门知识技术增量；δ 代表生产力参数；H_n 代表研发部门的人力资本投入量；n 和 n^* 分别代表国内外研发资本存量；$G(\cdot)$ 代表吸收能力，$G(\cdot) = G(x_1, x_2, \cdots, x_n)$，$x_1, x_2, \cdots, x_n$ 为影响吸收能力的各因素变量，即对于国际溢出效应的吸收能力是各吸收变量的综合函数；T 代表技术结构。

消费者效用函数为：

$$U(C) = \int_0^\infty \frac{C_t^{1-\sigma} - 1}{1 - \sigma} e^{-\rho t} dt \qquad (3-45)$$

其中，C_t 为消费者在 t 时刻的消费；$\frac{1}{\sigma}$ 为跨时期替代弹性，$\sigma > 0$；ρ 为时间偏好率，即贴现率，$\rho > 0$。

人力资本总量分别投入到最终产品部门和研发部门：

$$H = H_Y + H_n \qquad (3-46)$$

（二）各部门最大化决策分析

在开放经济条件下，在对各部门最大化决策分析的过程中，首先，将最终产品部门的产品价格 P_{Y_1} 单位化为 1，投入到最终产品部门和研发部门的人力资本工资分别设为 $W_{H_{Y_1}}$ 和 W_{H_n}，国内外服务业中间投入品的价格分别为 q_j 和 q_{j^*}，专用资产价格设为 P_k。其次，假设最终产品市场、资本市场以及劳动力市场均处于完全竞争状态，而作为中间投入品的服务业产品市场处于完全垄断状态，获取垄断利润。

1. 最终产品部门最大化决策

最终产品部门通过使用一定数量的国内服务业中间投入品、国外服务业中间投入品、其他中间投入品以及一定数量的人力资本来获取最大化利润：

$$\underset{H_Y, S_j, S_{j^*}, K}{Max} \pi = Y_1(H_{Y_1}, S_j, S_{j^*}, K) - W_{H_{Y_1}} H_{Y_1} - P_K K - q_j \int_0^n S_j dj - q_{j^*} \int_0^{n^*} S_{j^*} dj^* \qquad (3-47)$$

由 $\partial \pi / \partial H_{Y_1} = 0$、$\partial \pi / \partial K = 0$、$\partial \pi / \partial S_j = 0$、$\partial \pi / \partial S_{j^*} = 0$ 可得出最终产品部门利润最大化的条件为：

$$W_{H_{Y_1}} = \frac{\alpha Y_1}{H_{Y_1}} = \alpha A H_{Y_1}^{\alpha-1} \left(\int_0^n S_j^\gamma dj + \int_0^{n^*} S_{j^*}^\gamma dj^* \right) \qquad (3-48)$$

$$P_k = \frac{\beta}{K} Y_1 = A H_{Y_1}^\alpha \beta K^{\beta-1} \left(\int_0^n S_j^\gamma dj + \int_0^{n^*} S_{j^*}^\gamma dj^* \right) \qquad (3-49)$$

$$S_j = \left(\frac{A H_{Y_1}^\alpha K^\beta \gamma}{q_j} \right)^{\frac{1}{\alpha+\beta}}, \text{ 即 } q_j = A H_{Y_1}^\alpha K^\beta \gamma S_j^{\gamma-1} \qquad (3-50)$$

$$S_{j^*} = \left(\frac{AH_{Y_1}^\alpha K^\beta \gamma}{q_{j^*}}\right)^{\frac{1}{\alpha+\beta}}, \quad 即 \quad q_{j^*} = AH_{Y_1}^\alpha K^\beta \gamma S_{j^*}^{\gamma-1} \qquad (3-51)$$

由式（3-50）和式（3-51）可知，投入到最终产品部门的国内外服务业中间投入品具有相同的需求函数，并且由于服务业中间投入品需求曲线为向下倾斜曲线，说明服务业中间产品部门能够获得垄断利润，该推论与 Marrewijk（1997）所提出的观点相同，即由于服务企业之间存在不完全替代性和规模经济效应，使服务型企业所处的市场结构具有垄断性。

2. 中间产品部门最大化决策

服务业中间产品部门采用在研发部门购买的产品设计方案进行新产品的生产，支出费用为固定成本，将每一单位中间投入品生产所花费的边际成本设为1，则中间产品部门的可变成本为 $1 \cdot S_j$。

由此，国内服务业中间产品部门最大化决策为：

$$\underset{q_j}{Max}\pi_S = q_j S_j - S_j = q_j \left(\frac{AH_{Y_1}^\alpha K^\beta \gamma}{q_j}\right)^{\frac{1}{\alpha+\beta}} - \left(\frac{AH_{Y_1}^\alpha K^\beta \gamma}{q_j}\right)^{\frac{1}{\alpha+\beta}} \qquad (3-52)$$

由一阶最优条件 $\frac{\partial \pi_S}{\partial q_j} = 0$，得出服务业中间产品部门的垄断价格为：

$$q_j = \frac{1}{\gamma} \qquad (3-53)$$

同理可得，国外服务业中间产品部门的价格为：

$$q_{j^*} = \frac{1}{\gamma} \qquad (3-54)$$

将式（3-53）和式（3-54）分别代入式（3-52）和式（3-53），可得：

$$S_j = \bar{S} = (AH_Y^\alpha K^\beta \gamma^2)^{\frac{1}{\alpha+\beta}} \qquad (3-55)$$

$$S_{j^*} = \bar{S}^* = (AH_Y^\alpha K^\beta \gamma^2)^{\frac{1}{\alpha+\beta}} \qquad (3-56)$$

即 $S_j = S_{j^*} = \bar{S}$。

将式（3-55）和式（3-56）带入式（3-43）可得最终产品

部门均衡产出为：

$$Y_1 = AH_{Y_1}^{\alpha}K^{\beta}\bar{S}^{\gamma}(n+n^*)$$

$$= AH_{Y_1}^{\alpha}K^{\beta}(n+n^*)(AH_{Y_1}^{\alpha}K^{\beta}\gamma^2)^{\frac{\gamma}{\alpha+\beta}} \quad (3-57)$$

3. 研发部门最大化决策

服务业研发部门人力资本的工资为 W_{H_n}，对中间投入品进行设计的专利价格为 P_n，根据服务业研发部门生产函数可得其总收入为：

$$TR = P_n \delta H_n [n + TG(\cdot)n^*] \quad (3-58)$$

总成本为：

$$TC = W_{H_n}H_n \quad (3-59)$$

根据利润最大化原则可得服务业研发部门产出决策为：

$$W_{H_n} = P_n \delta [n + TG(\cdot)n^*] \quad (3-60)$$

$$P_n = V(t) = \int_0^{\infty} e^{-r_v(s,t)(s-t)}\pi_S ds \quad (3-61)$$

其中，$r_v(s,t)$ 代表时间 t 与时间 s 之间的平均利率，均衡状态下平均利率 r_v 为常数 r，则式（3-61）可变化为：

$$P_n = \int_0^{\infty} e^{-r(s-t)}\pi_S ds = \frac{1}{r}\pi_S \quad (3-62)$$

将式（3-52）及式（3-53）带入式（3-62）进一步可得：

$$P_n = \frac{1}{r}(q_j S_j - S_j) = \frac{1}{r}\left(\frac{1-\gamma}{\gamma}\right)S_j \quad (3-63)$$

将式（3-63）带入式（3-60）可得：

$$W_{H_n} = P_n \delta [n + TG(\cdot)n^*]$$

$$= \frac{1}{r}\left(\frac{1-\gamma}{\gamma}\right)\delta [n + TG(\cdot)n^*]\bar{S} \quad (3-64)$$

（三）经济均衡分析

在经济均衡状态下，最终产品部门与研发部门的人力资本报酬应相等，即：

$$W_{H_{Y_1}} = W_{H_n} \quad (3-65)$$

由此，根据式（3-48）、式（3-55）、式（3-57）、式（3-65）

可得：

$$\alpha A H_{Y_1}^{\alpha-1} K^\beta \ (n+n^*) \ \bar{S}^\gamma = \frac{1}{r} \left(\frac{1-\gamma}{\gamma}\right) \delta \ [n + TG \ (\cdot) \ n^*] \ \bar{S}$$

(3-66)

经推导整理后可得：

$$H_{Y_1} = \frac{\alpha r \ (n+n^*)}{\delta \gamma \ (\alpha+\beta) \ [n + TG \ (\cdot) \ n^*]}$$

(3-67)

在对国际研发资本存量溢出效应的吸收方面，技术差距是体现吸收能力的一个重要方面，在此，本节借鉴赖明勇（2005）对技术差距的衡量方法，将技术差距吸收变量纳入分析框架，对研发部门生产函数进行扩展。假设 t 时刻国内外研发资本存量总和为 $n^T = n + n^*$，国内研发资本存量占总研发资本存量的比重为 $\frac{1}{u}$，其中 $u>1$；国内研发资本存量 $n = \frac{1}{u} n^T$，国外研发资本存量为 $n^* = \left(1 - \frac{1}{u}\right) n^T$，则国内外技术差距可表示为：

$$\frac{n^*}{n} = u - 1$$

(3-68)

另外，服务业研发部门技术增长率为：

$$g_n = \frac{\dot{n}}{n} = \frac{\delta H_n \ [n + TG \ (\cdot) \ n^*]}{n}$$

(3-69)

将式（3-68）代入式（3-69）可得：

$$g_n = \frac{\dot{n}}{n} = \frac{\delta H_n \ [n + TG \ (\cdot) \ n \ (u-1)]}{n}$$

$$= \delta H_n \ [1 + TG \ (\cdot) \ (u-1)]$$

$$= \delta \ (H - H_{Y_1}) \ [1 + TG \ (\cdot) \ (u-1)] \quad (3-70)$$

在均衡状态下，制造业稳态经济增长率为：

$$g = g_C = g_Y = g_n = \delta \ (H - H_{Y_1}) \ [1 + TG \ (\cdot) \ (u-1)]$$

(3-71)

根据式（3-45）可知消费者效用最大化条件下消费增长率为：

$$g_C = \frac{\dot{C}}{C} = \frac{r-\rho}{\sigma}, 即 r = g_C \sigma + \rho \quad (3-72)$$

综合式（3-67）、式（3-70）、式（3-71）及式（3-72）可得，制造业最终产品均衡增长率为：

$$g = g_C = g_Y = g_n = \frac{\delta H [1+TG(\cdot)(u-1)] - \frac{\rho\alpha u}{\gamma(\alpha+\beta)}}{1 + \frac{\alpha u \sigma}{\gamma(\alpha+\beta)}}$$

$$(3-73)$$

由此可知，在开放经济条件下，当服务业作为中间产品投入到制造业等生产部门时，在稳态条件下，与服务业研发资本存量相关的技术结构 T、吸收能力 $G(\cdot)$、国内外技术差距 u、研发部门生产力参数 δ，以及服务业投入产出弹性 γ 均能够对制造业最终经济增长产生影响，而制造业增长水平的提升，又能够进一步刺激服务业经济增长，提升作为中间投入品的服务业 TFP 增长水平的提升。

二 服务业作为最终消费品的增长模型

（一）模型设定

在对外开放经济条件下，当服务业作为最终消费品时，上下游产业链四大核心部门为：最终产品部门、中间产品部门、研发部门、人力资本部门。其中，研发部门使用国内研发资本存量和国外研发资本存量进行中间产品的设计；最终产品部门同时采用国内服务业中间投入品和国外服务业中间投入品进行最终产品的生产；人力资本部门主要参与研发部门和最终产品部门的生产。由此，服务业最终产品部门生产函数可设定为：

$$Y_2 = AH_{Y_2}^{\alpha}\left(\int_0^N x_i^{\beta} dj + \int_0^{N^*} x_i^{\beta} \cdot di^*\right), \quad \alpha, \beta > 0, \quad \alpha + \beta = 1$$

$$(3-74)$$

其中，Y_2 代表服务业最终产品；A 代表一般生产率；H_{Y_2} 代表投入到服务业最终产品部门的人力资本量；N 代表国内服务业中间投入品的种类；N^* 代表国外服务业中间投入品的种类；α，β 分别代表各要素的投入产出弹性。

服务业研发部门生产函数为：

$$\dot{N} = \delta H_N \left[N + G(\cdot) T N^* \right] \quad (3-75)$$

其中，$\dot{N}$ 为研发部门知识技术增量；δ 代表生产力参数；H_N 代表研发部门人力资本的投入量；N 和 N^* 分别代表国内外研发资本存量；$G(\cdot)$ 代表国际溢出的吸收能力；T 代表技术结构。

消费者效用函数为：

$$U(C) = \int_0^\infty \frac{C_t^{1-\sigma} - 1}{1-\sigma} e^{-\rho t} dt \quad (3-76)$$

人力资本总量分别投入到服务业最终产品部门和服务研发部门：

$$H = H_Y + H_N \quad (3-77)$$

（二）各部门最大化决策分析

在考察服务业各生产部门最大化决策中，进一步将政府行为影响效应纳入分析框架。政府部门的政策效应主要通过两种宏观经济政策引导服务业最优经济增长：一种是对国内中间产品部门进行产品补贴，以消除垄断利润所带来的影响，从而刺激最大化消费，补贴率为 θ；另一种是对研发部门进行补贴，以消除技术知识产品所产生的外部性，补贴率为 τ。在各部门最大化决策分析过程中，服务业最终产品部门的产品价格 P_{Y_2} 单位化为1，投入到服务业最终部门和研发部门的人力资本工资分别设为 $W_{H_{Y_2}}$ 和 W_{H_N}，国内外服务业中间投入品价格分别为 p_{x_i} 和 $p_{x_i^*}$。由此，各部门最大化决策如下所示。

1. 最终产品部门最大化决策

基于利润最大化原则，服务业最终产品部门最大化决策可表示为：

$$\underset{H_{Y_2},x_i,x_{i^*}}{Max}\pi = Y_2(H_{Y_2}, x_i, x_{i^*}) - W_{H_{Y_2}}H_{Y_2} - p_{x_i}\int_0^N x_i(1-\theta)di - p_{x_{i^*}}\int_0^{N^*} x_{i^*}di^* \qquad (3-78)$$

根据服务业最终产品部门利润最大化条件可得出：

$$W_{H_{Y_2}} = \frac{\alpha Y_2}{H_{Y_2}} = \alpha A H_{Y_2}^{\alpha-1}\left(\int_0^N x_i^\beta di + \int_0^{N^*} x_{i^*}^\beta di^*\right) \qquad (3-79)$$

$$x_i = H_{Y_2}\left[\frac{A\beta}{p_{x_i}(1-\theta)}\right]^{\frac{1}{\alpha}}, \quad 即\ p_{x_i} = \frac{AH_{Y_2}^\alpha \beta x_i^{-\alpha}}{1-\theta} \qquad (3-80)$$

$$x_{i^*} = H_{Y_2}\left(\frac{A\beta}{p_{x_{i^*}}}\right)^{\frac{1}{\alpha}}, \quad 即\ p_{x_{i^*}} = AH_{Y_2}^\alpha \beta x_{i^*}^{-\alpha} \qquad (3-81)$$

2. 中间产品部门最大化决策

为简化模型，在此仍将生产每一单位中间投入品所花费的边际成本设为 1，则服务业中间产品部门的可变成本为 $1 \cdot x_i$。由此，国内服务业中间产品部门最大化决策为：

$$\underset{p_{x_i}}{Max}\pi_m = p_{x_i}x_i - x_i = p_{x_i}H_{Y_2}\left[\frac{A\beta}{p_{x_i}(1-\theta)}\right]^{\frac{1}{\alpha}} - H_{Y_2}\left[\frac{A\beta}{p_{x_i}(1-\theta)}\right]^{\frac{1}{\alpha}} \qquad (3-82)$$

由一阶最优条件 $\frac{\partial \pi_m}{\partial p_{x_i}} = 0$，得出服务业中间产品部门的垄断价格为：

$$p_{x_i} = \frac{1}{\beta} \qquad (3-83)$$

国外服务业中间产品部门最大化决策为：

$$\underset{p_{x_{i^*}}}{Max}\pi_{m^*} = p_{x_{i^*}}x_{i^*} - x_{i^*} = p_{x_{i^*}}H_{Y_2}\left(\frac{A\beta}{p_{x_{i^*}}}\right)^{\frac{1}{\alpha}} - H_{Y_2}\left(\frac{A\beta}{p_{x_{i^*}}}\right)^{\frac{1}{\alpha}} \qquad (3-84)$$

由一阶最优条件 $\frac{\partial \pi_{m^*}}{\partial p_{x_{i^*}}} = 0$，同样得出国外服务业中间产品部门的垄断价格为：

$$p_{x_{i^*}} = \frac{1}{\beta} \qquad (3-85)$$

由此可知在经济均衡条件下，国内外服务业中间投入品价格相同，即：

$$p_{x_i} = p_{x_{i^*}} \quad (3-86)$$

将式（3-83）和式（3-84）分别代入式（3-80）和式（3-81），可得：

$$x_i = \left(\frac{1}{1-\theta}\right)^{\frac{1}{\alpha}} H_Y A^{\frac{1}{\alpha}} \beta^{\frac{2}{\alpha}} \quad (3-87)$$

$$x_{i^*} = H_Y A^{\frac{1}{\alpha}} \beta^{\frac{2}{\alpha}} \quad (3-88)$$

将式（3-87）和式（3-88）带入式（3-74），可得服务业最终产品部门均衡产出为：

$$\begin{aligned}
Y_2 &= A H_{Y_2}^\alpha \left(\int_0^N x_i^\beta di + \int_0^{N^*} x_{i^*}^\beta di^*\right) \\
&= A H_{Y_2}^\alpha (N x_i^\beta + N^* x_{i^*}^\beta) \\
&= A H_{Y_2}^\alpha \left\{ N \left[H_{Y_2} \left(\frac{1}{1-\theta}\right)^{\frac{1}{\alpha}} A^{\frac{1}{\alpha}} \beta^{\frac{2}{\alpha}} \right]^\beta + N^* (H_{Y_2} A^{\frac{1}{\alpha}} \beta^{\frac{2}{\alpha}})^\beta \right\} \\
&= A^{\frac{1}{\alpha}} \beta^{\frac{2\beta}{\alpha}} H_{Y_2} \left[N \left(\frac{1}{1-\theta}\right)^{\frac{\beta}{\alpha}} + N^* \right] \quad (3-89)
\end{aligned}$$

3. 研发部门最大化决策

研发部门人力资本工资为 W_{H_N}，对中间投入品进行设计的专利价格为 P_N，总收入为：

$$TR = P_N \delta H_N [N + TG(\cdot) N^*] \quad (3-90)$$

研发部门总成本为：

$$TC = (1-\tau) W_{H_N} H_N \quad (3-91)$$

根据利润最大化原则，研发部门产出决策为：

$$W_{H_N} = \frac{P_N \delta [N + TG(\cdot) N^*]}{1-\tau} \quad (3-92)$$

$$P_n = V(t) = \int_t^\infty e^{-rv(s,t)(s-t)} \pi_m(s) \, ds$$

$$= \int_0^\infty e^{-r(s-t)} \pi_S ds = \frac{1}{r}\pi_m$$

$$= \frac{1}{r}(P_{x_i}x_i - x_i)$$

$$= \frac{\alpha}{r\beta}x_i \quad (3-93)$$

将式（3-93）带入式（3-92）可得：

$$W_{H_N} = \left(\frac{1}{1-\tau}\right)P_N\delta[N + TG(\cdot)N^*]$$

$$= \frac{\alpha}{r\beta}\delta[N + TG(\cdot)N^*]x_i\left(\frac{1}{1-\tau}\right)$$

$$= \frac{\alpha}{r\beta}\delta[N + TG(\cdot)N^*]\left(\frac{1}{1-\tau}\right)\left(\frac{1}{1-\theta}\right)^{\frac{1}{\alpha}}x_i.$$

$$(3-94)$$

（三）经济均衡分析

在经济均衡状态下，服务业最终产品部门与研发部门人力资本相等：

$$W_{H_n} = W_{H_N} \quad (3-95)$$

由此，根据式（3-79）、式（3-88）、式（3-89）、式（3-94）可得：

$$\alpha A H_{Y_2}^{\alpha-1}\left[N\left(\frac{1}{1-\theta}\right)^{\frac{\beta}{\alpha}} + N^*\right]x_i^\beta.$$

$$= \frac{1}{r}\frac{\alpha}{\beta}\delta[N + TG(\cdot)N^*]\left(\frac{1}{1-\theta}\right)^{\frac{1}{\alpha}}x_i\cdot\left(\frac{1}{1-\tau}\right) \quad (3-96)$$

经推导整理后可得：

$$H_{Y_2} = \frac{r(1-\theta)^{\frac{1}{\alpha}}(1-\tau)\left[N\left(\frac{1}{1-\theta}\right)^{\frac{\beta}{\alpha}} + N^*\right]}{\delta\beta[N + TG(\cdot)N^*]} \quad (3-97)$$

在此，同样采用 $n^*/n = u - 1$ 衡量国内外技术差距，并代入式（3-97），得：

$$H_{Y_2} = \frac{r(1-\theta)^{\frac{1}{\alpha}}(1-\tau)\left[\left(\frac{1}{1-\theta}\right)^{\frac{\beta}{\alpha}} + (u-1)\right]}{\delta\beta[1+TG(\cdot)(u-1)]} \quad (3-98)$$

服务业研发部门技术增长率为：

$$g_N = \frac{\dot{N}}{N} = \frac{\delta H_N[N + TG(\cdot)N^*]}{N}$$

$$= \delta H_N[1 + TG(\cdot)(u-1)] \quad (3-99)$$

在均衡状态下，服务业稳态经济增长率为：

$$g = g_C = g_Y = g_n = \delta(H - H_{Y_2})[1 + TG(\cdot)(u-1)] \quad (3-100)$$

消费者效用最大化条件下消费增长率为：

$$r = g_C \sigma + \rho \quad (3-101)$$

综合式（3-98）、式（3-99）、式（3-100）及式（3-101）可得，服务业 TFP 增长率为：

$$g = g_C = g_Y = g_N =$$

$$\frac{\delta H[1+TG(\cdot)(u-1)] - \frac{\rho(1-\theta)^{\frac{1}{\alpha}}(1-\tau)}{\beta}\left[\left(\frac{1}{1-\theta}\right)^{\frac{1}{\alpha}} + (u-1)\right]}{1 + \frac{\sigma(1-\theta)^{\frac{1}{\alpha}}(1-\tau)[1+TG(\cdot)(u-1)]}{\beta}}$$

$$(3-102)$$

由此可知，在开放经济条件下，当服务业作为最终产出品时，消费者偏好（σ、ρ）、人力资本总量（H）、技术结构（T）、吸收能力［$G(\cdot)$］、国内外技术差距（u）、研发部门生产力（δ）以及政府补贴率（θ、τ）均能够对服务业 TFP 增长率产生影响。

第四节 引致服务业 TFP 异质性影响因素分析

从上文对服务业 TFP 增长模型的构建与分析中得出，服务业 TFP 的均衡增长率会受到人力资本总量、技术结构、吸收能力、国内外技术差距、研发资本存量以及政府补贴等经济因素的影响。在开放经济背景下，国内外各经济因素对于服务业 TFP 增长的影响效应，是研究中国服务业生产率异质性演化的一个重要方面，各因素变量在服务业 TFP 增长过程中所产生的不同程度的积极效用或消极效用会造成服务业 TFP 增长水平的不同。对于各区域或各行业的服务业而言，经济变量对 TFP 作用机制和影响效应的不同，必然会造成区域层面和行业层面服务业生产率演化过程中的异质性。为了进一步探讨开放经济条件下引致服务业 TFP 异质性演化的各因素变量的影响效应，本节分别对各因素变量作用于服务业 TFP 增长率的影响效应进行比较静态分析。

1. 消费者偏好参数（σ、ρ）对服务业 TFP 增长率的影响

$$\frac{\partial g}{\partial \sigma} < 0, \ \frac{\partial g}{\partial \rho} < 0 \qquad (3-103)$$

由于跨时期替代弹性 σ 参数增大意味着消费者边际效用弹性增大，消费者由于对当前消费的偏好而倾向于减少当前投资；同样，时间偏好参数 ρ 增大说明对消费者而言，当期消费能够比未来消费带来更大效用，当前消费的增加导致当期投资的减少，进而使服务业 TFP 增长率 g 减小。由此可得结论 1：

结论 1：消费者偏好的增加，能够提升服务业 TFP 增长水平，从而引致服务业 TFP 增长的异质性。

2. 人力资本总量（H）对服务业 TFP 增长率的影响

$$\frac{\partial g}{\partial H} > 0 \qquad (3-104)$$

当人力资本总量增加时，分配到最终产品部门和研发部门的人力资本比重也会上升，研发部门人力资本投入的增加能够直接提升研发部门技术增长率和服务业均衡经济增长率。另外，人力资本量的增加能够提升研发部门对国外研发资本存量的吸收效应，从而间接提升稳态条件下服务业最终均衡增长率。

由此可见，在开放经济条件下，人力资本的直接和间接效用均能提升服务业 TFP 增长水平，由此可得结论 2：

结论 2：人力资本存量的增加，能够提升服务业 TFP 增长水平，从而引致服务业 TFP 增长的异质性。

3. 研发部门生产力参数（δ）对服务业均衡经济增长率的影响

$$\frac{\partial g}{\partial \delta} > 0 \qquad (3-105)$$

研发部门生产力参数 δ 的增加意味着研发部门技术知识资本的产出效率的提升，从而直接提升技术增长率和研发资本存量，同时根据式（3-92）可知，参数 δ 的增加意味着研发部门人力资本的投资回报率的提升，吸引更多的人力资本投入到研发部门，从而提升研发部门技术增长率和服务业 TFP 增长率。基于此，可提出结论 3：

结论 3：研发资本存量的增加，能够提升服务业 TFP 增长水平，从而引致服务业 TFP 增长的异质性。

4. 国际溢出吸收能力 $G(\cdot)$ 以及技术结构 T 对服务业 TFP 增长率的影响

$$\frac{\partial g}{\partial G(\cdot)} > 0, \frac{\partial g}{\partial T} > 0 \qquad (3-106)$$

根据式（3-100）可知，国际溢出吸收能力及技术结构水平的提升能够直接提高研发部门技术增长率，另外，在式（3-93）中，吸收能力和技术结构水平的增加能够提升研发部门人力资本回报率，使更多人力资本由服务业最终产品部门转移到研发部门，从而提升研发部门技术增长率以及服务业均衡增长率。由此可得结论 4：

结论 4：国际溢出吸收能力和技术结构的增加，能够提升服务业 TFP 增长水平，从而引致服务业 TFP 增长的异质性。

5. 技术差距 u 对服务业 TFP 增长率的影响

$$\frac{\partial g}{\partial u} > 0 \text{ 或 } \frac{\partial g}{\partial u} \leq 0 \qquad (3-107)$$

根据式（3-102）中均衡经济增长率 g 对技术差距 u 求偏导的

结果可知，技术差距作用于服务业均衡经济增长的影响效应具有不确定性。这主要在于技术差距影响效用的双重性，从技术的"后发优势"来看，当技术差距越大时，技术落后区域能够从技术先进区域模仿和学习的技术选择空间越大，并且这种技术模仿成本往往要低于技术创新成本（Krugman，1979）。但是，当技术差距过大时，由于技术的"适应性"使技术落后区域缺乏合理的技术结构和足够的技术能力去消化引进的先进技术，抑制了技术溢出效应的扩散。因此，正如 Kkoko（1996）和 Taylor（2000）在对技术差距和均衡经济增长率非线性关系进行实证分析中所得出的结论，技术差距对经济增长率的积极影响效应存在最优值，即技术差距只有在一定范围内能够使技术落后区域在先进技术引进过程中获取最大收益。由此可得结论5：

结论5：技术差距对服务业 TFP 增长的影响效应具有不确定性。

6. 政府补贴率 θ 和 τ 对服务业均衡经济增长率的影响

在不存在政府政策干预的情况下，由于中间产品部门的垄断性定价以及研发部门的知识存量外部性所带来的效率损失，使稳态条件下的经济均衡并不是帕累托最优。政府部门主要是在市场均衡条件下，对研发技术的外部性以及中间产品部门的垄断性所引起的市场失灵进行调解。

首先，在不考虑政府行为影响的条件下，在中间产品部门，由于存在垄断定价使中间投入品的价格高于其边际成本，正如式（3-83）所示，服务业中间投入品价格 $p_{x_i} = \frac{1}{\beta} > 1$。分别将完全竞争条件下，根据边际成本定价的中间投入品价格1和垄断条件下中间投入品定价 $\frac{1}{\beta}$ 带入式（3-80），得出不同价格条件下服务业最终产品部门所使用的中间投入品数量为：

$$x_i = H_{Y_2}\left[A\beta^2\right]^{\frac{1}{\alpha}} < x'_i = H_{Y_2}\left[A\beta\right]^{\frac{1}{\alpha}} \qquad (3-108)$$

其中，x_i 和 x_i' 分别为根据边际成本定价和垄断定价所得出的中间投入品数量，由此可见，在技术一定时，最终产品部门在中间产品部门垄断定价下所使用的中间投入品数量要小于完全竞争条件下所使用的中间投入品数量，从而造成静态效率损失。

其次，根据式（3-75）的研发部门生产函数可知：

$$\dot{N}/H_N = \delta \left[N + G(\cdot) TN^* \right] \qquad (3-109)$$

从式（3-109）可以看出，单位研发生产率与已有研发资本存量成正比，当已有研发资本存量增加时，能够提升未来研发技术的生产率，因此，在不考虑政府行为的情况下，这种研发资本存量跨时期外溢所产生的外部效应会使研发投资收益率小于社会最优收益率，造成动态效率损失。

当考虑政府部门政策对服务业经济增长进行宏观调控的情况下，根据式（3-102）可得：

$$\frac{\partial g}{\partial \theta} > 0, \ \frac{\partial g}{\partial \tau} > 0 \qquad (3-110)$$

由式（3-110）结果可知，政府部门一方面通过对中间产品部门实施补贴，以消除垄断定价所造成的静态效率损失，刺激对于中间投入品的消费需求；另一方面通过对研发部门进行补贴，以消除外部性所造成的动态效率损失，激励研发部门的技术创新活动，最终使市场均衡和社会最优均衡达到一致，从而提高服务业均衡增长率。由此可得结论6：

结论6：政府在服务业领域投入的增加，能够提升服务业 TFP 增长水平，从而引致服务业 TFP 增长的异质性。

另外，当服务业作为中间投入品参与制造业生产时，通过对式（3-73）中的服务业投入产出弹性参数求偏导发现，服务业的投入能够提升制造业均衡增长率。这是由于投入到最终产品部门的人力资本量 H_Y 是产出弹性值 γ 的减函数，γ 值的增加会造成最终产品部门人力资本量的减少，从而增加了研发部门的人力资本转移量，进而提升研发部门的技术知识增长率和经济均衡增长率。因此，作为中间投入品的服务业产出弹性的增加能够带来制造业部门均衡经济增长率 g 的提升，而服务业能够在此过程中通过"自增强"机制提升其自身的 TFP 增长水平。由此可知，在服务业各行业中，与制造业增长紧密度越高的行业，在带动制造业发展的同时越能够进一步增强其自身的生产率和效率水平，实现服务业发展的"自我强化"良性循环，这也正是服务业发展过程中的"自增强"机制。因此，与制造业有着不同产业关联度的服务业行业，必然会产生不同的 TFP 增长水平，从而引致服务业行业间 TFP 增长的异质性。本书将在后续的实证分析中，进一步检验因服务业各行业与制造业之间的产业关联度的差异性而导致各行业发展水平的不同，这也将是考察服务业 TFP 异质性演化的另一个重要方面。

本章的数理分析将为后续章节实证研究提供重要理论依据，各影响因素作用于服务业 TFP 增长的效用程度，则可以通过计量检验对其显著性进行判断。

第五节 本章小结

本章基于内生经济增长理论，根据服务业经济的增长效应，构建了作为中间投入品和最终消费品的服务业 TFP 增长模型，对封闭经济和开放经济两种条件下的服务业 TFP 增长机制进行了系统性分析，论证了引致服务业 TFP 异质性演化的各因素变量及其影响效应，为后续章节的实证检验奠定了理论基础。研究结果表明：

第一，在封闭经济状态下，当服务业作为中间投入品参与制造业部门生产时，服务要素投入种类及要素的产出弹性能够对制造业经济增长产生积极的影响。同时，制造业增长水平的提升，能够进一步刺激作为中间投入品的服务业 TFP 增长率的提升。当服务业作为最终消费品进行生产时，人力资本部门生产力、国内研发部门技术及知识外部性均能够对服务业 TFP 增长率产生影响。

  第二，在开放经济条件下，当服务业作为制造业部门中间投入品时，与封闭经济状态相类似，服务业能够有效带动制造业增长水平，同时通过"自增强"机制提升自身生产率和效率水平。因此，与制造业有着不同产业关联度的服务业行业，必然会产生不同的 TFP 增长水平，从而引致服务业行业间 TFP 增长的异质性。当服务业作为最终消费品时，在整个服务业生产环节中，消费者偏好、人力资本、国内外研发资本、技术结构、吸收能力、国内外技术差距以及政府补贴均能够对服务业 TFP 增长产生影响效用，而各因素变量所产生的不同程度的积极效用或消极效用，对于各区域或各行业的服务业而言，会造成其服务业 TFP 增长水平的不同，从而引致区域层面和行业层面服务业 TFP 演化过程中的异质性。另外，通过对引致服务业 TFP 异质性演化的各经济变量进行比较静态分析时发现，生产性服务业能够有效带动制造业增长水平，并在此过程中提升其自身的 TFP 增长水平；消费者偏好、人力资本存量、研发资本存量、国际溢出吸收能力、技术结构以及政府支出的增加，能够提升服务业 TFP 增长水平；技术差距对服务业 TFP 增长的影响效应具有不确定性。

第四章 区域层面服务业 TFP 演化及其异质性实证分析

第三章从理论角度对服务业 TFP 增长的机制及其异质性演化的影响因素进行了分析。本章从区域视角实证检验中国服务业 TFP 演化过程是否存在异质性，以及异质性的程度，并对区域服务业 TFP 演化异质性的趋势特征以及影响效果进行分析。首先，本章根据 1992—2017 年省级面板数据对我国服务业 TFP 进行分解和测度，对各区域服务业 TFP 及其构成部分的演化过程和异质性现象进行了分析。其次，对区域服务业演化过程中的异质性程度、趋势和特征进行了分析。最后，对区域服务业 TFP 异质性作用于区域服务业发展差距的影响效果进行了剖析。

第一节 各区域服务业 TFP 分解及其异质性演化分析

本节将从区域层面对我国服务业的 TFP 演化状况及其异质性现象进行分析，为了对我国服务业 TFP 演化过程中的异质性进行深刻理解，笔者将服务业 TFP 分解为技术进步、技术效率改进、规模效率改进和配置效率改进四大部分，从而对各区域服务业 TFP 的演化进程及其异质性进行深入剖析。

一 测度方法与数据处理

(一) 测度方法

全要素生产率 (TFP) 的测度包括非参数法和参数法两大类，鉴于经济转型背景下我国服务业发展受到随机误差的影响，本节采用参数法中的随机前沿生产函数法对服务业 TFP 进行估计。随机前沿生产函数模型的一般形式为：

$$Y_{it} = f(x_{it}, t) \exp(v_{it} - u_{it}) \quad (4-1)$$

其中，Y_{it} 为实际产出；$f(x_{it}, t)$ 为前沿生产函数，代表完全效率时的最大经济产出；x_{it} 为要素投入；u_{it} 为非负的随机变量，是技术无效项，服从 $iidN(\mu, \sigma_u^2)$ 削峰正态分布；$\exp(v_{it} - u_{it})$ 表示实际产出对最大产出的偏离，v_{it} 为随机误差项，表示由于经济波动及统计误差等因素所造成的随机扰动。i 和 t 分别代表服务业各省份和年份。

$$u_{it} = u_i \exp[\eta(t-T)] \quad (4-2)$$

其中，u_i 为非负的随机变量，是与技术无效项有关的因子，服从 $iidN(\mu, \sigma_u^2)$ 削峰正态分布，η 为待估参数，表示效率随时间变化的程度。

$$\sigma^2 = \sigma_u^2 + \sigma_v^2 \quad (4-3)$$

其中，$r = \sigma_u^2/\sigma^2 \in (0, 1)$ 用于判定所设模型的合理性。当 $r = 0$ 时，说明技术无效项为常数，产出与随机前沿面间的偏差完全由白噪声（测量误差）引起；当 $r = 1$ 时，测量偏差完全由技术无效造成；当 $r \in (0, 1)$ 时，则说明误差是由这两大因素综合作用的结果。因此，r 越趋近于 1，越说明技术无效是造成误差的主要来源，采用随机前沿生产函数模型进行分析就越合适（徐弘毅，2004）。

由于超越对数生产函数 (Translog) 放松了常替代弹性的假设，在形式上更具有灵活性，能够更好地避免由于函数误设所带来的估计偏差，因此，本节采用超越对数生产函数作为具体的随机前沿生产函数形式，构建模型具体如下：

$$\ln y_{it} = \beta_0 + \sum_j \beta_j \ln x_{nit} + \beta_t t + \frac{1}{2} \sum_j \sum_m \beta_{jm} \ln x_{jit} \ln x_{mit}$$
$$+ \frac{1}{2} \beta_{tt} t^2 + \sum_j \beta_{jt} t \ln x_{jit} + v_{it} - u_{it} \qquad (4-4)$$

其中，y_{it} 为第 t 年 i 行业的总量产出，x_{jit} 和 x_{mit} 为第 t 年 i 省份的要素投入，在生产要素特指的情况下，$x_{jit} = K_{it}$，$x_{mit} = L_{it}$，则式（4-4）可转化为：

$$\ln y_{it} = \beta_0 + \beta_1 \ln L_{it} + \beta_2 \ln K_{it} + \frac{1}{2} \beta_3 (\ln L_{it})^2 + \frac{1}{2} \beta_4 (\ln K_{it})^2$$
$$+ \frac{1}{2} \beta_5 (\ln L_{it})(\ln K_{it}) + \beta_6 (\ln L_{it}) t + \beta_7 (\ln K_{it}) t + \beta_8 t + \frac{1}{2} \beta_9 t^2 + \varepsilon_{it}$$
$$(4-5)$$

其中，β_0—β_9 为待估计参数，$\varepsilon_{it} = v_{it} - u_{it}$，$t$ 为趋势变量，反映技术效率变化结果，K 和 L 分别代表资本和劳动力。

技术效率（TE）定义为在既定的技术水平下，生产者实际产出值与生产前沿面之间的偏离程度，技术效率的高低由生产者实际产出与最大产出之间的差距来反映，二者之间距离越近，技术效率越高；反之距离越远，技术效率越低。由于受到制度、管理水平等随机因素的影响，技术效率反映的是生产者实际产出与理论最大产出间的差距。技术效率可以具体表示为：

$$TE_{it} = \frac{y_{it}}{f(x_{it}, t) \cdot \exp(v_{it})} = \exp(u_{it}) \qquad (4-6)$$

TE 的计算可以通过使用 Frontier 4.1 软件对面板数据进行处理获得，技术效率的变化则可通过式（4-7）计算：

$$TEC = \frac{\partial TE}{\partial t} = \frac{TE_{it} - TE_{it-1}}{TE_{it-1}} \qquad (4-7)$$

技术进步（Technical Change，TC）定义为控制要素投入以后技术前沿随时间而变化的速率（Kumbhaka，2000）。技术进步具体表现

为既定技术水平生产前沿面的外移,而现有技术水平的高低决定了生产者能够在既定资源中获得的最大产值。技术进步具体表示为:

$$TC = \frac{\partial f(x_{it}, t)}{\partial t} = \beta_6 (\ln L_{it}) + \beta_7 (\ln K_{it}) + \beta_8 + \beta_9 t \tag{4-8}$$

根据增长核算法对 TFP 的测算,TFP 增长率衡量的是扣除要素投入增长贡献后的产出增长,在控制要素投入后的生产率变化可表示为技术进步与技术效率改进之和,可得:

$$T\dot{F}P = \frac{\partial \ln y_{it}}{\partial t} = TC_{it} + TEC_{it} \tag{4-9}$$

因为 TFP 增长率计算的是增长核算中的剩余残值,所以可以进一步表示为:

$$T\dot{F}P = \dot{y} - \sum_j s_j \dot{x}_j \tag{4-10}$$

其中 s_j 代表要素 j 所占的要素总成本份额,且 $\sum_j s_j = 1$;$\dot{x}_j$ 为要素 j 的产出增长率。

将式(4-1)进行全微分,并将式(4-8)代入式(4-9),可得 TFP 增长率的分解式,即:

$$T\dot{F}P = TC + TEC + (RTS - 1) \sum_j \lambda_j \dot{x}_j + \sum_j (\lambda_j - s_j) \dot{x}_j \tag{4-11}$$

其中,$\lambda_j = \frac{\varepsilon_j}{RTS}$,代表要素 j 的产出弹性,$\varepsilon_j \equiv \frac{\partial \ln f(\cdot)}{\partial \ln x_j}$,表示投入要素 j 的产出弹性;$RTS \equiv \sum_j \varepsilon_j$,代表规模经济效应。在要素市场充分竞争以及规模报酬不变的条件下,要素的投入产出弹性应当等于要素在总成本中所占的份额,即 $\lambda_j = s_j$。当两者存在偏离时,存在资源配置效率问题(蒋萍、谷彬,2009)。由此,根据式(4-11),TFP 增长率可分解为技术进步、技术效率改进、规模效率改进以及配置效率改进四大部分。

（二）数据的收集与处理

本节选取 1992—2017 年各省份服务业数据进行分析，鉴于海南和西藏相关数据缺失严重，在样本数据中予以剔除，同时，由于重庆在 1997 年被划为直辖市，为了保证历史数据的完整性和统一性，将重庆并入四川，并统称为"川渝"。至此，所有样本为我国 28 个省份数据，即为北京、天津、河北、山西、内蒙古、辽宁、吉林、黑龙江、上海、江苏、浙江、安徽、福建、江西、山东、河南、湖北、湖南、广东、广西、川渝、贵州、云南、陕西、甘肃、青海、宁夏、新疆所构成的面板数据（下同）。另外，由于我国在 2003 年对服务业各行业的划分进行了重大调整，为了保证数据的一致性和准确性，本节以 2003 年为界分别对 1992—2002 年以及 2003—2017 年两个时间段服务业各行业的发展进行研究。同时，在对服务业资本存量数据的测算中，根据统计资料中数据的可获取性，1992—2002 年资本的投资额以固定资本形成总额表示，2003—2017 年的资本投资额以固定资产投资数据表示。

对于 TFP 及其构成部分的测算需要收集和处理各省份服务业产出、劳动投入以及资本投入数据，具体如下。

1. 服务业产出

本节采用第三产业增加值作为衡量服务业产出的指标。我国曾对历史核算数据进行过两次重大修订，一次是《中国国内生产总值核算历史资料（1952—1995）》中针对 1978—1992 年 GDP 数据进行的修订，另一次是《中国国内生产总值核算历史资料（1952—2004）》中对 1993—2003 年历史数据进行的修订，两次修订都是在普查数据基础上重点针对服务业数据的核算问题。为避免服务业核算的低估问题，1992—2002 年数据选用《中国国内生产总值核算历史资料（1952—1995）》及《中国国内生产总值核算历史资料（1952—2004）》中经过普查修订的服务业产出数据；2003 年以后数据由于直接延续修订后的历史数据，因此 2003—2017 年数据直接取自 2006—2018 年《中国统计年鉴》。基于数据的可比性，所有数据均根据"第三产业增加值指数"换算为 1992 年不变价。

2. 劳动投入

本节以"年初与年末平均的各省份第三产业从业人员数"作为劳动力投入指标。1992—2008 年数据取自各省份统计年鉴中第三产业就业人员；2009—2017 年数据直接取自 2010—2018 年《中国劳动统计年鉴》。

3. 资本投入

由于缺乏资本投入的官方统计数据，本节采用永续盘存法对服务业各省份的物质资本存量进行估算，为：

$$K_{i,t} = (1-\sigma_{i,t})K_{i,t-1} + I_{i,t} = (1-\sigma_{i,t})^t K_{i,0} + \sum_{j=1}^{t} I_{i,j}(1-\sigma_{i,t})^{t-j} \tag{4-12}$$

其中，$K_{i,t}$ 和 $K_{i,t-1}$ 表示 i 省份在 t 年和 $t-1$ 年的资本存量，$K_{i,0}$ 表示基年资本存量，$I_{i,t}$ 和 $\sigma_{i,t}$ 分别代表 i 省份在 t 年的不变投资额和资本折旧率。在 1992—2017 年整个时间段中，对服务业各省份在基年 1992 年和 2003 年资本存量的估算，本节运用 Harberger（1978）提出的稳态方法（Steady-state Method），推导起点时刻物质资本存量，该方法是基于"稳态时资本产出比不变或资本增长速度等于产出比增长速度"的假定，具体为：

$$K_{it} = \frac{I_{i,t}}{g_{i,t} + \sigma_{i,t}} \tag{4-13}$$

对于产出增长率 $g_{i,t}$，Harberger 建议采用一段时期内的产出增长率表示，以控制经济周期波动和产出短期波动所带来的影响。本节分别使用服务业各省份实际增加值在 1992—2002 年和 2003—2017 年的平均增长率表示。

对于当年投资额的获取，由于统计资料中缺乏统一的数据，因此不同学者所采用的数据来源与估算方法不尽相同，由此也导致对于资本存量的估算结果存在很大差异性。张军（2004）、刘兴凯和张诚（2010）等通过对资本形成总额、社会固定资本投资以及固定资本形成总额等方面进行详细的分析和探讨，认为固定资本形成总额是作为衡量当年投资额的最合理指标，因此，本节选取各省份服务业固定资本形成总额作为当年投资的衡量指标。《中国国内生产总值核算历史资料（1952—1995）》和《中国国内生产总值核算历史资料（1952—2004）》中提供了1992—2002年各区域细分产业的固定资本形成总额，但资料中公布的固定资本投资总额和固定资本折旧均为名义值，需要通过缩减指数进行平减，以转化成以基年不变价计算的实际值。在2003—2017年的官方统计资料中，由于并未提供各地区第三产业固定资本形成总额数据，本节选用各省份服务业固定资产投资数据进行替代①，并通过价格指数将其折算成以基年1992年为不变价的实际值。

对于缩减指数的确定，不同研究采取了不同的方法。邹至庄（Chow，1993）在1993年中国还未对缩减指数进行统计之前，根据积累指数估算出积累隐含缩减指数来对积累值进行平减。宋海岩等（2003）借鉴邹至庄的测算方法，对1978年以前的数据直接采用估计出的积累隐含缩减指数进行处理，对于1978年以后的数据则采用全国建筑材料价格指数进行缩减。乔根森（2001）在对美国生产率进行分析时，采用批发价格指数或耐用品价格指数进行缩减。Jefferson（1996）通过对设备购置和建筑安装的缩减指数进行加权平均估算出固定资产价格指数。张军等（2004）采用上海固定资产投资价格指数作为全国固定资产投资价格指数的替代。曹跃群和刘冀娜（2008）、刘兴凯和张诚（2010）等认为通过固定资本缩减指数对固定资本形成总额及折旧进行缩减，这比采用产品价格指数、资本

---

① 本节根据《中国统计资料汇编》从1992年起公布的第三产业固定资产投资数据，将其同1992—2002年第三产业固定资本形成总额数据进行比较，发现二者尽管在绝对数值上存在差异，但时间序列轨迹相似，这与刘兴凯和张诚（2010）的分析结果相同，因此以固定资产投资作为固定资本形成总额数值的替代不会对结果分析产生太大影响。

品物价指数以及消费品价格指数作为替代更为准确。在此，对于1992—2002 年缩减指数，本节采用固定资本缩减指数对各省份服务业固定资本形成及固定资本折旧进行缩减。由于统计资料中并未直接提供固定资本缩减指数，本节借鉴曹跃群（2008）等对各省份固定资本缩减指数的测算方法对其进行估算，具体做法为：首先，从相关年份《中国国内生产总值核算历史资料》中获取各区域部分产业的固定资本形成总额增长速度，以 1992 年为基期，将其固定资本形成总额增长指数设为 1，通过统计资料中各省份各年固定资本形成总额增长指数计算整理出其他年份增长指数的实际值。用基年固定资本形成总额分别乘以各年固定资本形成总额增长率，即可获得各省份各年实际固定资本形成总额。其次，在相关年份《中国国内生产总值核算历史资料》中公布了各区域部分产业的名义固定资本形成总额。用名义固定资本形成总额除以实际固定资本形成总额，计算出各省份不同年份固定资本形成总额价格缩减指数，为：

$$K_{it} = \frac{名义固定资本形成总额}{实际固定资本形成总额} \qquad (4-14)$$

其中，K_{it} 代表各区域不同年份固定资本形成总额价格缩减指数。虽然该固定资本形成总额价格指数并非针对各产业单独计算获取，但从客观上看，恰好反映了在以 1992 年为基期时，各省份不同年份名义固定资本形成总额转化成实际固定资本形成总额价格缩减指数，其在数据内涵上并非某个数据的替代，而正是本节分析中所需要获取的固定资本缩减指数，因此相较于其他缩减指数而言，采用此数据对固定资本形成总额及固定资本折旧进行平减更具说服力。对于 2003—2017 年各省份缩减指数，由于该时间段投资额采用的是社会固定资产投资，因此本节直接采用官方统计公布的固定资产价格指数数据作为此部分的缩减指数。

关于资本折旧的选取和测算，因为在相关年份《中国国内生产总值核算历史资料》各区域生产总值构成中，可获取 1992—2002 年第三产业固定资本折旧,所以对于各省份不同年份资本存量的估算更为准确。由此,本节对 1992—2002 年服务业固定资本折旧直接采用此数据,并采用固定资本缩减指数将其折算成以 1992 年为基期的实际值。在 2003—2017 年固定资本折旧的计算中,由于官方统计资料中并未直接给出第三产业固定资本折旧数据,需要通过折旧率进行估算。由于折旧率 $\sigma_{i,t}$ 的选取没有统一标准,本节采用 Wu(2009)对中国 31 个省份采用的模拟方法所得到的服务业平均折旧率为 4%。估算出的固定资本折旧数据通过固定资产价格指数折算成实际值。

(三) 计量结果分析

根据以上数据变量,运用 Frontier 4.1 软件对随机前沿生产函数进行估计,估计结果见表 4-1 及表 4-2。

表 4-1　1992—2002 年中国服务业随机前沿生产函数估计值

年份	名称	参数	估计系数	标准差	t 值
1992—2002	常数项	β_0	-4.158223	0.772947	-5.379704***
	$\ln L_{it}$	β_1	1.761713	0.323878	5.439437***
	$\ln K_{it}$	β_2	0.639531	0.228946	2.793375***
	$(\ln L_{it})^2$	β_3	-0.222442	0.076854	-2.894342***
	$(\ln K_{it})^2$	β_4	-0.067434	0.052038	-1.295851
	$(\ln L_{it})(\ln K_{it})$	β_5	0.151287	0.122863	1.231351
	$(\ln L_{it})t$	β_6	0.001558	0.010969	0.142029
	$(\ln K_{it})t$	β_7	0.009443	0.008395	1.124888
	t	β_8	0.026283	0.033486	0.784921
	t^2	β_9	-0.008656	0.000958	-9.038079***
	σ^2		0.050832	0.011786	4.313043***
	γ		0.844388	0.026981	31.295409***
	η		-0.057771	0.012677	-4.557119***
	Log 似然函数值		255.661420		
	LRt 单边检验		290.313860		

注：***表示在 1% 的显著性水平下显著；LR 为似然比检验统计量。
资料来源：根据超越对数生产函数模型测算数据整理得出。

表4-2　　2003—2017年中国服务业随机前沿生产函数估计值

年份	名称	参数	估计系数	标准差	t值
2003—2017	常数项	β_0	2.205520	1.147871	1.921400*
	$\ln L_{it}$	β_1	-0.449668	0.363995	-1.235370
	$\ln K_{it}$	β_2	0.757897	0.348125	2.177082**
	$(\ln L_{it})^2$	β_3	-0.007386	0.052544	-0.140568
	$(\ln K_{it})^2$	β_4	-0.056295	0.039196	-1.436247
	$(\ln L_{it})(\ln K_{it})$	β_5	0.100529	0.079693	1.261457
	$(\ln L_{it})t$	β_6	-0.024231	0.006829	-3.548364***
	$(\ln K_{it})t$	β_7	0.015444	0.006821	2.264220**
	t	β_8	0.021662	0.031969	0.677593
	t^2	β_9	-0.001698	0.000730	-2.325855**
	σ^2		0.097278	0.011508	8.453412***
	γ		0.961342	0.007399	129.925570***
	η		-0.004159	0.004197	-0.990830
	Log 似然函数值		350.950890***		
	LRt 单边检验		575.891930***		

注：***、**、*分别表示在1%、5%、10%的显著性水平下显著；LR为似然比检验统计量。

资料来源：根据超越对数生产函数模型测算数据整理得出。

根据表4-1和表4-2所示的模型参数估计结果可知：

第一，在1990—2002年和2003—2017年，SFA模型的γ值分别约为0.844和0.961，说明我国各区域服务业发展过程中存在着技术无效，且生产函数偏离前沿面主要是由生产的无效率造成的。同时，γ值趋近于1，且LR检验均通过了显著性和χ^2分布检验，说明上述误差项存在着明显的复合结构，采用SFA方法对其进行分析是十分必要的。

第二，η值分别约为-0.058和-0.004，说明在1992—2017年整个时间段内，随着时间推移，技术无效项u是逐渐增加的，技术效率随着时间推移逐渐减少，各区域服务业技术效率改进在减弱。相较而言，2003—2017 年技术效率改进的减弱程度有所缓解。

二　全国服务业 TFP 分解与演化：总体趋势

根据表 4-1 及表 4-2 参数估计结果，通过式（4-5）、式（4-7）、式（4-8）、式（4-11）可以分别计算出 1992—2017 年我国各省份服务业 TFP 增长率及四大分解部分。表 4-3 反映了 1992—2017 年全国服务业 TFP 增长率指数及其构成。

表 4-3　1992—2017 年全国服务业 TFP 增长率指数及其构成

年份	技术进步	技术效率	技术效率改进	规模效率改进	配置效率改进	TFP 增长率
1992	0.090670	0.767590	-0.014997	0.051570	0.004614	0.131856
1993	0.082975	0.755914	-0.015934	0.059115	0.000878	0.127034
1994	0.075452	0.743774	-0.016871	0.060828	0.004187	0.123596
1995	0.067985	0.731165	-0.017862	0.055806	0.013133	0.119062
1996	0.060455	0.718085	-0.018911	0.052864	0.011530	0.105938
1997	0.052935	0.704532	-0.020021	0.048996	0.014553	0.096463
1998	0.045597	0.690507	-0.021195	0.048666	0.023173	0.096242
1999	0.038219	0.676013	-0.022436	0.051835	0.022255	0.089872
2000	0.030776	0.661056	-0.023749	0.046661	0.021604	0.075292
2001	0.023336	0.645644	-0.025138	0.043896	0.023216	0.065310
2002	0.015888	0.629787	-0.026606	0.059791	0.015536	0.064610
平均值	0.053117	0.702188	-0.020338	0.052730	0.014062	0.099570
2003	0.000886	0.493062	-0.003118	-0.027183	0.015442	-0.013974
2004	0.000199	0.491705	-0.003131	-0.031105	-0.006847	-0.040884
2005	-0.003154	0.490348	-0.003144	-0.042424	0.031400	-0.017322
2006	-0.004673	0.488989	-0.003157	-0.052292	0.045000	-0.015122
2007	-0.005883	0.487629	-0.003171	-0.063227	0.066760	-0.005520
2008	-0.006642	0.486268	-0.003184	-0.074497	0.094786	0.010463
2009	-0.006084	0.484906	-0.003197	-0.111282	0.180669	0.060106

续表

年份	技术进步	技术效率	技术效率改进	规模效率改进	配置效率改进	TFP 增长率
2010	-0.006373	0.483543	-0.003210	-0.117341	0.158944	0.032020
2011	-0.007722	0.482179	-0.003224	-0.094987	0.081614	0.034908
2012	-0.007844	0.480814	-0.003237	-0.127853	0.176729	0.037795
2013	-0.008205	0.479448	-0.003250	-0.137553	0.177120	0.028112
2014	-0.008978	0.477001	-0.003264	-0.136227	0.153319	0.003011
2015	-0.009302	0.477883	-0.003277	-0.142163	0.182104	0.025496
2016	-0.009626	0.475438	-0.003291	-0.148100	0.210889	0.047982
2017	-0.009950	0.472986	-0.003304	-0.154036	0.239674	0.070468
平均值	-0.006223	0.483048	-0.003211	-0.097351	0.120507	0.017169

资料来源：根据超越对数生产函数模型测算数据整理得出。

在1992—2002年，服务业TFP增长率呈逐步下降趋势，由1992年的最高值约13.186%下降到2002年的约6.461%，从其构成部分来看，技术进步和技术效率改进均呈现出不断下降趋势，但相较而言，技术效率改进下降的速度较为缓慢。另外，从表4-3中可以发现，1992—1997年，不论是技术进步、技术效率还是TFP增长率均保持在较高水平，这主要源自1992年国家颁布的《关于加快第三产业的决定》，一定程度上推动了服务业在这几年的较快增长。但从服务业TFP增长的主要缘由来看，技术进步正处于较高水平，技术效率虽基本维持在相对稳定水平，但技术效率改进均为负值，且处于缓慢下降趋势。可见，1992—1997年服务业TFP呈现的高增长率，主要源自技术进步的推动。规模效率改进在1992—2002年均为正值，但呈现出下降趋势。配置效率改进在1992—1997年服务业TFP高增长期间亦呈逐步上升趋势，并在随后的1998—2002年基本保持在0.022左右的稳定水平。

在2003—2017年，随着要素投入的不断增加，资本深化所带来的投资效益低效率，使服务业技术进步和技术效率改进水平继续呈缓慢下降趋势，但技术效率改进下降水平相较于 1992—2002 年整体有所减缓，基本维持在 -0.003 左右；技术进步下降幅度明显大于技术效率改进，并自 2005 年起下降为负值，但下降幅度亦呈逐步缩小趋势。由于服务业技术效率改进水平的下降，服务业技术效率相较于 1992—2002 年整体有所下降，基本保持在 0.480 左右。服务业配置效率改进水平自 2005 年起呈明显的上升趋势，并在 2017 年上升为整个考察期的最高值，约为 0.240。不同于配置效率改进的不断上升趋势，服务业规模效率改进在 2003—2017 年下降为负值。可见，服务业规模效率改进水平在整个考察期呈现出不断恶化的趋势，低水平的规模效率在一定程度上抑制了服务业的较快发展。服务业 TFP 增长率自 2003 年继续呈下降趋势，并从 2003 年起下降为负值，但下降幅度从 2005 年起逐步缩小，并于 2008 年再次转为正值。

为了更为直观地反映我国服务业 TFP 及其构成的演变状况，图 4-1 进一步对其在 1992—2002 年及 2003—2017 年的增长趋势进行了展示。

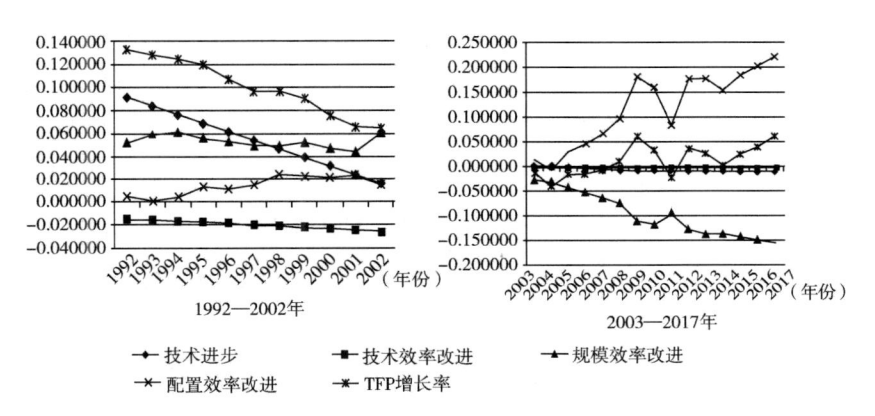

图 4-1　1992—2002 年及 2003—2017 年全国服务业 TFP 及其构成的增长趋势

资料来源：根据超越对数生产函数模型测算数据整理得出。

由图 4-1 可以看出，1992—2002 年，服务业技术进步与技术效率改进均呈下降趋势，其中技术进步下降幅度更为明显，技术效率改进位于零水平以下,但下降幅度微小;TFP 增长率与技术进步保持着类似的变化趋势;服务业规模效率改进和配置效率改进均位于零水平以上,其中规模效率改进整体高于配置效率改进,并维持在相对平稳的水平,配置效率改进则呈现出逐步上升的增长趋势。2003—2017 年,服务业技术进步和技术效率改进变化幅度微小,并接近于零水平;服务业规模效率改进水平相较于 1992—2002 年呈现出持续恶化的下降趋势,并整体位于零水平以下;服务业配置效率水平则延续了 1992—2002 年的增长态势,在 2003—2017 年上升更为显著。

在整个考察期内,相较于 TFP 其他几大构成部分,服务业配置效率改进一直位于较高水平,且在 2003—2017 年与全国服务业 TFP 的增长趋势基本相同。由此可见,2003—2017 年配置效率改进对全国服务业 TFP 的增长起到了很大的推动作用。区域服务业配置效率较快发展的原因可以归结为两个主要方面:第一,1992 年市场化改革的实施,一定程度上矫正了过去计划经济体制下扭曲的资源配置效用,使城乡二元结构的体制束缚得以缓解,农村劳动力开始向工业、服务业等生产率较高的行业转移,实现了生产要素的重新配置。与此同时,随着第三产业逐步发展成为吸纳劳动力和解决就业的关键领域,大量农村劳动力向批发和零售业,交通运输、仓储和邮政业等劳动密集型产业转移,提高了服务业整体劳动要素的配置效率改进。第二,1992 年服务业政策改革的实施,使国有资本向服务业流动的比重有所上升,资本的投入使制约服务业发展的瓶颈有所缓解,亦从一定程度上提升了服务业的资本配置效率。

综上所述,从 1992—2017 年全国服务业整体质量增长状况来看,技术进步和配置效率改进目前是推动区域服务业 TFP 较快增长的关键,而配置效率改进水平的不断提升,主要归因于市场经济体制改革所带来的生产要素的重新配置以及资本配置效率水平的提升。技术效率改进和规模效率改进均位于低水平,尤其是 2003 年以后规模效率改进水平的缓慢增长是目前我国服务业发展的一大弱势，这在一定程度上削弱了技术进步以及配置效率改进对服务业 TFP 增长所带来的积极影响效应。我国服务业效率水平的低下说明我国服务业在发展过程中，并未充分挖掘和利用现有资源，高投入往往获得低回报。因此，效率改进水平的提升是加快服务业 TFP 增长的关键。

三　各区域服务业 TFP 分解与演化：异质性考察

为了对各区域服务业 TFP 演化过程中的异质性进行考察，表 4－4 和表 4－5 分别显示了 1992—2002 年和 2003—2017 年我国各省份服务业 TFP 增长率指数及其构成的变化状况。

表 4－4　1992—2002 年我国各省份服务业 TFP 增长率指数及其构成

省份	技术进步	技术效率	技术效率改进	规模效率改进	配置效率改进	TFP 增长率
北京	0.055090	0.973380	-0.001504	0.054267	0.037596	0.145449
天津	0.048224	0.700729	-0.019852	0.059365	0.035440	0.123177
河北	0.060127	0.633677	-0.025439	0.049088	0.015472	0.099247
山西	0.047924	0.826354	-0.010660	0.044944	0.019616	0.101824
内蒙古	0.048115	0.584925	-0.029877	0.048135	0.007895	0.074268
辽宁	0.060534	0.801084	-0.012394	0.033026	0.008872	0.090038
吉林	0.045774	0.751364	-0.015968	0.041731	0.019305	0.090843
黑龙江	0.054194	0.699401	-0.019957	0.028067	0.013805	0.076108
上海	0.061834	0.772959	-0.014388	0.055609	0.013786	0.116841
江苏	0.066686	0.684630	-0.021144	0.045088	0.004810	0.095440
浙江	0.061602	0.709421	-0.019150	0.055400	0.013138	0.110990
安徽	0.054223	0.619625	-0.026683	0.060875	0.011641	0.100056
福建	0.056735	0.629053	-0.025846	0.049377	0.014006	0.094271
江西	0.047879	0.658571	-0.023300	0.073454	0.009808	0.107841
山东	0.067165	0.677673	-0.021712	0.042347	-0.000872	0.086928

续表

省份	技术进步	技术效率	技术效率改进	规模效率改进	配置效率改进	TFP 增长率
河南	0.056724	0.784186	-0.013584	0.044737	0.012022	0.099898
湖北	0.055958	0.700722	-0.019852	0.049136	0.016068	0.101310
湖南	0.055403	0.715024	-0.018728	0.053421	0.012528	0.102624
广东	0.067547	0.984048	-0.000898	0.051699	0.011704	0.130052
广西	0.055490	0.494417	-0.039165	0.061495	0.010128	0.087949
川渝	0.064366	0.743170	-0.016578	0.048266	0.011066	0.107119
贵州	0.041386	0.590752	-0.029328	0.065151	0.025194	0.102403
云南	0.050142	0.588901	-0.029501	0.076053	0.017227	0.113920
陕西	0.050570	0.657097	-0.023425	0.056598	0.010035	0.093777
甘肃	0.042704	0.558122	-0.032472	0.047833	0.012457	0.070522
青海	0.028883	0.717829	-0.018510	0.070419	0.015227	0.096019
宁夏	0.034199	0.681229	-0.021421	0.065313	0.006820	0.084911
新疆	0.047802	0.722718	-0.018132	0.045538	0.008938	0.084145

注：各省份的指数均是按各年份的几何平均数。
资料来源：根据超越对数生产函数模型测算数据整理得出。

从表4-4可以看出，1992—2002年，在服务业技术进步方面，各省份技术进步平均变化值为0.028—0.068。技术进步的较高值主要集中在北京、上海、江苏、广东等东部发达地区[①]，甘肃、青海、宁夏等西部欠发达地区在该时间段的技术进步普遍较低。在技术效率方面，各省份服务业技术效率平均值的变化为0.494—0.985，较高值仍然主要集中在东部发达地区，中西部地区的技术效率水平相对较低，技术效率最高值（广东）同最低值（广西）之间相差了近1倍。在技术效率改进方面，同样是西部欠发达地区的技术效率改进水平最低，最低值仍为广西。可见，在服务业发展初期，作为

---

① 根据我国对于区域的划分，东部地区省份包含：北京、天津、辽宁、上海、江苏、浙江、福建、山东、广东；中部地区省份包含：河北、山西、吉林、黑龙江、安徽、江西、河南、湖北、湖南；西部地区省份包含：内蒙古、广西、四川、贵州、云南、陕西、甘肃、青海、宁夏、新疆。

TFP 增长原动力的技术进步和技术效率改进水平在西部欠发达地区整体较为滞后。

从各省份服务业规模效率改进和配置效率改进方面看，各省份规模效率改进整体水平在 1992—2002 年要高于配置效率改进，但东中西部地区的规模效率改进水平存在较大的异质性。其中：东部地区省际服务业规模效率改进水平较为均衡，除了辽宁位于约 0.033 的较低水平，其他地区基本位于 0.040—0.055；中部地区除了江西约 0.073 的较高水平和黑龙江约 0.028 的较低水平，大部分地区规模效率改进水平基本位于 0.045 左右；西部地区省际规模效率改进异质性最为严重，云南和青海的规模效率改进位于 0.070 以上，其余大部分省份的规模效率改进分布在 0.045—0.065。可见，西部地区规模效率改进水平虽然整体高于中部地区，但差异性也更为显著。各省份服务业配置效率改进水平整体低于规模效率改进水平，但异质性程度也相对低于规模效率改进，除了北京、天津、内蒙古、辽宁、江苏、江西、山东、贵州、宁夏和新疆差异性较大，其他地区基本位于 0.015 左右的水平。

在服务业 TFP 增长率方面，1992—2002 年，各区域服务业 TFP 整体增长水平较高，其中增长率较高的省份仍然集中在发达的东部地区，整体水平基本位于 0.100 以上，尤其是北京和广东地区的 TFP 增长率达到了 0.130 以上。服务业 TFP 增长率较低的省份依然主要集中在西部欠发达地区，TFP 增长率基本位于 0.100 以下，其中甘肃 TFP 增长率仅为约 0.071。中部地区各省份服务业 TFP 增长率相对较为均衡，基本位于 0.100 左右。进一步将各省份服务业 TFP 增长率与全国相比，除了内蒙古、黑龙江、山东、广西、甘肃、宁夏、新疆 TFP 增长率明显低于全国平均水平，其余各省份 TFP 增长率水平均持平于或高于全国平均水平，而低于全国平均水平的省份均位于中西部欠发达地区，其中西部欠发达地区比例最大。

可见，自 1992 年我国第三产业实施改革以来，在政策的引导和支持下我国服务业在短期内有了较快的发展，尤其是东部发达地区，服务业发展不论在技术进步还是技术效率方面均明显领先于中西部地区。此外，在提升全国服务业整体水平的同时，给中西部地区服务业的较快发展起到一定的示范和带动效用。

表 4-5   2003—2017 年我国各省份服务业 TFP 增长率指数及其构成

省份	技术进步	技术效率	技术效率改进	规模效率改进	配置效率改进	TFP 增长率
北京	0.004643	0.756414	-0.001157	-0.036546	-0.012595	-0.045655
天津	0.008539	0.497765	-0.002891	-0.094222	0.072504	-0.016070
河北	-0.006378	0.445702	-0.003348	-0.070727	0.081752	0.001300
山西	-0.007615	0.631141	-0.001908	-0.106338	0.129883	0.014022
内蒙古	0.003508	0.464340	-0.003178	-0.119020	0.150387	0.031697
辽宁	-0.004659	0.627396	-0.001932	-0.094046	0.122258	0.021620
吉林	-0.000928	0.383022	-0.003975	-0.070693	0.082970	0.007374
黑龙江	-0.005843	0.523901	-0.002679	-0.063848	0.053047	-0.019323
上海	0.009819	0.680568	-0.001595	-0.030523	0.013295	-0.009003
江苏	-0.010431	0.571866	-0.002316	-0.077063	0.106324	0.016514
浙江	-0.001321	0.523265	-0.002684	-0.036270	0.025765	-0.014510
安徽	-0.016410	0.355705	-0.004281	-0.078299	0.077485	-0.021505
福建	-0.003842	0.471298	-0.003117	-0.076215	0.072917	-0.010257
江西	-0.009661	0.332951	-0.004554	-0.077123	0.093293	0.001955
山东	-0.017437	0.596414	-0.002142	-0.082625	0.107072	0.004868
河南	-0.017850	0.502958	-0.002848	-0.092127	0.117145	0.004321
湖北	-0.013251	0.415571	-0.003637	-0.074672	0.109942	0.018381
湖南	-0.016322	0.479395	-0.003046	-0.081417	0.099289	-0.001497
广东	-0.010884	0.966194	-0.000142	-0.037328	0.025917	-0.022437
广西	-0.011919	0.398829	-0.003807	-0.103241	0.162687	0.043720
川渝	-0.015364	0.580588	-0.002253	-0.072357	0.099074	0.009099
贵州	-0.004956	0.359670	-0.004235	-0.125926	0.168617	0.033501
云南	-0.007258	0.361840	-0.004210	-0.075971	0.059069	-0.028369

续表

省份	技术进步	技术效率	技术效率改进	规模效率改进	配置效率改进	TFP 增长率
陕西	-0.005326	0.483540	-0.003011	-0.115044	0.192551	0.069170
甘肃	-0.005074	0.355561	-0.004282	-0.083975	0.125255	0.031925
青海	0.006458	0.219701	-0.006270	-0.109288	0.134058	0.024958
宁夏	0.012544	0.270234	-0.005416	-0.110186	0.115155	0.012098
新疆	0.005952	0.359527	-0.004236	-0.044258	0.015365	-0.027177

注：各省份的指数均是按各年份的几何平均数计算得出。
资料来源：根据超越对数生产函数模型测算数据整理得出。

从表4-5可以看出，首先，在服务业技术进步方面，各省份技术进步平均值较1992—2002年有了明显下降，并且大部分地区出现负值。东部地区的北京、天津、上海的技术进步仍为正值，中部及西部大部分地区技术进步为负值，尤其是中部地区服务业技术进步均为负值，但青海、宁夏、新疆等西部欠发达地区服务业技术进步却依然保持正值，且数值相对较高，尤其是宁夏服务业技术进步达到了2003—2017年所有省份中的最高值。宁夏等西部欠发达地区依然保持较高技术进步水平的原因可以归结于技术进步获取途径的不同。根据技术进步对TFP增长的作用，技术进步的内涵可以分为两个层面：一种是通过自主研发和技术创新来实现技术进步；另一种是通过向发达国家或地区学习和模仿先进技术来实现本地区的技术进步，这种技术进步主要是通过购买专利技术以及引进先进机器设备等方式实现的，是一种将技术进步内嵌在资本投入增长中实现的服务业TFP增长（周晓燕，2009）。通过自主创新方式实现技术进步的过程较为复杂，耗费时间较长，而通过购买引进先进技术的方式则较为容易，且可在较短时间内实现。

在1992年中国市场化改革和服务业改革初期，我国同发达国家之间的技术差距较大，国内技术进步水平的提高主要依赖于西方先进技术和外资的引进，通过自主研发和创新所带来的技术进步成份较低，这也是 1992—2002 年我国各区域服务业技术进步整体水平较高的原因。随着中国经济发展水平的不断提高，可利用的后发优势逐渐减少，而通过自身技术研发与创新所带来的技术进步，才是维持一个国家持续经济增长的关键（郑京海，2005）。因此，中国在经济转型过程中，技术进步的实现方式逐步转变，以东部发达地区为主的自主研发和创新在技术进步中的比重逐步上升，而这一方式的转变使技术进步呈现下降趋势，甚至出现负值。对中西部地区而言，在其外资引进较弱的情况下，东部地区的技术发展对中西部地区起到了很大的引导作用，西部地区服务业的技术进步主要采用第二种方式从东部发达地区直接吸收和采用已有先进技术。这种技术进步的快速提高是建立在地区间较大的技术差距上的，但随着我国对中西部地区经济发展的重视以及西部大开发战略和中部崛起战略的相继实施，中西部较发达地区与东部地区的技术差距在一定程度上有所缩小，加之自身自主研发和技术创新能力较弱，技术进步水平会明显下降，而青海、宁夏、新疆等西部欠发达地区由于经济发展落后，不论在产业结构、收入水平还是技术发展水平方面，同东部发达地区相比差距仍然很大，因此通过技术引进和模仿的方式来提升技术进步的空间仍然较大，这也正是西部欠发达地区在经济技术结构转型过程中，技术进步水平依然保持较高水平的主要原因。正如林毅夫（2002）在分析中国同发达国家之间经济差距时所提出的"后发优势"，这种地区间的后发优势使欠发达地区的"追赶效应"更为明显。

其次，在各省份服务业技术效率方面，2003—2017 年的技术效率水平相较于 1992—2002 年整体有所下降。除了北京、上海、广东等东部发达地区技术效率仍维持在相对较高水平，大部分省份的技术效率仅维持在 0.500 左右，尤其是青海、宁夏等西部欠发达地区服务业技术效率水平降到了 0.200—0.300。可见，对于各省份而言，在服务业发展过程中的技术无效性现象十分普遍，现有资源和先进技术的利用率整体较低，最大产出潜能并未充分发挥，这种现象在中西部部分欠发达地区更为严重。在技术效率改进方面,尽管各省份服务业平均技术效率改进水平仍然为负值,但相较于1992—2002年,2003—2017年整体技术效率改进水平有所上升且更接近于零,说明虽然各省份服务业技术效率整体有所下降,但其改进水平不断降低的恶化趋势有所缓解。在各省份服务业技术效率改进中,同样是西部欠发达地区的技术效率改进水平较低,最低值的青海约为 -0.006。可见,尽管我国欠发达地区可以通过技术引进和模仿效应向发达地区获取先进技术,取得较高的技术进步水平,但由于技术适宜性问题的存在,欠发达地区对于先进技术的消化和吸收能力较差,难以充分利用现有资源和先进技术,造成欠发达地区较低的技术效率及其改进水平,也从一定程度上抵消了技术进步在TFP增长过程中的正向影响效应。因此,对西部欠发达地区而言,提升服务业技术效率改进水平是进一步推动服务业TFP增长的关键。

再次,在服务业规模效率改进和配置效率改进方面,各省份规模效率改进水平有了很大幅度的下降。所有省份均由1992—2002年的正值下降为2003—2017年的负值,并且相较而言,西部地区服务业规模效率改进下降的恶化程度更为明显。由此可以看出,规模效率改进水平的低下已成为阻碍服务业发展的一大障碍。在各省份服务业配置效率改进中,除了北京,其他省份在2003—2017年的改进水平相较于1992—2002年均有了更大的提升,大部分省份的配置效率改进达到了0.060以上,对全国整体服务业水平的提高起到了很大的推动作用。

最后,在服务业TFP增长率方面,2003—2017年各省份服务业TFP增长率相较于1992—2002年均有所下降,其中北京、天津、黑龙江、上海、浙江、安徽、福建、湖南、广东、云南、新疆11个省份的TFP增长率下降为负值。将各省份在2003—2017年的服务业TFP增长率同全国进行比较,山西、内蒙古、辽宁、江苏、湖北、广西、贵州、陕西、甘肃、青海、宁夏11个省份的服务业TFP

增长率仍高于全国平均水平，且这些省份主要集中在中西部地区，由此也进一步证实了中西部地区的快速追赶效应，而欠发达地区在有形或无形的技术现代化方面拥有更大的机会，使欠发达地区在追赶先进地区方面具有更大潜力（Abramovitz，1986）。

图4-2显示了1992—2017年全国及东中西部地区服务业TFP及其构成的演化趋势。

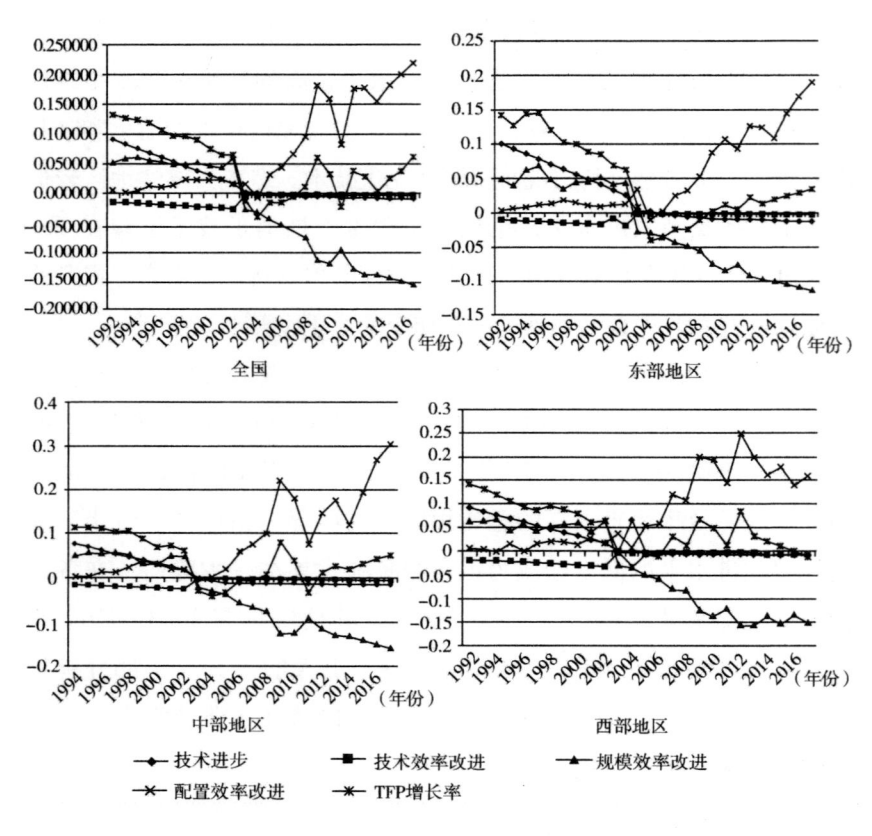

图4-2 1992—2017年全国及东中西部地区服务业 TFP 及其构成的演化趋势

资料来源：根据超越对数生产函数模型采用加权平均法测算整理得出。

从图4-2可以看出，东部发达地区在服务业发展初期拥有相对较高的TFP增长水平，但随着中西部地区的后发优势和追赶效应的明显，中西部地区服务业 TFP 增长速度不断上升，并呈现出赶超东部地区的趋势。各区域技术进步在服务业的发展与演化过程中均呈现明显的下降趋势，并在 2004—2017 年下降为负值，但下滑趋势开始有所减缓，相较而言西部地区技术进步略高于其他两大区域。各区域技术效率改进由于技术无效性的普遍存在亦呈下滑趋势，但下降幅度小于技术进步，并在 2004—2017 年整体有所提升。各区域规模效率改进在服务业发展初期高于配置效率改进，但呈明显的下滑趋势，并逐步被配置效率改进的快速上升反超。全国服务业 TFP 及其构成部分的变化趋势与中部地区最为相似，说明目前中部地区对全国服务业的发展影响较大。

第二节 各区域服务业 TFP 异质性测度及其趋势特征分析

一 各区域服务业 TFP 绝对差异测度与比较分析

为了进一步考察各区域服务业 TFP 及其构成部分的异质性程度，本节采用标准差形式，分别对 1992—2002 年和 2003—2017 年东中西部地区服务业 TFP 及其构成部分的绝对差异进行测度和比较分析，相关指标结果如表 4-6 所示。

表 4-6 1992—2002 年和 2003—2017 年东中西部地区服务业 TFP 及其构成部分的绝对差异

年份	\multicolumn{2}{c}{TFP 增长率}	\multicolumn{2}{c}{技术进步}	\multicolumn{2}{c}{技术效率改进}	\multicolumn{2}{c}{规模效率改进}	\multicolumn{2}{c}{配置效率改进}
	平均值	标准差	平均值	标准差	平均值	标准差	平均值	标准差	平均值	标准差
1992—2002	0.1104	0.0237	0.0612	0.0065	-0.0152	0.0089	0.0496	0.0190	0.0154	0.0156
2003—2017	-0.0083	0.0723	-0.0028	0.0097	-0.0019	0.0009	-0.0628	0.0347	0.0593	0.0136

东部地区

续表

中部地区

年份	TFP 增长率		技术进步		技术效率改进		规模效率改进		配置效率改进	
	平均值	标准差	平均值	标准差	平均值	标准差	平均值	标准差	平均值	标准差
1992—2002	0.0978	0.0198	0.0531	0.0049	−0.0194	0.0053	0.0495	0.0265	0.0145	0.0150
2003—2017	0.0006	0.0461	−0.0105	0.0059	−0.0034	0.0008	−0.0795	0.0199	0.0939	0.0614

西部地区

年份	TFP 增长率		技术进步		技术效率改进		规模效率改进		配置效率改进	
	平均值	标准差	平均值	标准差	平均值	标准差	平均值	标准差	平均值	标准差
1992—2002	0.0915	0.0271	0.0464	0.0102	−0.0258	0.0074	0.0585	0.0332	0.0125	0.0169
2003—2017	0.0201	0.0666	−0.0021	0.0094	−0.0049	0.0012	−0.0959	0.0353	0.1222	0.0949

资料来源：根据超越对数生产函数模型测算数据整理得出。

由表4−6可知，从纵向对比上看，1992—2002年，东部地区服务业 TFP 增长率、技术进步和技术效率改进的平均增长率均高于中西部地区，其中西部地区的滞后性更为显著。三大区域的规模效率改进和配置效率改进水平的差距则不是很大，只是西部地区的规模效率改进和东部地区的配置效率改进水平均略高于其他两个地区。在省际各指标体系的异质性程度上，东部和西部地区 TFP 增长率、技术进步和技术效率改进均存在较高的绝对差异，尤其是西部地区 TFP 和技术进步异质性程度甚至超过了东部地区。规模效率改进和配置效率改进在东部地区的绝对差异相对较小，而在西部地区规模效率改进和配置效率改进则依然呈现出三大区域中异质性的最高水平。由此可见，在服务业发展初期，东部地区的服务业 TFP 及其构成部分的较高增长水平使其领先于其他两大区域，但省际发展存在一定的不均衡性；西部地区服务业 TFP 及其构成部分在发展相对滞后的情况下，其异质性亦较为严重；中部地区的增长水平和异质性整体而言则较为稳定。

2003—2017年，受服务业技术进步和技术效率改进的影响，三大区域的服务业 TFP 增长率均有所下降，东部地区甚至下降为负值，而中西部地区由于后发优势和追赶效应依旧保持正值。三大区域的规模效率改进在此期间均下降为负值，而配置效率改进则相较于 1992—2002 年有了很大提升。其中，西部地区拥有最高的配置效率改进水平，但同时其规模效率改进水平也下降最为明显，与东部地区存在的情况完全相反。从各指标的省际异质性演化程度上看，相较于 1992—2002 年，东中西部地区服务业 TFP 差异程度均有所扩大，其中东部和中部地区的技术进步在异质性程度上亦有所扩大，而西部地区在技术进步的异质性程度上则变化不大。东中西部地区技术效率改进的绝对差异程度在 2003—2017 年均呈缩小态势。在规模效率改进和配置效率改进方面，东部地区规模效率改进差异程度有所扩大，而配置效率改进则略有缩小；中部地区与东部地区情形相反；西部地区规模效率改进和配置效率改进绝对差异程度均有所上升，其中配置效率改进异质性上升幅度更为明显。但总体而言，依然是西部地区各指标在异质性程度上要明显高于其他两个区域。

从横向对比上看，对东中西部地区而言，不论是 1992—2002 年还是 2003—2017 年，服务业 TFP 增长率、规模效率改进以及配置效率改进在异质性程度上均明显高于技术进步和技术效率改进。

二 各区域服务业 TFP 相对差异测度与比较分析

为了进一步显示全国及东中西部地区服务业 TFP 异质性程度的变化趋势，本节采用变异系数法对各区域服务业 TFP 相对差异进行测度分析，即：

$$CV = \frac{1}{\bar{X}} \times \left[\sum_{i=1}^{n} (X_i - \bar{X})^2 / N \right]^{\frac{1}{2}} \quad (4-15)$$

其中，CV 代表变异系数；X_i 代表服务业 TFP 增长率、技术进步、技术效率等各变量；$\bar{X}$ 代表各变量均值。变异系数反映的是省际相对差异测量过程中数据分布的离散程度,通过数据与中心点的相差距离来反映各数据间的差异变化情况,若省际服务业TFP增长指数趋于一致或差异不大,则变异系数趋近于0。根据式(4-15)可以计算出1992—2017各区域服务业TFP相对差异程度变化趋势,如图4-3所示。

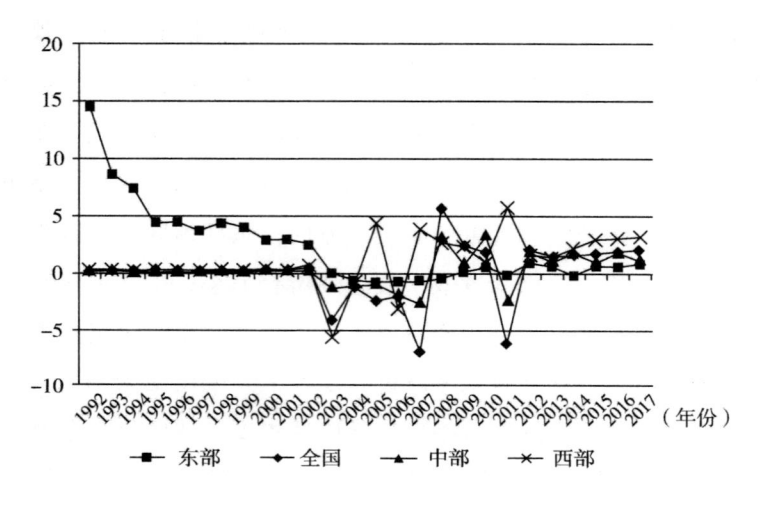

图4-3　1992—2017年全国及东中西部地区服务业TFP相对差异指数

资料来源:根据超越对数生产函数模型测算数据整理得出。

从图4-3可以看出,在各区域之间,东部地区的相对差异在1992年明显高于中部和西部地区,其后逐步下降,并自2003年起基本保持稳定。中西部地区服务业TFP相对差异指数在1992—2002年变化幅度微小,各年变异系数基本在零水平上下微弱波动,但从2003年起,两大区域服务业TFP相对差异指数均逐步呈现出扩大趋势,尤其是西部地区TFP相对差异指数上下波动一直较为明显,中部地区TFP相对差异指数则从2007年起扩大趋势逐步显著。全国服务业TFP相对差异指数的变化状况与中西部地区相类似,即在1992—2002年较为稳定且接近于零水平,自2003年起呈现出明显的上下波动;2012—2017年,全国及三大区域TFP相对差异指数均明显缩小并接近于零水平。由此可知，从全国服务业 TFP 相对差异指数变化状况来看，全国服务业 TFP 增长率相对差异变化情况与中西部地区类似，基本都是在 2002—2012 年呈现出明显的扩大趋势，其余时间段比较稳定且接近于零水平。

由此可知，东部和中西部地区 TFP 相对差异呈截然相反的演变态势。在服务业发展初期，东部地区 TFP 异质性较大，但差异程度随着 TFP 演化呈不断缩小的稳定趋势。相较而言，中部和西部地区 TFP 相对差异在服务业发展初期极为微小，服务业 TFP 增长指数趋于一致，但随着服务业发展和演化呈现出以西部地区为主的不断扩大的趋势。全国服务业 TFP 增长率相对差异变化情况与中西部地区类似，说明了中西部地区服务业 TFP 发展的异质性是造成全国服务业 TFP 演化异质性的一个重要原因。

三　各区域服务业 TFP 异质性演化特征类型

上文对各区域服务业 TFP 及其构成部分的异质性演化进程、异质性程度及其演变趋势均进行了考察和分析。那么，各区域服务业 TFP 在异质性演化过程中的未来发展方向和特征是怎样的？为了更进一步地反映各区域服务业 TFP 在异质性演化过程中所呈现的发展特征，本书借鉴史丹、夏杰长（2013）对服务业发展类型的划分方式，对我国区域服务业在 TFP 异质性演化过程中的增长趋势和特征进行归类。

史丹、夏杰长（2013）在对中国服务业区域异质性进行分析的过程中，采用偏离—份额法将区域服务业的发展分为四大类：第一类，服务业在基期的增长率高于全国平均水平，考察期内区域服务业增长率仍然高于全国平均水平；第二类，服务业在基期增长率低于全国平均水平，考察期内服务业增长率高于全国平均水平，这类区域服务业发展可归为赶超区；第三类，在基期服务业增长率高于全国平均水平，考察期内区域服务业增长率低于全国平均水平，这类服务业的发展由初期的较高发展水平逐步进入减速阶段；第四类，基期区域服务业增长率低于全国平均水平，考察期内服务业增长率仍然低于全国平均水平，这类地区服务业的发展总体竞争力较弱。

根据我国1992—2017年各省份服务业TFP的变化状况，将1992年视作服务业发展的基期，将1992—2017年视作考察期，相应的各省份服务业TFP增长率变化状况如表4-7和表4-8所示。

表4-7　1992年全国及各省份服务业TFP增长率变化状况

省份	TFP增长率	省份	TFP增长率	省份	TFP增长率	省份	TFP增长率
北京	0.153447	上海	0.145747	湖北	0.113672	甘肃	0.078869
天津	0.145520	江苏	0.139715	湖南	0.124440	青海	0.077155
河北	0.139243	浙江	0.144185	广东	0.157320	宁夏	0.145075
山西	0.143640	安徽	0.152863	广西	0.150072	新疆	0.154282
内蒙古	0.117643	福建	0.127923	川渝	0.154620	全国	0.131856
辽宁	0.133279	江西	0.105949	贵州	0.116951		
吉林	0.109832	山东	0.132368	云南	0.191982		
黑龙江	0.110042	河南	0.110530	陕西	0.115603		

资料来源：根据超越对数生产函数模型测算数据整理得出。

在表4-7所示的基期服务业TFP增长中，全国服务业平均TFP增长率约为13.19%，其中北京、天津、河北、山西、辽宁、上海、江苏、浙江、安徽、山东、广东、广西、川渝、云南、宁夏、新疆16个省份服务业TFP增长率高于全国平均水平，内蒙古、吉林、黑龙江、福建、江西、河南、湖北、湖南、贵州、陕西、甘肃、青海12个省份TFP增长率低于全国平均水平。

表 4-8　1992—2017 年全国及各省份服务业 TFP 增长率变化状况

省份	TFP 增长率	省份	TFP 增长率	省份	TFP 增长率	省份	TFP 增长率
北京	0.049897	上海	0.053919	湖北	0.059846	甘肃	0.051223
天津	0.053554	江苏	0.055977	湖南	0.050563	青海	0.060489
河北	0.050273	浙江	0.048240	广东	0.053807	宁夏	0.048504
山西	0.057923	安徽	0.039276	广西	0.065834	新疆	0.028484
内蒙古	0.052982	福建	0.042007	川渝	0.058109	全国	0.052120
辽宁	0.055829	江西	0.054898	贵州	0.067952		
吉林	0.049109	山东	0.045898	云南	0.042775		
黑龙江	0.028393	河南	0.052110	陕西	0.081474		

注：各省份的指数均是按各年份的几何平均数计算得出。
资料来源：根据超越对数生产函数模型测算数据整理得出。

在表 4-8 所示的 1992—2017 年考察期内，天津、山西、辽宁、上海、江苏、广东、广西、川渝服务业 TFP 增长率仍然高于全国平均水平，归属于区域服务业发展类别中的第一类，其中东部地区省份占较大比重；内蒙古、江西、湖北、贵州、陕西、青海服务业 TFP 增长率超过全国平均水平，成为区域服务业生产率发展中的第二类，并逐步赶超第三类区域服务业发展水平，这些省份主要涉及中西部地区，其中西部地区所占比重较大；北京、河北、浙江、安徽、山东、云南、宁夏、新疆低于全国平均水平，归属于服务业发展类别中的第三类，其中东中西部地区省份所占比重较为均等，这类地区服务业发展初期生产率水平较高，逐步进入服务业减速阶段；吉林、黑龙江、福建、河南、湖南、甘肃不论在初期还是在考察期内，服务业 TFP 增长率均低于全国平均水平，归属于区域服务业发展的第四类，其中中部地区省份所占比重较大，这类地区成为服务业发展过程中竞争力较弱的群体。另外，这里需要特别说明的是，北京在基期服务业 TFP 增长率高于全国平均水平，考察期 TFP 增长率虽低于全国平均水平，但与全国平均水平相差不是很大，这主要是由于该地区产业结构上的优势，在一定程度上弥补了其在服务业生产率发展速度上的劣势。

基于以上分析，各区域服务业 TFP 在异质性演化过程中可划分为四种发展类型：以东部地区省份为主的快速发展型、以中西部地区省份为主的快速赶超型、东中西部地区省份比重均等的减速发展型以及以中部地区省份为主的滞后发展型，如表 4-9 所示。

表 4-9   1992—2017 年东中西部地区服务业发展类型

发展类型	包含省份	区域分布	发展趋势特征
第一类：快速发展型	天津、山西、辽宁、上海、江苏、广东、广西、川渝	以东部地区省份为主	初期 TFP 增长率高于全国平均水平，发展过程中增长率始终高于全国平均水平
第二类：快速赶超型	内蒙古、江西、湖北、贵州、陕西、青海	以中西部地区省份为主，西部比重较大	初期 TFP 增长率低于全国平均水平，发展过程中增长率逐步高于全国平均水平
第三类：减速发展型	北京、河北、浙江、安徽、山东、云南、宁夏、新疆	东中西部地区省份比重较为均等	初期 TFP 增长率高于全国平均水平，发展过程中增长率逐步低于全国平均水平
第四类：滞后发展型	吉林、黑龙江、福建、河南、湖南、甘肃	以中部地区省份为主	发展初期 TFP 增长率低于全国平均水平，发展过程中增长率始终滞后于全国平均水平

第三节　各区域服务业 TFP 异质性对区域服务业发展差距影响分析

上文在对区域层面服务业 TFP 及其构成部分的演化进程进行分析的过程中，证实了区域服务业 TFP 在演化过程中存在明显的异质性。那么，这种异质性对我国服务业经济增长有什么影响，是否是造成我国区域服务业发展差距扩大化的主要原因？为了进一步考察我国区域服务业 TFP 异质性对区域服务业经济增长所造成的影响，本节从经济差距角度对我国区域服务业 TFP 异质性所带来的影响效果进行分析。

一 区域服务业 TFP 与区域服务业发展差距动态分布

作为研究经济增长不可回避的问题，经济发展差距成为国内外经济学家研究的热点之一。影响经济增长的因素可总体归纳为要素投入和 TFP 两大类，因此目前关于中国区域经济发展差距成因的研究也主要聚焦于此（石风光，2010；郭玉清、姜磊，2010；陶长琪、齐亚伟，2011；卢洪友，2012；朱子云，2015；等等）。为了对中国区域服务业发展差距成因做出合理解释，众多学者通过各种统计检验和经验理论对其进行分析，研究方法大致分为两大类，即收敛分析法和方差分解法。收敛分析法是以人均产出率作为因变量，人口增长率和产出率等因素作为自变量构建回归方程，通过方程中的回归系数的正负来确定区域经济增长的收敛性，揭示影响区域经济发展差距的因素。方差分解法是基于修正的索罗模型，考察生产率和要素投入对经济发展差距的贡献度，并以此作为判断主导地区经济发展差距的依据。

收敛分析法和方差分解法作为两种常用的区域经济差距分析方法，能够在一定程度上反映各影响因素与区域经济发展差距之间的变化关系，但无法揭示各变量之间的动态收敛性和长期趋势。动态分布法能够通过转换概率矩阵揭示各变量在收敛过程中的动态演化趋势，较好地弥补收敛分析法和方差分解法的不足。本节将采用动态分布法，对我国服务业产出、TFP 以及要素投入的动态演化趋势进行比较分析，通过方差分解法对分析结果进行稳健性检验，以考察我国区域服务业 TFP 在动态演化过程中对服务业差距的影响效果。

(一) 分析方法与数据处理

1. 分析方法

20世纪90年代，Quah（1993）最早提出非参数估计的动态分布法，并将此方法用于区域经济发展差距问题的研究。动态分布法中的马尔科夫链法是将人均收入序列作为离散状态，通过分析各区域经济增长在不同时期的转移概率，根据转换概率矩阵揭示各变量在收敛过程中的动态演化趋势反映人均收入内部分布的流动性。本节采用马尔科夫链法对区域服务业产出、TFP及要素投入的动态演化趋势进行比较分析。

马尔科夫链法的分析原理具体如下。

假设t期的人均GDP表示为X_t，人均GDP的演化分布过程类似于时间序列中的一阶自回归：

$$\phi_{t+1} = T^*(\phi_t, \mu_{t+1}) = T^*_\mu(\phi_t), \quad t \geq 1 \quad (4-16)$$

其中，T^*表示t期到$t+1$期人均GDP的演化分布状态；μ_{t+1}为干扰项；T^*_μ为吸收干扰项。因此，下一个时期人均GDP的分布状态由当期的分布状况和下一个时期的干扰项共同决定，其中T^*要求具有稳定性。

当X_t为离散变量，则T^*为马尔科夫链在转移过程中形成转移概率矩阵M_t。将各区域人均GDP除以所有区域人均GDP可获得各区域相对人均GDP，将各区域相对人均GDP视为离散的马尔科夫过程，并将各区域的经济水平划分为k种类型，则可以通过计算获得不同区域的转移概率，获得反映各区域经济水平演进过程的转移概率矩阵M，矩阵M中的p_{ij}元素代表初始年份属于i类型的区域在经过s（$s \geq 1$）年后，转变成类型j的转移概率，$p_{ij} = n_{ij}/n_i$，其中n_{ij}表示在初始年份归属于i类型的区域在经过s年后转移为j类型的所有区域之和，n_i表示所有年份中属于i类型的区域之和。

若马尔科夫链转移在不同类型的经济水平之间转移的过程中与时间没有相关性，即转移过程在时间上具有平稳性，则有：

$$F_{t+s} = M^* F_t \qquad (4-17)$$

其中，F_t 代表在时间 t 上的概率分布；F_{t+s} 代表在时间 $t+s$ 上的概率分布；M^* 代表转移概率矩阵的 s 次幂。

如果存在时间不变性的假设前提，当 s 趋于无穷时，F_t 的极限分布即转化为遍历分布。遍历分布表示人均收入分布在长期稳定状态下转换概率不再发生变化，而是根据某种长期发展趋势而逐步形成的一种均衡结果。

2. 数据收集与处理

本书的分析样本为 1992—2017 年 28 个省份服务业人均 GDP、要素投入和 TFP 数据。首先，各区域在 1992—2017 年的服务业资本投入、劳动投入和 TFP 数据已在前文测算得出。其次，在要素投入方面，根据修正的索罗模型，要素投入可表示为 $(K_i/Y_i)^{\frac{\alpha}{1-\alpha}} h_i$，其中 h_i 代表人力资本，因此对于服务业要素投入而言，还需要获取服务业人力资本存量数据。对于各区域服务业人力资本的测度，本节采用包含劳动力质量的人力资本扩展模型来反映，可得：$hc_{it} = e^{\varphi(E_{it})}$，其中，$hc_{it}$ 代表人力资本扩展模型中的人力资本变量；$\varphi(E_{it})$ 表示各行业接受 E 年正规教育的劳动力所产生的生产效率，计算过程所需原数据取自相关年份《中国劳动统计年鉴》及《中国统计年鉴》。

对于经济差距衡量指标的选取，部分文献采用人均 GDP 或人均产出指标（陈秀山，2004；李国平、陈小玲，2007；董亚娟、孙静水，2009；孙维峰、张秀娟，2013；等等），部分文献采用劳均 GDP 或劳均产出指标（吴建新，2008；石风光、何雄浪，2010；杨文举、龙睿赟，2013；等等）。由于本节是从生产率角度对区域服务业发展差距进行研究的，采用对生产力起直接作用的劳均 GDP 作为衡量指标，能够在反映区域服务业发展差距的同时，反映出区域服务业发展潜力的差距。因此，本节在此选取更具有经济福利意义的服务业劳均 GDP 作为衡量我国区域服务业发展差距的指标。各区域服务业劳均 GDP 用各区域第三产业产值与各区域第三产业就业人员之比测算得出，测算过程中所需原始数据均来源于相关年份《中国劳动统计年鉴》和《中国统计年鉴》。

（二）结果分析

1. 服务业劳均 GDP 分布分析

为了得到各区域服务业劳均 GDP 的离散分布，本节将各区域服务业劳均 GDP 分别除以所有区域的均值，以获得各区域服务业相对劳均 GDP，并根据区域服务业相对劳均 GDP 整体水平，采用临界点将其划分为不同的类型。由于我国在 2003 年对服务业各行业的划分进行了重大调整，本节以 2003 年为界分别对 1992—2002 年以及 2003—2017 年各区域服务业劳均 GDP 的动态分布状况进行研究。本节采用临界点 0.639、0.799、1.115、1.365 和临界点 0.681、0.794、1.065、1.205 分别将 1992—2002 年和 2003—2017 年的区域服务业劳均 GDP 的观测样本大致划分为五种类型。在获得不同组别的经济增长类型之后，即可通过计算获得区域服务业劳均 GDP 的转换概率矩阵 M，并根据转换概率矩阵计算出长期稳定状态下的遍历分布。表 4-10 和表 4-11 分别显示了 1992—2002 年以及 2003—2017 年区域服务业劳均 GDP 的转换概率矩阵。

表 4-10　区域服务业劳均 GDP 转换概率矩阵（1992—2002 年）

类型	<0.639	0.639—0.799	0.799—1.115	1.115—1.365	>1.365
<0.639	0.926	0.056	0.018	0.000	0.000
0.639—0.799	0.068	0.909	0.023	0.000	0.000
0.799—1.115	0.016	0.013	0.950	0.016	0.013
1.115—1.365	0.000	0.000	0.060	0.848	0.091
>1.365	0.000	0.000	0.024	0.049	0.927
遍历分布	0.246	0.195	0.311	0.085	0.163

在表 4-10 中，第一列表示 t 时期区域服务业劳均产出的初始状态，第一行表示在 $t+1$ 时期样本所处的状态，最后一行表示在长期稳定状态下的遍历分布。表格中间的数值表示转换概率，对角线上数值表示服务业相对劳均产出由 t 到 $t+1$ 时期类型保持不变的概率。由此，根据 1992—2002 年我国区域服务业劳均 GDP 的转换概率矩阵可以看出，在考察期内处于服务业劳均 GDP 水平最低区间（<0.639）和相对劳均 GDP 水平最高区间（>1.365）的区域向相反方向转移的概率很小，均为 7.0% 左右。处于其他区间的区域则具有向两端转化的趋势，其中处于较低服务业劳均 GDP 区间（0.639—0.779）的区域更倾向于降低其水平，转移概率为 6.8%，而处于较高服务业相对劳均 GDP 区间（1.115—1.365）的区域则更倾向于提升其水平，转移概率为 9.1%，由此成了两极强化而中间弱化的趋势。从长期稳定状态下的遍历分布来看，服务业劳均 GDP 存在双峰收敛趋势，有 44.1% 的区域分布在较低的服务业劳均 GDP 区间（<0.799），有 24.8% 的区域分布在较高的服务业劳均 GDP 区间（>1.115），有 31.1% 的区域分布在中间层面（0.799—0.115）。由此可知，在 1992—2002 年，我国区域服务业劳均产出在长期动态演化过程中呈现出两极分化的态势，有较多区域向服务业劳均 GDP 较高水平收敛（24.8%），但更多的区域向服务业劳均 GDP 较低水平收敛（44.1%），我国区域服务业发展呈现出两极分化态势，服务业发展差距逐步扩大。

表 4-11　区域服务业劳均 GDP 转换概率矩阵（2003—2017 年）

类型	<0.681	0.681—0.794	0.794—1.065	1.065—1.205	>1.205
<0.681	0.860	0.123	0.000	0.018	0.000
0.681—0.794	0.067	0.889	0.044	0.000	0.000
0.794—1.065	0.000	0.012	0.953	0.023	0.012
1.065—1.205	0.000	0.000	0.070	0.800	0.100

续表

类型	<0.681	0.681—0.794	0.794—1.065	1.065—1.205	>1.205
>1.205	0.000	0.000	0.000	0.016	0.984
遍历分布	0.155	0.323	0.074	0.054	0.394

从表4-11可以看出，考察期内处于服务业劳均GDP水平最低区间（<0.681）和最高区间（>1.205）的区域向相反方向转移的概率仍然相对较小，分别为14.0%和1.6%，只是相较于1992—2002年，2003—2017年由服务业劳均GDP水平最低区间向较高水平转移的概率有了明显的扩大，而由最高区间向较低水平转移的概率有了明显的缩小。处于较低服务业劳均GDP区间（0.681—0.794）的区域更倾向于降低其水平，转移概率为6.7%；处于较高服务业劳均GDP区间（1.065—1.205）的区域则更倾向于提升其水平，转移概率为10.0%。由此可见，在2003—2017年，我国服务业劳均产出仍然呈现出明显的两极强化而中间弱化的转化态势。从遍历分布上看，服务业劳均产出亦呈现出双峰收敛的态势，其中有47.8%的区域分布在较低的服务业劳均GDP区间（<0.794），有44.8%的区域分布在较高的服务业劳均GDP区间（>1.065），仅有7.4%的区域分布在中间层面（1.115—1.365）。可见，经过十年左右的发展与演化，我国服务业劳均产出的两极分化现象更为严重，区域服务业发展差距持续扩大。另外，从我国服务业劳均产出在两极分化过程中的收敛特征上看，1992—2002年和2003—2017年倾向于向较低水平的劳均产出区间转移，并且这种收敛趋势在2003—2017年更为明显。

2. 服务业TFP分布分析

在对区域服务业TFP动态演化的分析过程中，首先将各区域服务业TFP除以所有区域的均值，以获得各区域服务业相对TFP；其次根据区域服务业TFP整体水平，采用临界点0.921、0.991、1.026、

1.135 和临界点 0.981、0.993、1.009、1.029 分别将 1992—2002 年和 2004—2017 年的区域服务业劳均 GDP 的观测样本划分为五种类型。根据不同组别的经济增长类型，计算出区域服务业 TFP 的转换概率矩阵，如表 4-12 和表 4-13 所示。

表 4-12　区域服务业相对 TFP 转换概率矩阵（1992—2002 年）

类型	<0.921	0.921—0.991	0.991—1.026	1.026—1.135	>1.135
<0.921	0.833	0.167	0.000	0.000	0.000
0.921—0.991	0.074	0.868	0.015	0.044	0.000
0.991—1.026	0.000	0.091	0.788	0.061	0.061
1.026—1.135	0.000	0.000	0.046	0.879	0.076
>1.135	0.000	0.000	0.000	0.079	0.921
遍历分布	0.244	0.292	0.210	0.127	0.127

从表 4-12 可以看出，1992—2002 年，位于我国服务业相对 TFP 水平最低区间（<0.921）和最高区间（>1.135）的区域向相反方向转移的概率较小，分别为 16.7% 和 7.9%。位于其他区间的区域存在向两端转移的趋势，其中处于较低服务业相对 TFP 区间（0.921—0.991）的区域更倾向于降低其水平，转移概率为 7.4%；处于较高服务业相对 TFP 区间（1.026—1.135）的区域则更倾向于提升其水平，转移概率为 7.6%。区域服务业 TFP 在演化过程中亦存在着两极强化、中间弱化的趋势。从遍历分布来看，服务业相对 TFP 长期稳定状态下的分布呈双峰收敛态势，位于较低水平的服务业 TFP（<0.991）占 53.6%，位于较高水平的服务业 TFP（>1.026）占 25.4%，位于中间水平的服务业 TFP（0.991—1.026）占 21.0%。由此可见，我国服务业相对 TFP 的转移概率与遍历分布和服务业劳均产出非常相似，都是在两极区间保持不变的概率较大，在其他区间存在向两极分化的态势，说明我国区域服务业 TFP 在演化过程中

也呈现出差距扩大的趋势。另外，我国区域服务业劳均产出和 TFP 的相关系数高达 94.0%，进一步说明了该时间段内我国区域服务业 TFP 对区域服务业劳均产出差距有着重要的影响力。

表 4-13　区域服务业相对 TFP 转换概率矩阵（2003—2017 年）

类型	<0.981	0.981—0.993	0.993—1.009	1.009—1.029	>1.029
<0.981	0.928	0.058	0.015	0.000	0.000
0.981—0.993	0.054	0.918	0.029	0.000	0.000
0.993—1.009	0.059	0.118	0.657	0.088	0.079
1.009—1.029	0.000	0.000	0.026	0.737	0.237
>1.029	0.000	0.020	0.061	0.082	0.837
遍历分布	0.243	0.380	0.076	0.067	0.234

从表 4-13 可以看出，在 2003—2017 年，处于服务业相对 TFP 水平最低区间（<0.981）和最高区间（>1.029）的区域向相反方向转移的概率仍然相对较小，分别为 7.2% 和 16.3%；处于较低服务业相对 TFP 区间（0.981—0.993）的区域更倾向于降低其水平，转移概率为 5.4%；处于较高服务业相对 TFP 区间（1.009—1.029）的区域则更倾向于提升其水平，转移概率为 23.7%。由此可见，2004—2017 年，我国区域服务业 TFP 仍然呈现出两极强化而中间弱化的态势，并且这种趋势比 1992—2002 年更加显著。从遍历分布上看，服务业 TFP 亦呈现明显的双峰收敛态势，其中有 62.3% 的区域分布在较低的服务业 TFP 区间（<0.993），有 30.2% 的区域分布在较高区间（>1.009），仅有 7.6% 的区域分布在中间层面（0.993—1.009）。区域服务业劳均产出和 TFP 遍历分布的相关系数在该时间段内达到了 78.0%，说明在整个考察期内，我国区域服务业 TFP 对服务业发展差距一直有着重要的影响。

3. 服务业要素投入分布分析

为了进一步明确区域服务业 TFP 是否是造成区域服务业发展差距的主要原因，本书对我国服务业要素投入的动态分布状况进行考察，首先将各区域服务业要素投入除以所有区域服务业要素投入的均值，以获得各区域服务业相对要素投入；其次根据整体水平选取临界点 0.752、0.873、1.119、1.313 和临界点 0.981、0.933、1.009、1.029，将 1992—2002 年和 2003—2017 年的区域服务业 TFP 的观测样本划分为五种类型，并由此计算出区域服务业要素投入的转换概率矩阵，如表 4-14 和表 4-15 所示。

表 4-14　　区域服务业相对要素投入转换概率矩阵（1992—2002 年）

类型	<0.752	0.752—0.873	0.873—1.119	1.119—1.313	>1.313
<0.752	0.904	0.058	0.039	0.000	0.000
0.752—0.873	0.101	0.741	0.158	0.000	0.000
0.873—1.119	0.000	0.129	0.814	0.057	0.000
1.119—1.313	0.000	0.000	0.048	0.942	0.010
>1.313	0.000	0.000	0.044	0.174	0.783
遍历分布	0.181	0.173	0.293	0.337	0.016

在表 4-14 所示的转换概率矩阵中，1992—2002 年，处于较低服务业相对要素投入区间（0.752—0.873）的区域倾向于提高其水平，转移概率为 15.8%；处于较高区间（1.119—1.313）的区域倾向于降低其水平，转移概率为 4.8%，从而形成了两极弱化而中间强化的转移趋势，这种转移趋势与区域服务业劳均产出转移趋势恰好相反。从遍历分布上看，集中在中间区间（0.752—1.313）的区域为 80.3%，向两极转移的概率为 19.7%。另外，要素投入与劳均产出之间遍历分布的相关系数仅为 1.5%。由此可知，要素投入在该时间段内并不是导致区域服务业差距扩大的主要因素。

表 4-15　区域服务业相对要素投入转换概率矩阵（2003—2017 年）

类型	<0.981	0.981—0.993	0.993—1.009	1.009—1.029	>1.029
<0.981	0.833	0.095	0.048	0.024	0.000
0.981—0.993	0.031	0.881	0.088	0.000	0.000
0.993—1.009	0.058	0.039	0.827	0.019	0.058
1.009—1.029	0.000	0.000	0.056	0.932	0.012
>1.029	0.000	0.000	0.022	0.067	0.911
遍历分布	0.113	0.167	0.236	0.293	0.192

如表 4-15 所示，类似于 1992—2002 年的动态分布趋势，在 2003—2017 年，处于较低服务业相对要素投入区间（0.981—0.993）的区域倾向于提高其水平，转移概率为 8.8%；而处于较高区间（1.009—1.029）的区域倾向于降低其水平，转移概率为 5.6%；整体上仍然保持着两极弱化、中间强化的转移态势。从遍历分布上看，位于中间层面（0.981—1.029）的区域占比为 69.6%，位于高低两极区间的区域占比为 30.5%。另外，要素投入与劳均产出遍历分布间的相关系数为 -47.5%，二者在该时间段内并不存在关联性。可见，要素投入在动态演化过程中的差异性并非是导致我国区域服务业差距扩大的主要因素。

二　区域服务业 TFP 异质性对区域服务业发展差距贡献度分析

运用动态分布法，本节对区域服务业劳均产出、TFP 以及要素投入在演化过程中的分布状态的相似度进行了推断，证实了我国区域服务业 TFP 演化的异质性是造成区域服务业发展差距扩大的主要原因。但此分析结果并未对区域服务业 TFP 以及要素投入差距对劳均产出差距的贡献份额进行数量上的度量，为了对上述分析结果进行进一步的稳健性检验，本节采用 K-R 分解法［Klenow 和 Rodriguez-

Clare（1997）]，计算分析各因素对服务业发展差距的贡献。

（一）服务业 TFP 以及要素投入差距对服务业发展差距贡献度分析

在考察各因素对服务业发展差距的贡献度时，可采用修正的索罗模型，即：

$$Y_i = K_i^{\alpha}(A_i H_i)^{1-\alpha} \quad (0<\alpha<1) \quad (4-18)$$

其中，Y_i 表示 i 地区服务业总产出；K_i 代表 i 地区服务业物质资本存量；H_i 代表 i 地区服务业人力资本存量；A_i 代表技术进步；α 代表资本收入份额。

将修正的索罗模型进一步变形，可转化为：

$$y_i = A_i \left(\frac{K_i}{Y_i}\right)^{\frac{\alpha}{1-\alpha}} h_i \quad (0<\alpha<1) \quad (4-19)$$

其中，y_i 表示 i 地区服务业劳均产出；$\frac{K_i}{Y_i}$ 表示资本产出比；h_i 表示人力资本；在修正的索罗模型中，要素投入部分可定义为：

$$X_i = \left(\frac{K_i}{Y_i}\right)^{\frac{\alpha}{1-\alpha}} h_i \quad (4-20)$$

将其带入索罗模型，并对等式两边分别取对数可得：

$$\ln y_i = \ln A_i + \ln X_i \quad (4-21)$$

式（4-21）表示将劳均产出分解为 TFP 和要素投入两部分，为了考察 TFP 和要素投入差距对经济差距的影响和贡献份额，对劳均产出进行方差分解，得：

$$\begin{aligned}\text{var}(\ln y_i) &= \text{cov}(\ln y_i, \ln A_i + \ln X_i) \\ &= \text{cov}(\ln y_i + \ln A_i) + \text{cov}(\ln y_i + \ln X_i)\end{aligned} \quad (4-22)$$

将式（4-22）进行变形，可得：

$$\frac{\text{cov}(\ln y_i + \ln A_i)}{\text{var}(\ln y_i)} + \frac{\text{cov}(\ln y_i + \ln X_i)}{\text{var}(\ln y_i)} = 1 \quad (4-23)$$

其中，cov 和 var 分别表示协方差和方差，式（4-23）表示将各区域服务业劳均产出方差分解为 TFP 和要素投入两部分，由此可以判断这两大因素对服务业发展差距的贡献大小。表 4-16 显示了由 K-R 分解法计算得出的 1992—2017 年我国区域服务业 TFP 和要素投入对服务业发展差距的贡献度。

表 4-16　1992—2017 年我国区域服务业 TFP 和要素投入对服务业发展差距的贡献度

年份	要素投入贡献	TFP 贡献	年份	要素投入贡献	TFP 贡献
1992	0.333	0.667	2003	-0.028	1.028
1993	0.062	0.938	2004	-0.047	1.047
1994	0.205	0.795	2005	-0.057	1.057
1995	0.293	0.707	2006	-0.081	1.081
1996	0.223	0.777	2007	-0.112	1.112
1997	0.182	0.818	2008	-0.150	1.150
1998	0.029	0.971	2009	-0.287	1.287
1999	-0.082	1.082	2010	-0.314	1.314
2000	-0.231	1.231	2011	-0.363	1.363
2001	-0.253	1.253	2012	-0.384	1.384
2002	-0.241	1.241	2013	-0.421	1.421
均值	0.047	0.953	2014	-0.496	1.496
			2015	-0.577	1.577
			2016	-0.658	1.658
			2017	-0.739	1.739
			均值	-0.314	1.314

由表 4-16 可知，在 1992—1998 年，服务业要素投入和 TFP 差距对区域服务业发展差距的贡献度均为正值，即该时间段内两大因素均对区域服务业发展差距的扩大产生了影响，但其中服务业 TFP 差距对区域服务业发展差距的贡献份额明显高于要素投入，贡献度均达到了 60.0% 以上，而服务业要素投入差距虽然对区域服务业发展差距亦产生了影响，但贡献度较小，且呈现出逐年下降的趋势。

自 1999 年起，服务业要素投入差距对区域服务业发展差距的贡献度下降为负值，而服务业 TFP 差距对区域服务业发展差距的贡献度则呈现出逐年增大的上升趋势。由此可知，在服务业改革初期，要素投入和 TFP 差距对于区域服务业发展差距的扩大均产生了影响效应，但随着服务业的发展，要素投入差距对区域服务业发展差距的影响效应开始减弱，并逐步转变为负值，而 TFP 差距对区域服务业发展差距一直存在着较强的影响效应，且这种影响效应随着时间的推移不断上升。从平均水平上看，1992—2002 年服务业 TFP 差距对区域服务业发展差距的平均贡献度达到了 0.953，而要素投入差距的平均贡献度仅为 0.047；在 2003—2017 年，服务业 TFP 差距对区域服务业发展差距的平均贡献度上升到了 1.314，而要素投入差距的平均贡献度则下降为了 -0.314。可见，在区域服务业发展过程中，服务业 TFP 差距对服务业发展差距的贡献一直处于主导地位，而要素投入差距的贡献始终处于次要地位，由此也验证了前文动态演化分析过程中所得出的结果，即服务业 TFP 对区域服务业发展差距的影响要大于服务业要素投入，这是造成我国区域服务业发展差距扩大的主要原因。

（二）TFP 构成部分对服务业发展差距贡献度分析

在明确我国服务业 TFP 是造成区域服务业发展差距扩大的主导因素之后，为了对 TFP 分解部分作用于区域服务业发展差距的效应进行剖析，本节通过构建影响我国区域服务业发展差距的第二层因子分解贡献模型，进一步深层次挖掘驱动我国区域服务业发展差距扩大的影响因素，以形成区域服务业发展差距影响因素分析过程中质量、规模和效率三者的有机统一。

根据 DEA – Malmquist 生产率指数模型，可将 TFP 表示为：

$$\text{TFP} = TC \times PEC \times SEC \qquad (4-24)$$

其中，TC、PEC 和 SEC，即根据 DEA – Malmquist 生产率指数法，在规模报酬可变的前提下，TFP 可分解为技术进步、纯技术效率变化指数和规模效率变化指数三部分。式（4-24）表示，TFP 等于技术进步、纯技术效率变化指数和规模效率变化指数三者的乘积，因此根据可导性对数方差分解法的基本原理，可以构建 TFP 差距中各要素贡献的方差分解方程①：

$$\sigma^2(\ln TFP) = \text{cov}(\ln TFP, \ln TC) + \text{cov}(\ln TFP, \ln PEC) \\ + \text{cov}(\ln TFP, \ln SEC) \quad (4-25)$$

将式（4-25）两边同除以 $\sigma^2(\ln TFP)$ 并变形后可得：

$$\frac{\text{cov}(\ln TFP + \ln TC)}{\text{var}(\ln TFP)} + \frac{\text{cov}(\ln TFP + \ln PEC)}{\text{var}(\ln TFP)} + \frac{\text{cov}(\ln TFP + \ln SEC)}{\text{var}(\ln TFP)} = 1 \quad (4-26)$$

式（4-26）表示将各区域服务业 TFP 方差分解为技术进步、纯技术效率和规模效率三部分，结合式（4-23）中服务业 TFP 对服务业发展差距的贡献度，即可得出服务业技术进步、纯技术效率和规模效率对服务业发展差距的贡献份额，其中服务业技术进步对服务业发展差距的贡献度表示为：

$$\frac{\text{cov}(\ln y_i + \ln A_i)}{\text{var}(\ln y_i)} \times \frac{\text{cov}(\ln TFP + \ln TC)}{\text{var}(\ln TFP)} \quad (4-27)$$

服务业纯技术效率对服务业发展差距的贡献度表示为：

$$\frac{\text{cov}(\ln y_i + \ln A_i)}{\text{var}(\ln y_i)} \times \frac{\text{cov}(\ln TFP + \ln PEC)}{\text{var}(\ln TFP)} \quad (4-28)$$

服务业规模效率对服务业发展差距的贡献度表示为：

$$\frac{\text{cov}(\ln y_i + \ln A_i)}{\text{var}(\ln y_i)} \times \frac{\text{cov}(\ln TFP + \ln SEC)}{\text{var}(\ln TFP)} \quad (4-29)$$

由此，根据上述公式所表示的测度方法，可以分别计算出服务

---

① 在朱子云的《基于加总和乘积的方差分解法及其应用》一文中，提出了可导性方差分解法，该方法的基本原理是，在因变量等于各自变量乘积的情况下，各自变量的对数取值与因变量对数取值的协方差之和等于因变量取对数值的方差，用数学公式可以表示为：若 $Y_i = \prod_{i=1, j=1}^{m} X_{ij}$，则 $\sigma^2(Y_i) = \sum_{j=1}^{m} \text{cov}(\ln Y, \ln X)$。

业 TFP 三大构成部分的差异性对服务业发展差距的贡献度，测度结果如表 4-17 所示。

表 4-17　　　　1992—2017 年区域服务业 TFP 构成部分
对区域服务业发展差距贡献度

年份	技术进步	纯技术效率	规模效率	综合技术效率	年份	技术进步	纯技术效率	规模效率	综合技术效率
1992	0.578	0.069	0.020	0.089	2003	0.400	0.390	0.182	0.572
1993	0.241	0.818	-0.121	0.697	2004	0.436	0.543	-0.024	0.519
1994	0.008	0.705	0.082	0.787	2005	0.146	0.790	0.010	0.800
1995	0.103	0.559	0.045	0.604	2006	0.106	0.531	0.288	0.819
1996	0.055	0.846	-0.125	0.721	2007	0.336	0.438	0.125	0.563
1997	0.162	0.724	-0.068	0.655	2008	0.153	0.710	0.006	0.716
1998	0.331	0.633	0.007	0.640	2009	0.172	0.464	0.140	0.605
1999	0.295	0.440	0.348	0.788	2010	0.359	0.308	0.094	0.402
2000	0.062	0.798	0.371	1.169	2011	0.132	0.440	0.161	0.601
2001	0.241	0.889	0.124	1.012	2012	0.114	0.550	0.058	0.608
2002	0.009	1.009	0.223	1.232	2013	0.177	0.371	0.156	0.527
均值	0.190	0.642	0.121	0.763	2014	0.055	0.084	0.530	0.614
					2015	0.145	0.066	0.423	0.489
					2016	0.113	0.048	0.316	0.364
					2017	0.081	0.030	0.209	0.239
					均值	0.195	0.384	0.178	0.563

从表 4-17 可以看出，在 TFP 构成部分对区域服务业发展差距的贡献度中，技术进步和综合技术效率改进对区域服务业发展差距均产生了推动作用，并且大部分时刻综合技术效率改进的贡献度要高于技术进步。从两大因素对区域服务业发展差距的平均贡献度上看，1992—2002 年，综合技术效率改进对区域服务业发展差距的平均贡献度为 0.763，而技术进步的平均贡献度为 0.190；2003—2017 年，综合技术效率改进对服务业发展差距的平均贡献度下降为 0.563，

而技术进步的平均贡献度提升至 0.195，基本保持不变。由此可知，技术进步和技术效率改进均能够对区域服务业发展差距的扩大产生影响，但整体而言，综合技术效率的贡献度要明显高于技术进步。进一步将综合技术效率改进分解为纯技术效率改进和规模效率改进，在 1992—2002 年，纯技术效率改进对服务业发展差距的贡献度（0.642）明显高于规模效率改进（0.121）；在 2003—2017 年，纯技术效率改进对区域服务业发展差距的平均贡献度下降至 0.384，而规模效率改进在对区域服务业发展差距的平均贡献度提升至 0.178，但纯技术效率改进对服务业发展差距的贡献度仍明显高于规模效率改进。因此，从整体上看，在服务业 TFP 各构成部分中，服务业综合技术效率改进是引起区域服务业发展差距扩大的主导因素，其中纯技术效率改进是造成服务业改革初期发展差距扩大的主要原因。

通过上述方差分解法分析的稳健性检验，进一步证实了在我国服务业发展演化过程中，区域服务业 TFP 差异性的扩大是造成区域服务业发展差距扩大的主要原因，并且综合技术效率是导致区域服务业发展差距扩大的主导因素。

三 区域服务业 TFP 异质性对区域服务业发展差距长短期效果分析

上文通过运用动态分布法和方差分解法，分析了我国服务业 TFP 与服务业发展差异性的动态演化趋势及其收敛程度，考察了二者在动态演化过程中的变化关系，并证实了我国服务业 TFP 异质性是造成我国服务业发展差距扩大的主要影响因素。上述分析从一定程度上揭示了我国区域服务业 TFP 和服务业发展差距在动态演化过程中的相互关系，但由于对于服务业 TFP 演化异质性和服务业差距相关性的分析，是通过对各自动态分布过程中相似度的比较分析推断出的,并未反映出二者之间的直接联系。因此,为了考察我国区域服务业 TFP 演化过程中的异质性对区域服务业发展差距的直接影响效应及其程度,本节采用 VAR 的协整检验和误差修正模型(VECM)对我国区域服务业 TFP 异质性作用于区域服务业发展差距的长短期效应进行进一步剖析。

(一)服务业 TFP 异质性影响效果分析

1. 长期效果分析

在进行 VAR 协整检验之前,需要对区域服务业要素投入、TFP 以及劳均 GDP 的异质性程度进行测度,其中区域服务业 TFP 的异质性数值已在本章第二节运用变异系数法测算得出,对于区域服务业要素投入以及劳均 GDP 差异性的衡量,本节采用同样的方法对其进行统计度量。在获取各变量数据之后,需要对各变量分别进行平稳性检验,在此,需要对服务业劳均 GDP、要素投入以及 TFP 变异系数分别取自然对数,并记为 $\ln GDP$、$\ln X$ 和 $\ln TFP$,一阶差分表示为 $\Delta \ln GDP$、$\Delta \ln X$ 和 $\Delta \ln TFP$,检验结果如表 4 – 18 所示。

表 4 – 18　　　　　　各变量 ADF 平稳性检验结果

变量	检验类型 (c, t, k)	ADF 统计量	10%临界值	5%临界值	1%临界值	结论
$\ln GDP$	$(c, t, 1)$	-0.369	-2.650	-3.021	-3.809	不平稳
$\Delta \ln GDP$	$(c, 0, 0)$	-3.856***	-2.655	-2.655	-3.832	平稳
$\ln X$	$(c, t, 1)$	-2.234	-2.650	-3.021	-3.809	不平稳
$\Delta \ln X$	$(c, 0, 0)$	-4.836***	-2.655	-3.030	-3.832	平稳
$\ln TFP$	$(c, t, 1)$	-2.865	-2.650	-3.021	-3.809	不平稳
$\Delta \ln TFP$	$(c, 0, 0)$	-6.198***	-2.655	-3.030	-3.832	平稳

注:*** 表示在1%的显著性水平下显著;检验类型为 (c, t, k),其中 c, t, k 分别代表常数项、趋势项和滞后阶数,选择依据为 AIC 和 SC 最小准则。

由表 4 – 18 中 ADF 单根检验结果可知,三个变异系数原序列不具有平稳性,经过一阶差分以后,三个变量的 $I(1)$ 序列均具有平稳性，说明可以采用 VAR 模型中的 Johansens 极大似然法对三个变量之间的协整关系进行检验，检验结果如表 4-19 所示。

表 4-19　　　　Johansens 协整检验（迹统计量）检验结果

	协整向量个数	特征值	迹统计量	5%临界值	P 概率值
迹统计量	None*	0.918165	58.33846	29.79707	0.0000
	At most 1*	0.532553	15.78669	15.49471	0.0452
	At most 2	0.154782	2.858725	3.841466	0.0909
最大特征值	None*	0.918165	42.55177	21.13162	0.0000
	At most 1*	0.532553	12.92796	14.26460	0.0404
	At most 2	0.154782	2.858725	3.841466	0.0909

注：在协整检验时，滞后期根据 AIC 和 SC 最小准则选取为 4，* 表示在 5%显著水平上拒绝零假设。

根据表 4-19 的检验结果可知，迹统计量和最大特征值均表明存在协整方程，即表明在区域服务业劳均 GDP、要素投入以及 TFP 三个序列的变异系数之间至少存在一个协整方程。由此，标准化后的协整方程可表示为：

$$\ln GDP = -4.892\ln X + 2.056\ln TFP + EC_t$$
$$(0.678)\quad(1.588) \qquad\qquad (4-30)$$

由式（4-30）可知，区域服务业要素投入变异系数的估计值为 -4.892，t 统计量为 0.678，区域服务业 TFP 变异系数估计值为 2.056，t 统计量为 1.588。式（4-30）说明了三个变量之间存在长期稳定的均衡关系，并且在区域服务业要素投入和 TFP 演化过程中，TFP 异质性与区域服务业发展差距同方向变化，服务业 TFP 变异系数每上升 1%，造成区域服务业发展差距扩大 2.06%，而要素投入的异质性与区域服务业发展差距是反方向变化的，要素投入变异系数的上升无法引起服务业差距的扩大。由此，进一步证实了在区域服务业生产率演化过程中，TFP 异质性的存在是造成区域服务业发展差距不断扩大的主要原因。

2. 短期效果分析

为了考察区域服务业要素投入异质性、TFP 异质性同区域服务业发展差距的短期动态关系，本节采用 VECM 模型对各变量在短期波动中的相互作用关系进行进一步分析。根据无约束 VAR 模型中最优滞后阶数 3，可以确定 VECM 模型中的滞后阶数为 2。由此，可构建 VECM 模型为：

$$\Delta \ln GDP_t = \alpha_{1t} EC_{t-1} + \sum_{i=1}^{2} \left[r_{1i} \Delta \ln GDP_{t-1} + \eta_{1i} \Delta \ln X_{t-i} + \lambda_{1i} \Delta \ln TFP_{t-i} \right] + \varepsilon_{1t}$$

(4-31)

$$\Delta \ln X_t = \alpha_{2t} EC_{t-1} + \sum_{i=1}^{2} \left[r_{2i} \Delta \ln GDP_{t-1} + \eta_{2i} \Delta \ln X_{t-i} + \lambda_{2i} \Delta \ln TFP_{t-i} \right] + \varepsilon_{2t}$$

(4-32)

$$\Delta \ln TFP_t = \alpha_{3t} EC_{t-1} + \sum_{i=1}^{2} \left[r_{3i} \Delta \ln GDP_{t-1} + \eta_{3i} \Delta \ln X_{t-i} + \lambda_{3i} \Delta \ln TFP_{t-i} \right] + \varepsilon_{3t}$$

(4-33)

其中，EC_{t-1} 表示反映变量间长期均衡关系的误差修正项；α 系数矩阵表示当变量偏离长期均衡时，调整回均衡状态的速度；各解释变量差分项系数代表短期内各变量波动对被解释变量造成的影响。

根据 VECM 模型，各变量系数估计结果如表 4-20 所示。

表 4-20　　　　　　　　VECM 模型估计结果

方程	$\Delta \ln GDP$	$\Delta \ln X$	$\Delta \ln TFP$
$EC(-1)$	-0.066984** (-1.95291)	0.080278* (1.57762)	0.928188* (1.63407)
$\Delta \ln GDP(-1)$	-0.262935 (-0.79392)	-0.329419 (-0.67046)	2.884259 (0.52588)
$\Delta \ln GDP(-2)$	-0.330271 (-1.00653)	0.332276 (0.68258)	7.990351* (1.47043)

续表

方程	$\Delta \ln GDP$	$\Delta \ln X$	$\Delta \ln TFP$
$\Delta \ln X(-1)$	-0.293502*** (-2.82028)	0.489915** (2.04808)	-0.457520 (-0.17134)
$\Delta \ln X(-2)$	-0.236325* (-1.67405)	-0.093337 (-0.44567)	-0.250866 (-0.10731)
$\Delta \ln TFP(-1)$	0.003516 (0.13860)	-0.008980 (-0.23859)	0.258997 (0.61646)
$\Delta \ln TFP(-2)$	0.010978* (1.56731)	-0.018775 (-0.65396)	0.031566 (0.09850)
C	-0.024603** (-1.92426)	-0.019977 (-1.05316)	0.030255 (0.14289)
R-squared	0.653310	0.732707	0.731627

注：括号中数据代表 t 值，*表示在10%的显著性水平下显著，**表示在5%的显著性水平下显著，***表示在1%的显著性水平下显著。

根据表4-20所示的模型估计结果可知，劳均GDP变异系数的调整系数为-0.067，且具有显著性，说明该模型具有良好的误差修正机制。将调整系数-0.067同乘以式（4-30）等式两边，并将式（4-30）转换成VECM模式，可得各因素变量短期波动对区域服务业发展差距的影响方程：

$$-0.067EC_t(-1) = -0.067\ln GDP(-1)$$
$$-0.328\ln X(-1) + 0.138\ln TFP(-1) \quad (4-34)$$

由式（4-34）可知，两大影响因素中，只有区域服务业TFP异质性的增加会引起短期内区域服务业发展差距的扩大，影响系数为0.14。具体从表4-20所示的各变量之间的短期动态关系上看，首先区域服务业要素投入异质性在滞后一期和滞后二期对区域服务业发展差距具有反向影响效应，其中滞后一期的影响效应更为显著；区域服务业TFP在滞后一期和滞后二期对区域服务业发展差距的扩大均具有正向推动作用，其中滞后二期的正向影响效应具有显著性。其次，对于区域服务业要素投入异质性而言，滞后一期和滞后二期的区域服务业发展差距对要素投入异质性分别具有反向和正向两种影响效应，滞后一期和滞后二期的区域服务业 TFP 异质性对要素投入异质性均具有反向影响效应，但影响效果均不显著；对于区域服务业 TFP 异质性而言，滞后一期和滞后二期的区域服务业发展差距对区域服务业 TFP 异质性均具有正向影响效应，即短期内区域服务业发展差距的扩大，同样会引起区域服务业 TFP 异质性程度的增加，但其中只有滞后二期影响效果具有较弱的显著性，滞后一期和滞后二期的区域服务业要素投入异质性对区域服务业 TFP 异质性具有并不显著的反向影响效应。

（二）服务业 TFP 构成异质性影响效果分析

上文通过协整分析，验证了我国区域服务业发展差距与要素投入和 TFP 异质性之间存在长期稳定的均衡关系，并证实了区域服务业 TFP 异质性是造成区域服务业发展差距扩大的主要原因。为了进一步考察 TFP 内部构成部分异质性对区域服务业发展差距的影响效应，本节对区域服务业要素投入、技术进步、技术效率异质性与区域服务业发展差距之间的长短期关系进行分析①。

1. 长期效果分析

在对四大变量进行协整分析之前，同样需要采用变异系数法对各因素变量的异质性进行测度，并对测度的数值结果分别进行 ADF 平稳性检验，劳均 GDP、要素投入、技术进步以及技术效率的变异系数取自然对数后分别表示为 $\ln GDP$、$\ln X$、$\ln TC$、$\ln TE$，其一阶差表示为 $\Delta \ln GDP$、$\Delta \ln X$、$\Delta \ln TC$ 和 $\Delta \ln TE$，检验结果如表 4 - 21 所示。

---

① 前文在对区域服务业 TFP 及其构成部分的演化分析中得出，技术进步和技术效率是推进服务业 TFP 增长的主要源泉，因此在此主要对 TFP 构成部分中的技术进步和技术效率异质性对区域服务业发展差距的影响效应进行分析。

表4-21　　　　　　　各变量ADF平稳性检验结果

变量	检验类型（c, t, k）	ADF统计量	10%临界值	5%临界值	1%临界值	结论
$\ln GDP$	(c, t, 1)	-2.949	-2.646	-3.012	-3.788	不平稳
$\Delta\ln GDP$	(c, 0, 0)	-6.773***	-2.650	-3.021	-3.809	平稳
$\ln X$	(c, t, 1)	-1.307	-2.646	-3.012	-3.788	不平稳
$\Delta\ln X$	(c, 0, 0)	-5.958***	-2.650	-3.021	-3.809	平稳
$\ln TC$	(c, t, 1)	-3.858	-2.646	-3.012	-3.788	不平稳
$\Delta\ln TC$	(c, 0, 0)	-6.516***	-2.650	-3.021	-3.809	平稳
$\ln TE$	(c, t, 1)	-2.347	-2.646	-3.012	-3.788	不平稳
$\Delta\ln TE$	(c, 0, 0)	-6.081***	-2.650	-3.021	-3.809	平稳

注：***表示在1%的显著性水平下显著；检验类型为（c, t, k），其中c, t, k分别代表常数项、趋势项和滞后阶数，选择依据是AIC和SC最小准则。

由表4-21检验结果可知，四大变量的变异系数原序列不具有平稳性，经过一阶差分以后，其I（1）序列均具有平稳性，因此可以采用VAR模型中的Johansens极大似然法对四大变量的协整关系进行检验，检验结果如表4-22所示。

表4-22　　　Johansens协整检验（迹统计量）检验结果

	协整向量个数	特征值	迹统计量	5%临界值	P概率值
迹统计量	None*	0.850634	66.52319	47.85613	0.0004
	At most 1*	0.657911	30.39750	29.79707	0.0426
	At most 2	0.279942	10.01651	15.49471	0.2795
	At most 3	0.180254	3.776462	3.841466	0.0520
	协整向量个数	特征值	迹统计量	5%临界值	P概率值
最大特征值	None*	0.850634	36.12569	27.58434	0.0032
	At most 1*	0.657911	20.38099	21.13162	0.0434
	At most 2	0.279942	6.240046	14.26460	0.5826
	At most 3	0.180254	3.776462	3.841466	0.0520

注：在协整检验时，滞后期根据AIC和SC最小准则选取为3，*表示在5%显著水平上拒绝零假设。

由表 4-22 的协整检验结果可知，迹统计量和最大特征值均表明变量之间存在协整关系，并且区域服务业劳均 GDP、要素投入、技术进步以及技术效率四个序列的变异系数之间至少存在两个协整方程，标准化后的最优协整方程可表示为：

$$\ln GDP = -1.274\ln X + 0.0601\ln TC + 0.415\ln TE + EC_t \quad (-1)$$
$$\quad\quad\quad (0.277) \quad\quad (0.145) \quad\quad (1.414) \quad\quad\quad (4-35)$$

由式（4-35）可知，区域服务业要素投入变异系数的估计值为 -1.274，t 统计量为 0.277；技术进步变异系数估计值为 0.0601，t 统计量为 0.145；技术效率变异系数为 0.415，t 统计量为 1.414。从式（4-35）可以看出，在各变量长期稳定的均衡关系中，技术进步及技术效率的异质性与区域服务业发展差距同方向变动，服务业技术进步变异系数每上升 1%，引起区域服务业发展差距扩大 0.06%；服务业技术效率变异系数每上升 1%，造成区域服务业发展差距扩大 0.42%，要素投入的异质性与区域服务业发展差距呈反方向变化。可见，在区域服务业生产率长期作用于服务业发展差距的影响效用中，技术进步和技术效率的异质性均能够对区域服务业发展差距的扩大产生影响，但技术进步异质性的影响效用要明显小于技术效率，因此，技术效率异质性是造成我国区域服务业发展差距不断扩大的主要因素。

2. 短期效果分析

在各变量的短期动态变化关系中，根据无约束 VAR 模型中最优滞后阶数 3，可以确定 VECM 模型中的滞后阶数为 2。由此，根据构建 VECM 模型，各变量系数估计结果如表 4-23 所示。

表 4-23　　　　　　　VECM 模型估计结果

方程	$\Delta\ln GDP$	$\Delta\ln X$	$\Delta\ln TC$	$\Delta\ln TE$
$EC(-1)$	0.120869 *** (2.98105)	-0.144103 ** (-2.26266)	-1.089506 (-0.90411)	-1.095500 * (-1.36292)

续表

方程	$\Delta\ln GDP$	$\Delta\ln X$	$\Delta\ln TC$	$\Delta\ln TE$
$\Delta\ln GDP(-1)$	-0.480554* (-1.66783)	-0.070898 (-0.15665)	5.619088 (0.65616)	4.077291 (0.71381)
$\Delta\ln GDP(-2)$	-0.240543* (-1.44507)	0.842938*** (3.22392)	3.948310 (0.79807)	3.522884 (1.06757)
$\Delta\ln X(-1)$	-0.093704** (-1.76304)	0.415229** (2.15265)	3.068032 (0.84060)	0.872710 (0.35848)
$\Delta\ln X(-2)$	-0.210690 (-0.15888)	-0.066624 (-0.43462)	-0.165634 (-0.05710)	-2.214230 (-1.14448)
$\Delta\ln TC(-1)$	-0.095701*** (-3.33221)	0.018464 (0.40929)	-0.324087 (-0.37968)	0.415486 (0.72975)
$\Delta\ln TC(-2)$	0.035451 (0.79652)	0.019370 (0.62493)	0.230817 (0.39355)	0.477929 (1.22170)
$\Delta\ln TE(-1)$	0.110739*** (3.28096)	-0.012856 (-0.24249)	0.335026 (0.33398)	-0.770669 (-1.15179)
$\Delta\ln TE(-2)$	0.070569** (2.17958)	-0.022304 (-0.43856)	-0.570789 (-0.59316)	-0.749001 (-1.16693)
C	-0.019471** (-2.15469)	-0.011015 (-0.77604)	0.015197 (0.05658)	-0.096104 (-0.53646)
R-squared	0.657613	0.740853	0.552354	0.461900

注：括号中数据代表 t 值，*表示在10%的显著性水平下显著，**表示在5%的显著性水平下显著，***表示在1%的显著性水平下显著。

由表4-23所示的估计结果可知，劳均GDP变异系数的调整系数为0.121，且具有很强的显著性，说明该模型具有较好的误差修正机制。将调整系数0.121同乘以式（4-35）等式两边，可得各因素变量短期波动对区域服务业发展差距的误差修正方程：

$$0.121EC_t(-1) = 0.121\ln GDP(-1) + 0.154\ln X(-1)$$
$$- 0.007\ln TC(-1) - 0.055\ln TE(-1) \quad (4-36)$$

由式（4-36）可知，各影响因素中，区域服务业技术进步和技术效率异质性的增加会引起短期内区域服务业发展差距的扩大，影响系数分别为 0.007 和 0.060。具体从表 4-23 中各变量短期动态关系上看，区域服务业要素投入异质性在滞后一期和滞后二期对区域服务业发展差距具有反向影响效应，其中滞后一期的影响效应更为显著；区域服务业技术进步异质性在滞后一期与区域服务业发展差距反方向变动，在滞后二期与区域服务业发展差距同方向变动，其中技术进步异质性在滞后一期对于区域服务业发展差距的反向影响效应具有显著性，在滞后二期对于区域服务业发展差距虽具有正向影响效应，但效果并不显著。区域服务业技术效率在滞后一期和滞后二期对区域服务业发展差距的扩大均具有很显著的正向推动作用。对于区域服务业要素投入异质性而言，滞后一期和滞后二期的区域服务业发展差距对要素投入异质性分别具有反向和正向两种影响效应，其中滞后二期的正向影响效应具有很强的显著性；区域服务业技术进步和技术效率异质性在滞后期内对要素投入异质性的影响效果均不显著。对于区域服务业 TFP 异质性而言，滞后期内的区域服务业发展差距以及要素投入异质性对区域服务业 TFP 异质性分别具有正向和反向两种影响效应，但均不具有显著性；行业技术进步异质性对技术效率异质性具有不显著性正向影响效应。图 4-4 进一步显示了 TFP 及其构成部分异质性对服务业发展差距的冲击效应。

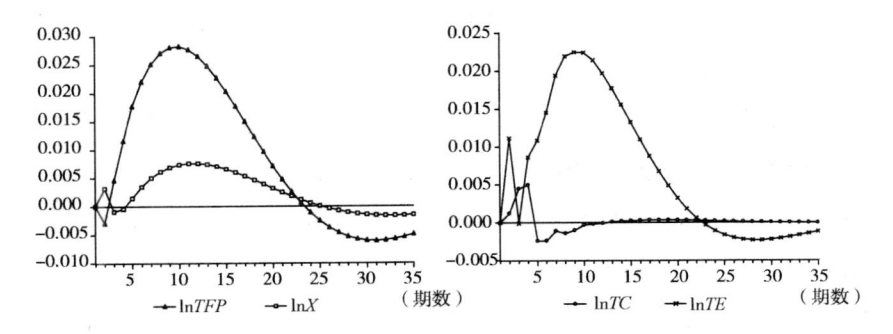

图 4-4　TFP 及其构成部分异质性对服务业发展差距的冲击效应

在图4-4中，左图显示了TFP异质性与要素投入对服务业发展差距的冲击效应，其中lnTFP代表TFP异质性冲击效应，ln$X$代表要素投入的冲击效应。当服务业TFP异质性在第1期受到一个单位正向冲击后，服务业发展差距在第2期略微下降0.0029，在短暂的负向影响之后，从第3期开始呈现出较大速率的正向影响，并在第10期达到最高峰0.0283，此后呈现出下降趋势，从第24期开始，TFP异质性对服务业发展差距冲击转变为负向影响，并逐步趋于稳定，整个分析期内TFP异质性对服务业发展差距的累计响应值为0.295，总体影响为正。要素投入异质性在第1期受到一个单位正向冲击后，在第2期略微提升至0.0031，在经历第3期短暂下降之后，从第4期开始呈现出逐渐上升趋势，并在第12期达到最大值0.0076，此后开始逐渐下降，从第26期开始转变为负向影响，并基本稳定在-0.0016左右，整个分析期要素投入异质性对服务业发展差距累计响应值为0.085。由此可知，TFP和要素投入异质性冲击对服务业发展差距均能够产生影响，但TFP异质性冲击的影响程度明显大于要素投入。

图4-4中的右图反映了TFP构成部分异质性对服务业发展差距的冲击效应，其中lnTC和lnTE分别代表服务业技术进步和技术效率改进。由此可知，技术进步异质性在受到一个单位正向冲击后，服务业发展差距在第2—4期呈现出逐步上升的正向影响，但这种正向影响在随后的一期快速下降为负向影响，并且这种负向影响一直持续到第12期，随后的各期影响虽然转为正，但影响效应非常微小，整个分析期内技术进步异质性对服务业发展差距的累计效应值为0.005，影响效果并不显著。技术效率改进异质性在当期受到一个正向单位冲击后，服务业发展差距在第2期快速上升至0.0112，但在随后的第3期再次回落至接近零水平，短暂时间内所带来的影响效应虽然为正但波动性较大。从第4期开始技术效率改进异质性的影响效应一直呈现出较快的上升趋势，并在第10期达

到最大值 0.0224，随后这种正向影响开始逐步下降，在第 23 期转变为负向影响，并在随后的一段时期基本维持平稳状态，整个分析期内技术效率改进异质性对服务业发展差距的累计响应值为 0.234，总体呈现出较为显著的正向影响。可见，在服务业 TFP 构成部分中，技术效率改进异质性成为带动服务业 TFP 发展差距乃至整个服务业发展差距扩大的主导因素，而技术进步所带来的冲击对服务业发展差距的影响并不显著。

第四节　本章小结

本章采用 1992—2017 年省级面板数据，从 TFP 分解视角对我国区域服务业的演化过程进行了深入考察和分析，实证检验了其演化过程中的异质性程度、趋势和特征，并对区域服务业 TFP 异质性作用于区域服务业发展差距的影响效果进行了剖析。研究结果发现：

第一，在各区域服务业 TFP 及其构成异质性演化方面，从总体上看，不论是基于全国还是各省份视角，技术进步和技术效率改进是服务业 TFP 增长的两大重要源泉。从各区域服务业 TFP 及其构成部分演化的异质性上看，东部发达地区在服务业发展初期，由于拥有较高的技术进步和技术效率水平而具备较高的 TFP 增长率，但随着中西部地区的后发优势和追赶效应，使中西部地区服务业 TFP 增长速度不断上升，并呈现出赶超东部地区的趋势。各区域技术进步在服务业的发展与演化过程中由于先进技术获取途径的转变而呈现明显的下降趋势，其中西部欠发达地区由于技术获取途径仍存在明显的后发优势，因此依然保持相对较高的技术进步水平，但技术适宜性所造成的低技术效率改进水平在一定程度上抵消了技术进步所带来的积极影响效应。各区域技术效率由于技术无效性的普遍存在而呈下滑趋势，其中只有东部发达地区仍保持较高的技术效率水平，技术进步和技术效率改进的下滑趋势在进入 2003 年之后明显有所缓解。各区域规模效率改进在服务业发展初期要高于配置效率改进，但呈明显的不断下滑趋势，并逐步被配置效率改进的快速上升反超。

第二，区域服务业 TFP 异质性演化的趋势和特征分析表明，在服务业发展初期，东部地区的 TFP 及其构成部分由于拥有较高的增长水平而领先于其他两大区域，但其发展存在一定的异质性，此异质性在服务业演化过程中呈缩小趋势；西部地区在发展相对滞后的情况下，其异质性亦呈现出不断扩大的趋势；中部地区的增长水平和异质性的变化整体而言相对稳定。全国服务业 TFP 增长率相对差异变化情况与中西部地区类似，说明中西部地区服务业 TFP 发展的异质性是造成全国区域服务业 TFP 演化异质性的一个重要原因。从 TFP 及其构成的横向对比上看，服务业 TFP、规模效率改进以及配置效率改进在东中西部地区的异质性程度均明显高于技术进步和技术效率改进。各区域服务业的异质性演化进程逐步发展为四种特征类型：以东部地区为主的快速发展型、以中西部地区为主的快速赶超型、东中西部地区比重均等的减速发展型、以中部地区为主的滞后发展型。

第三，通过分析区域服务业 TFP 异质性对区域服务业发展差距的影响效果发现，区域服务业 TFP 与劳均产出的动态分布非常相似，均存在向两极分化的态势，并且区域服务业 TFP 演化异质性对于区域服务业发展差距的贡献份额要明显高于要素投入，其中综合技术效率异质性的贡献份额占主导因素，反映出区域服务业 TFP 演化的异质性是造成区域服务业发展差距扩大的主要原因。区域服务业 TFP 异质性与区域服务业发展差距的长短期关系表明，在长期内，区域服务业 TFP、技术进步和技术效率改进异质性均能够对区域服务业发展差距的扩大产生影响，其中技术效率改进的影响效应具有显著性；在短期内，服务业要素投入、TFP、技术进步和技术效率改进异质性均能够对区域服务业发展差距的扩大产生冲击效应，TFP异质性冲击的影响程度明显大于要素投入，技术效率改进异质性影响程度要高于技术进步，成为带动服务业TFP发展差距乃至整个服务业发展差距扩大的主导因素。

第五章 行业层面服务业 TFP 演化及其异质性实证分析

第四章从区域层面对我国服务业 TFP 及其分解部分演化过程中存在的异质性现象进行了实证检验，分析了其演化过程中的异质性程度、特征趋势以及对区域服务业发展差距的影响效果。本章将从行业层面对我国服务业 TFP 演化进程及其异质性现象进行实证检验。首先，根据 1990—2017 年各行业面板数据对我国服务业 TFP 进行分解，考察服务业内部各行业 TFP 及其构成部分的异质性演化过程。其次，对各行业 TFP 及其构成部分的异质性演化程度和趋势特征进行了分析。最后，对各行业 TFP 异质性作用于服务业行业间发展差距的影响效果进行了剖析。

第一节 各行业 TFP 分解及其异质性演化分析

一 测度方法与数据处理

（一）测度方法

在分析我国服务业各行业 TFP 的发展过程中，本章同样采用随机前沿生产函数法（SFA），对中国服务业各行业的 TFP、技术进步及各效率改进部分进行测算，构建模型如下：

$$\ln y_{it} = \beta_0 + \beta_1 \ln L_{it} + \beta_2 \ln K_{it} + \frac{1}{2}\beta_3 (\ln L_{it})^2 + \frac{1}{2}\beta_4 (\ln K_{it})^2$$
$$+ \frac{1}{2}\beta_5 (\ln L_{it})(\ln K_{it}) + \beta_6 (\ln L_{it}) t + \beta_7 (\ln K_{it}) t$$
$$+ \beta_8 t + \frac{1}{2}\beta_9 t^2 + \varepsilon_{it} \quad (5-1)$$

其中，β_0—β_9 为待估计参数；$\varepsilon_{it} = v_{it} - u_{it}$；$t$ 为趋势变量；K 和 L 代表各行业资本和劳动力投入。

根据增长核算法对 TFP 的测算，TFP 增长率进一步分解为技术进步、技术效率改进、规模效率改进及配置效率改进四部分：

$$\dot{TFP} = TC + TEC + (RTS - 1)\sum_j \lambda_j \dot{x}_j + \sum_j (\lambda_j - s_j)\dot{x}_j \quad (5-2)$$

其中，TC 代表技术进步；TEC 代表技术效率改进；$(RTS - 1)\sum_j \lambda_j \dot{x}_j$ 代表规模效率改进；$\sum_j (\lambda_j - s_j)\dot{x}_j$ 代表配置效率改进。

（二）数据的收集与处理

由于我国在服务业各行业划分的过程中，以 2003 年为界对第三产业进行了重大调整。为了数据的一致性和准确性，本章分 1990—2002 年及 2004—2017 年两个时间段对服务业各行业的发展进行研究。其中，由于农、林、牧、渔业从 2003 年起被划入第一产业，并且"其他服务"这一项被取消，因此，本章在对 1990—2002 年各行业进行测算时，对这两项不予考虑。另外，由于 2003 年各行业增加值数据所使用的行业口径差别较大，为了尽量减少误差，故在此将 2003 年的数据予以剔除。对于服务业 TFP 及其分解部分的测算需要收集处理服务业产出、劳动投入和资本投入方面的数据。

第一，服务业产出。本章采用第三产业增加值对服务业产出进行度量，并根据相关年份《中国国内生产总值核算历史资料》中经过普查修订的产出数据获取 1990—2002 年服务业增加值，以避免核算的低估问题；2004—2017 年数据取自相关年份《中国统计年鉴》。基于数据的可比性，所有数据均根据"第三产业增加值指数"换算为 1990 年不变价。

第二，劳动投入。服务业各行业劳动投入用各行业年底就业人数表示。由于官方统计资料中缺乏关于我国服务业各行业劳动就业人数的详细数据，本章在此分为三步对此部分数据进行估算。

首先，根据相关年份《中国劳动统计年鉴》对 1999 年、2000 年城乡劳动力资源配置情况的描述可知，乡村劳动力主要分布在服务业各细分行业（2003 年以前）的交通运输、仓储及邮电通信业；批发和零售贸易、餐饮业以及 2004 年以后的住宿和餐饮业；信息传输、计算机服务和软件业。

其次，估算出服务业各行业城镇就业人员。通过对 1990—2002 年《中国劳动统计年鉴》观察可知，服务业各行业中的地质勘查、水利管理业，金融保险业，房地产业，卫生、体育和社会福利业，教育、文化艺术及广播电影电视业，科学研究和综合技术服务业，国家机关、政党机关和社会团体 7 个行业，城镇单位就业人员与城镇就业人员相同。在交通运输、仓储及邮电通信业，批发和零售贸易、餐饮业，社会服务业 3 个行业，城镇单位就业人员与城镇就业人员不同。因此，在 1990—2002 年服务业各行业城镇就业人员中，地质勘查、水利管理业，金融保险业，房地产业，卫生、体育和社会福利业，教育、文化艺术及广播电影电视业，科学研究和综合技术服务业，国家机关、政党机关和社会团体可直接采用城镇单位就业人员，交通运输、仓储及邮电通信业，批发和零售贸易、餐饮业，社会服务业要根据城镇单位就业人员转换成城镇就业人员。估算方法具体为：其一，计算出 1990—2002 年在交通运输、仓储及邮电通信业，批发和零售贸易、餐饮业，社会服务业 3 个行业城镇单位就业人员占城镇就业人员比重，计算比重均值。其二，1990—

2002年，交通运输、仓储及邮电通信业，批发和零售贸易、餐饮业，社会服务可根据该比重计算出相应的城镇就业人员。其三，在计算2004—2017年服务业各行业城镇就业人员时，可根据第一步测算出的比重，将城镇单位就业人员转换成城镇就业人员，其中交通运输、仓储和邮政业可直接使用该比重计算。在批发和零售业、住宿和餐饮业中，先将批发和零售业、住宿和餐饮业的城镇单位就业人员相加，根据相加值和已知比例计算出城镇就业人员数，再根据批发和零售业、住宿和餐饮业在城镇单位就业人员中所占比例，基于已求出的城镇就业人员数在二者之间进行分配，可求出这两大行业各自的城镇就业人员数。信息传输、计算机服务和软件业，租赁和商务服务业，居民服务、修理和其他服务业合为社会服务业，在进行这三大行业的城镇就业人员估算时，采用方法与上述相同。2004—2017年服务业其他行业可直接采用城镇单位就业人员。

最后，将服务业各行业城镇就业人员和乡村就业人员值相加求出总就业人员。2005—2006年《中国劳动统计年鉴》中分别记录了2004年和2005年交通运输、仓储和邮政业，信息传输、计算机服务和软件业，批发和零售业，住宿和餐饮业这几大行业的乡村就业人员数，可直接与相应的城镇就业人员数相加。2006—2017年交通运输、仓储和邮政业，信息传输、计算机服务和软件业，批发和零售业，住宿和餐饮业这几大行业的乡村就业人员数，可首先计算出2005—2006年这几大行业乡村就业人员数占乡村总就业人员数比例，再用该比例乘以2006—2017年乡村总就业人员数，从而估算出2006—2017年这几大行业的乡村就业人员数。再用该数值加上这几大行业的城镇就业人数，从而求出2006—2017年这几大行业的总就业人数。

第三，资本投入。由于目前官方统计中缺乏服务业各行业资本存量数据，本章采用永续盘存法对各行业资本存量进行估算，可得：

$$K_{i,t} = (1-\sigma_{i,t})K_{i,t-1} + I_{i,t} = (1-\sigma_{i,t})^t K_{i,0} + \sum_{j=1}^{t} I_{i,j}(1-\sigma_{i,t})^{t-j}$$

(5-3)

其中，$K_{i,t}$ 和 $K_{i,t-1}$ 表示 i 行业在 t 年和 $t-1$ 年资本存量，$K_{i,0}$ 表示基年资本存量，$I_{i,t}$ 和 $\sigma_{i,t}$ 分别代表 i 行业在 t 年的不变投资额和资本折旧率。

服务业各行业在基年1990年及基年2004年的资本存量，本章运用稳态方法推导起点时刻资本存量（Harberger，1978），具体为：

$$K_{it} = \frac{I_{i,t}}{g_{i,t} + \sigma_{i,t}}$$

(5-4)

其中，$g_{i,t}$ 表示1990—2002年及2004—2017年两个时间段各行业实际增加值的平均增长率。$\sigma_{i,t}$ 表示折旧率，本章采用 Wu（2009）对于中国31个地区服务业估算的平均折旧率，即4%。对于当年的投资额，闫星宇和张月友（2010）、刘兴凯和张诚（2010）等在对区域服务业发展分析中采用的是固定资本形成总额。由于缺乏服务业各行业固定资本形成总额的官方统计，因此与杨勇（2008）、王恕立和胡宗彪（2012）一样，本章采用服务业行业固定资产投资指标。1990—2003年各行业固定资产投资数据取自《中国固定资产统计年鉴》。2004—2017年数据直接从《中国统计年鉴（2018）》中获取。各行业均使用全社会固定资产投资价格指数换算名义固定资产投资。

（三）计量结果分析

本书运用 Frontier 4.1 软件对随机前沿生产函数进行估计，结果见表5-1及表5-2。根据模型参数估计结果可知：1990—2002年和2004—2017年 γ 值分别约为0.974和0.995，且趋近于1，说明生产无效率是造成各行业生产函数偏离前沿面的主要原因。同时，LR 检验通过了显著性和 χ^2 分布检验，误差项复合结构的存在说明采用 SFA 方法进行分析是十分必要的。η 值分别约为0.038和

-0.012，说明 1990—2002 年技术无效项 u 随着时间推移逐渐减小，各行业技术效率处于不断改进中，而 2004—2017 年技术效率随着时间推移逐渐减少，各行业技术效率改进在减弱。

表 5-1　　我国服务业各行业随机前沿生产函数估计值（1990—2002 年）

年份	名称	参数	估计系数	标准差	t 值
1990—2002	常数项	β_0	4.573403	1.687632	2.709954 ***
	$\ln L_{it}$	β_1	0.159875	0.264649	0.604102
	$\ln K_{it}$	β_2	0.100508	0.360392	0.278885
	$(\ln L_{it})^2$	β_3	-0.026494	0.023638	-1.120809
	$(\ln K_{it})^2$	β_4	-0.032254	0.023852	-1.352278
	$(\ln L_{it})(\ln K_{it})$	β_5	0.098072	0.032469	3.020440 ***
	$(\ln L_{it}) t$	β_6	-0.013907	0.005717	-2.432575 **
	$(\ln K_{it}) t$	β_7	0.001142	0.003798	0.300650
	t	β_8	0.141248	0.036684	3.850370 ***
	t^2	β_9	-0.005058	0.000940	-5.380790 ***
	σ^2		0.384596	0.195838	1.963849 **
	γ		0.974202	0.013688	71.172650 ***
	η		0.037641	0.005677	6.630115 ***
	Log 似然函数值		91.309217 ***		
	LRt 单边检验		414.86063 ***		

注：** 表示在 5% 的显著性水平下显著，*** 表示在 1% 的显著性水平下显著；LR 为似然比检验统计量。

资料来源：根据超越对数生产函数模型测算数据整理得出。

表 5-2　　我国服务业各行业超越对数生产函数模型的估计（2004—2017 年）

年份	名称	参数	估计系数	标准差	t 值
2004—2017	常数项	β_0	4.425525	2.189244	2.021485 **
	$\ln L_{it}$	β_1	0.641665	0.646365	0.992729

续表

年份	名称	参数	估计系数	标准差	t 值
2004—2017	$\ln K_{it}$	β_2	-0.047301	0.274048	-0.172600
	$(\ln L_{it})^2$	β_3	-0.021921	0.045011	-0.487020
	$(\ln K_{it})^2$	β_4	0.023731	0.023341	1.016711
	$(\ln L_{it})(\ln K_{it})$	β_5	-0.019149	0.035828	-0.534462
	$(\ln L_{it})t$	β_6	0.001782	0.005876	0.303232
	$(\ln K_{it})t$	β_7	-0.009147	0.005334	-1.714854*
	t	β_8	0.110408	0.039603	2.787886**
	t^2	β_9	-0.000414	0.000941	-0.440439
	σ^2		0.798913	0.511924	1.560608
	γ		0.995287	0.003065	324.685560***
	η		-0.012058	0.003721	-3.240948***
	Log 似然函数值		142.646720***		
	LRt 单边检验		463.264820***		

注：*表示在10%的显著性水平下显著，**表示在5%的显著性水平下显著，***表示在1%的显著性水平下显著；LR 为似然比检验统计量。

资料来源：根据超越对数生产函数模型测算数据整理得出。

二 服务业总体 TFP 分解：总体趋势

根据表 5-1 和表 5-2 中的参数估计结果，通过式（5-1）、式（5-2）可以分别计算出我国服务业总体及各行业各年 TFP 增长率及其分解部分，进而对服务业总体变化趋势及各行业异质性演化状况进行分析。表 5-3 列出了由我国服务业各行业平均得出的总体 TFP 指数及其分解部分的逐年变化数据。1990—2002 年服务业 TFP 增长率均值约为 5.70%，2004—2017 年服务业 TFP 增长率均值约为 1.69%。其中，1990—1993 年，TFP 增长主要得益于技术进步；1994—2002 年，技术效率改进成为推动 TFP 增长的核心；2004—2017 年技术进步再次转变为服务业 TFP 增长的主导力量。

表5-3　我国服务业总体 TFP 指数及其分解（1990—2017 年）

年份		技术进步	技术效率	技术效率改进	规模效率改进	配置效率改进	TFP 指数
1990—2002	1990	0.079130	0.340906	0.069022	-0.019660	-0.023434	0.105058
	1991	0.072728	0.351335	0.063037	-0.018299	-0.018700	0.098766
	1992	0.066309	0.362006	0.060324	-0.015925	-0.029248	0.081460
	1993	0.060076	0.372899	0.057731	0.062045	-0.093924	0.085929
	1994	0.053632	0.384000	0.055254	-0.025932	-0.056285	0.026670
	1995	0.047220	0.395288	0.052887	-0.009887	-0.034904	0.055316
	1996	0.040825	0.406745	0.050624	-0.001108	-0.032439	0.057901
	1997	0.034429	0.418351	0.048461	-0.001547	-0.030042	0.051301
	1998	0.028079	0.430087	0.046393	0.036083	-0.056799	0.053756
	1999	0.021714	0.441932	0.044415	0.026811	-0.053616	0.039324
	2000	0.015358	0.453865	0.042524	0.034001	-0.052418	0.039465
	2001	0.008996	0.465868	0.040716	0.035213	-0.053380	0.031545
	2002	0.002619	0.477919	0.038986	0.032823	-0.059392	0.015036
	均值	0.040855	0.407785	0.051567	0.010355	-0.045737	0.057041
2004—2017	2004	0.031009	0.401794	-0.008597	-0.012482	0.009728	0.019658
	2005	0.030051	0.398318	-0.008650	-0.011480	0.008660	0.018581
	2006	0.029022	0.394852	-0.008702	-0.009333	0.008057	0.019043
	2007	0.028013	0.391395	-0.008756	-0.011291	0.011102	0.019069
	2008	0.027010	0.387947	-0.008809	-0.014047	0.009036	0.013189
	2009	0.025972	0.384509	-0.008863	-0.019605	0.020093	0.017597
	2010	0.024924	0.381080	-0.008917	-0.020057	0.020682	0.016632
	2011	0.023904	0.377661	-0.008972	-0.020081	0.022037	0.016888
	2012	0.022919	0.374252	-0.009027	-0.019393	0.022070	0.016568
	2013	0.022011	0.370853	-0.009082	-0.037526	0.023934	0.018576
	2014	0.020926	0.367464	-0.009138	-0.021266	0.030062	0.020584
	2015	0.019832	0.364086	-0.009194	-0.019959	0.027240	0.017920
	2016	0.018746	0.360718	-0.009250	-0.018625	0.022547	0.013419
	2017	0.017692	0.357361	-0.009306	-0.016009	0.015866	0.008242
	均值	0.024431	0.379449	-0.008947	-0.017940	0.017937	0.016855

注：由于2003年各行业增加值数据所使用的行业口径差别较大，故将2003年数据删除。下同。

资料来源：根据超越对数生产函数模型测算数据整理得出。

根据表5-3数据结果可以看出，服务业总体TFP及其分解部分演化主要具有以下几个方面的特征。

第一，从时间维度上看，1990—2017年服务业TFP增长率较高值出现在1990—1993年，这主要是1990年延续了20世纪80年代改革开放和制度变迁对非公有制经济和服务业经济双重推动的成果，使1990年服务业TFP增长率在整个考察期达到最高。1992年我国颁布了《关于加快发展第三产业的决定》之后，服务业改革全面展开，市场准入限制有所放松，实现了一定程度的市场竞争机制，由于政策颁布所带来的有利条件在短时间内集中体现，使1993年效果最为明显，这一年规模效率改进达到最高亦印证了这一事实。但是在此之后TFP增长率呈逐步下降趋势，在2004年、2006年和2007年TFP增长率虽有短暂提升，但从2008年开始再次呈现下降趋势，分析其原因在于2008年国际金融危机使服务业TFP增长水平下降。根据我国服务业TFP在1990—2017年的增长水平可以看出，尽管我国在服务业领域进行了体制等方面的改革，但改革力度和成效有限，并未充分体现制度变革的能量。

第二，服务业技术进步与技术效率在1990—2002年呈反方向变动，技术效率呈逐渐上升趋势，而技术进步呈逐渐下降趋势，这与刘兴凯和张诚（2010）及王恕立和胡宗彪（2012）所得出的研究结论相同。2004—2017年服务业技术进步和技术效率均呈现缓慢下降趋势，二者均值相较于1990—2002年亦有所下降，技术进步增长均值由1990—2002年的约4.09%下降到2004—2017年的约2.44%，技术效率均值由1990—2002年的约40.78%下降到2004—2017年的约37.94%，其中技术效率下降幅度微小。技术效率改进在1990—2002年呈逐步下降趋势，由1990年的约6.90%下降到2002年的3.90%，但整体仍保持在零水平以上。2004—2017年技术效率改进水平下降到零水平以下，整体保持在-0.009左右的负值水平。可见，从行业角度来看，1990—2002年推动我国服务业TFP增长的主导力量是技术效率改进，而在2004—2017年这一驱动力逐步转变为技术进步。

第三，服务业规模效率改进和配置效率改进水平在1990—2017年的变化呈相反趋势，其中，规模效率改进在1990—2002年呈逐步上升趋势，并在1998—2002年上升到零水平以上，但从2004年起，服务业规模效率改进再次下降为负值，并在2004—2017年保持在零水平以下。服务业配置效率改进呈现出相反的变化趋势，1990—2002年服务业配置效率改进滞后，均位于零水平以下，但从2004年起，服务业配置效率改进水平上升到零水平以上，并在2004—2017年呈现出不断上升的趋势。在整个考察期内，服务业规模效率改进水平均值由服务业发展初期（1990—2002年）的约1.04%下降为约-1.79%，成为影响服务业行业TFP增长的一大弱势，配置效率改进则由服务业发展初期的约-4.57%上升为约1.79%，成为推进服务业TFP增长的重要力量。

图5-1进一步呈现了1990—2017年服务业总体TFP及其分解部分的发展趋势。

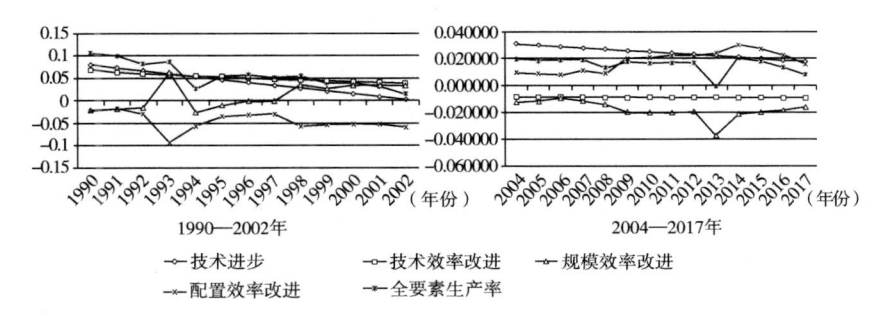

图5-1　1990—2017年服务业总体TFP及其分解部分的发展趋势

资料来源：根据超越对数生产函数模型测算数据整理得出。

由图5-1可以看出，1990—2002年服务业技术进步与技术效率改进均呈下降趋势。1990—1993年，技术进步高于技术效率改进；而在1994—2002年，技术效率改进水平要高于技术进步增长，技术效率改进成为该时间段服务业TFP增长的主导力量。2004—

2017年技术效率改进低于零水平，并基本保持不变；技术进步水平位于零水平之上，并成为推动服务业TFP增长的核心。类似于区域层面的分析，行业层面服务业技术进步逐步转变为带动TFP增长的主导力量，其原因亦主要归结于我国改革开放政策以及科技体制改革。改革开放以来，在我国同国外技术差距较大的情况下，随着我国对外贸易水平的提升，国际贸易和外商直接投资过程中的知识技术溢出效应以及模仿效应在一定程度上提升了我国的技术进步水平。另外，我国科技体制改革起始于1985年发布的《中共中央关于科学技术体制改革的决定》，但这一时期的改革处于试点探索阶段，改革成效并不显著，直到1999年国家提出建立国家创新体系并实施科教兴国战略，从根本上形成了促进科技成果转化创新机制，由此，我国科技结构及科技资源配置得以优化，亦推动了包括服务业在内的技术进步水平的逐步提升。

服务业规模效率改进水平在1990—2002年整体呈逐步上升趋势，并在1992年中共中央、国务院颁布《关于加快发展第三产业的决定》之后有短暂的快速上升，于1993年达到该时间段的最高峰。从2004年起，服务业规模效率改进下降为负值，并在2004—2017年一直保持在零水平以下，发展较为滞后。服务业配置效率改进在1990—2002年位于零水平以下，其同样在1992年服务业政策改革之后，在1992—1995年得到短暂提升，并从1997年起呈现出逐步下降的趋势。2004—2017年，服务业配置效率改进一直位于零水平以上，并在2008—2014年呈现出明显的上升趋势。服务业配置效率改进从2008年起呈现出不断上升的趋势，其原因在于2005年我国颁布的《国务院关于鼓励支持和引导个体私营等非公有制经济发展的若干意见》，推动了服务业非公有制经济发展，2007年和2008年国家分别颁布了《关于加快发展服务业的若干意见》和《关于加快发展服务业若干政策措施的实施意见》，这些政策措施的出台，从一定程度上推进了服务业配置效率改进在2008—2013年的缓慢提升。2013—2014年，服务业配置效率再次呈现出快速增长的趋势，其原因在于 2013 年服务业中的交通运输、仓储和邮政业，住宿和餐饮业，信息传输、计算机服务和软件业，房地产业，租赁和商务服务业几大行业的劳动投入相较于其他年份有了很大增加，劳动资源配置效率的改进，很大程度上提升了 2013 年整体服务业配置效率改进水平。由此可知，服务业在改革与创新方面的政策对服务业资源配置效率的提升起到了一定的推动作用，对效率改进水平的提升有所成效，但并不明显。2014—2017年，服务业配置效率改进水平开始呈现出下降趋势，说明我国在服务业领域出台的相关政策以及进行的体制改革对服务业配置效率改进水平的提升虽然发挥了一定的效用，但改革力度和成效有限，未能持续有效地推进服务业配置效率改进水平的不断提升，并充分发挥其对于服务业 TFP 增长的推动作用。另外，从图 5-1 可以发现，不论是 1990—2002 年还是 2004—2017 年，服务业配置效率改进与 TFP 增长趋势均相类似。可见，作为 TFP 的构成部分，服务业配置效率改进对 TFP 增长有着重要的影响力。

三 各行业 TFP 分解：异质性考察

为了对服务业内部结构演化及各行业间存在异质性的经验事实进行考察和分析，表 5-4 进一步列出了 1990—2017 年我国服务业各行业 TFP 指数及其分解部分的变化数据。

表 5-4 　　我国服务业各行业 TFP 指数及其分解部分的变化数据（1990—2017 年）

年份	行业	技术进步	技术效率	技术效率改进	规模效率改进	配置效率改进	TFP 增长率
1990—2002	地质勘查、水利管理	0.049559	0.125086	0.097502	0.071327	-0.095223	0.123164

续表

年份	行业	技术进步	技术效率	技术效率改进	规模效率改进	配置效率改进	TFP增长率
1990—2002	交通运输、仓储及邮电通信业	0.016161	0.369284	0.044615	-0.000880	-0.043494	0.016401
	批发和零售贸易、餐饮业	0.034422	0.523786	0.028543	-0.018592	-0.019731	0.024642
	金融保险业	0.056756	0.941981	0.002563	-0.011650	-0.021924	0.025744
	房地产业	0.014214	0.940722	0.002620	-0.040243	-0.069231	-0.092640
	社会服务业	0.043921	0.326653	0.050366	-0.006303	-0.058836	0.029148
	卫生、体育和社会福利业	0.052604	0.174775	0.080633	0.029825	0.004679	0.167741
	教育、文化艺术及广播电影电视业	0.034747	0.218396	0.069665	0.015277	-0.039959	0.079729
	科学研究和综合技术服务	0.067065	0.164885	0.083536	0.041582	-0.066049	0.126134
	国家机关、政党机关和社会团体	0.039104	0.292278	0.055631	0.023211	-0.047602	0.070344
2004—2017	交通运输、仓储和邮政业	0.024065	0.239827	-0.008699	-0.010419	-0.007708	-0.002762
	信息传输、计算机服务和软件业	0.024025	0.238300	-0.008738	-0.014328	0.003550	0.004508
	批发和零售业	0.027116	0.438330	-0.005032	-0.020658	0.038561	0.039986
	住宿和餐饮业	0.026190	0.157136	-0.011263	-0.015254	0.010756	0.010429
	金融业	0.026849	0.930592	-0.000437	-0.018993	0.054358	0.061777
	房地产业	0.020103	0.418443	-0.005315	-0.036409	-0.024359	-0.045980
	租赁和商务服务业	0.025326	0.218899	-0.009254	-0.032387	0.050665	0.034350
	科学研究、技术服务和地质勘查业	0.024819	0.224261	-0.009107	-0.023188	0.054253	0.046777

续表

年份	行业	技术进步	技术效率	技术效率改进	规模效率改进	配置效率改进	TFP增长率
2004—2017	水利、环境和公共设施管理业	0.020990	0.043400	-0.019029	-0.021793	-0.029289	-0.049120
	居民服务、修理和其他服务业	0.023369	0.341452	-0.006553	-0.014253	0.008856	0.011420
	教育	0.025708	0.203259	-0.009703	-0.000049	0.020864	0.036820
	卫生、社会保障和社会福利业	0.025474	0.177701	-0.010518	-0.017437	0.033747	0.031265
	文化、体育和娱乐业	0.022550	0.108127	-0.013525	-0.014044	0.019284	0.014264
	公共管理和社会组织	0.025445	0.265218	-0.008088	-0.011942	0.017578	0.022993

注：各行业的指数均是按各年份的几何平均数计算得出[①]。
资料来源：根据超越对数生产函数模型测算数据整理得出。

表5-4的数据结果表明：服务业各行业TFP及其分解部分在演化过程中存在较大的异质性。

第一，从各行业TFP增长率上看，生产性服务业内部各行业存在较大的异质性，交通运输、仓储和邮政业，信息传输、计算机服务和软件业，房地产业，水利、环境和公共设施管理业四大行业的TFP增长率十分低下，其中除了信息传输、计算机服务和软件业的TFP增长率略高于零水平，其余三大行业的TFP增长率均下降为负值，成为服务业内部生产率增长最为滞后的几大行业，而同样作为生产性服务业的金融业则发展较为迅速，TFP增长率为6%，成为服务业内部

---

① 到目前为止，学术界对生产类和生活类服务业的划分还没有统一标准，根据我国最新颁布的2019年《国民经济行业分类》《生产性服务业统计分类（2019）》《生活性服务业统计分类（2019）》，综合不同的统计口径和划分标准，本书将1990—2002年生产性服务业划分为（以各行业简称替代）：地、交、批、金、房、社、科，其余为生活性服务业。2004—2017年生产性服务业划分为：交、信、批、金、房、租、科、水，其余为生活性服务业。

生产率发展最为迅速的行业。相较而言，生活性服务业内部各行业生产率异质性较小，TFP 增长水平基本为 1%—3%。另外，从推动 TFP 增长的各构成部分上看，各行业技术进步明显高于技术效率改进水平，成为推动服务业 TFP 增长的主导力量。

第二，从各行业技术进步与技术效率变化趋势上看，1990—2002 年除了批发和零售贸易、餐饮业，金融保险业、房地产业 TFP 增长主要依靠技术进步，其他行业均依靠技术效率改进来推动 TFP 增长。而在 2004—2017 年，各行业技术效率改进下降为负值，技术进步相较于 1990—2002 年亦有所下降，但整体水平仍为正值，且明显高于技术效率改进，各行业推动 TFP 的主导力量由技术效率改进转变为技术进步。可见，随着我国服务业各行业的发展与演化，技术进步在转型过程中已逐步转变为推动我国服务业向集约化经济发展的核心因素。从各行业技术效率及其改进水平上看，1990—2002 年除了房地产业和金融保险业技术效率在 0.6 以上，其他行业年均技术效率水平基本为 0.1—0.5，各行业技术效率普遍较低；各行业技术效率改进在该时间段内普遍较高，大多位于 5% 以上，这在很大程度上推进了各行业技术效率水平的提升。2004—2017 年各行业技术效率水平总体有所提升，但行业间存在较大的异质性，其中金融业的技术效率水平达到了 93%，而水利、环境和公共设施管理业的技术效率水平仅为约 4%，二者之间相差了近 90%，其他各行业的技术效率则分布在 10%—45%，其中大多数生活性服务业技术效率水平基本处在 0.2—0.3 的较低水平，相较而言，各行业技术进步差异性较小，基本为 2% 的增长水平。各行业技术效率改进水平则整体较为滞后，所有行业的技术效率改进均在零水平以下，影响了各行业技术效率水平的进一步提升。

第三，从各行业规模效率改进与配置效率改进上看，各行业规模效率改进总体水平普遍低下，1990—2002 年除了地质勘查、水利管理业规模效率改进水平较高，其余行业规模效率改进水平整体较低，尤其是交通运输、仓储及邮电通信业，批发和零售贸易、餐饮业，金融保险业，房地产业以及社会服务业的规模效率改进均位于零水平以下，而这几大行业均为生产性服务业。2004—2017年，各行业规模效率改进水平进一步恶化，所有行业规模效率改进水平均下降为负值，整体改进水平滞后，成为服务业TFP水平提升的一大弱势。各行业配置效率改进在1990—2002年整体低下，除了卫生、体育和社会福利业略高于零水平，其他行业配置效率改进均位于零水平以下。2004—2017年，各行业配置效率改进水平整体有所提升，除了房地产业，水利、环境和公共设施管理业的配置效率改进仍位于零水平，其余各行业配置效率改进水平均提升为正值，在一定程度上推动了服务业TFP增长水平的提升。但是，从整体发展水平上看，各行业配置效率改进仍然较为低下，其中除了金融业，租赁和商务服务业，科学研究、技术服务和地质勘查业的配置效率改进略高于5%，其余行业的配置效率改进基本位于1%—3%的较低水平。可见，我国服务业的渐进式改革在一定程度上改善和提升了各行业资源的有效配置，但目前的改革力度尚不足以使行业配置效率成为推动我国服务业TFP增长的主动力。

图5-2反映了我国生产性及生活性服务业TFP及其构成部分在1990—2017年的增长趋势。从两大服务业类别的整体演化轨迹上看，1990—2002年，生产性和生活性服务业的TFP增长率、技术进步、技术效率改进均呈下降趋势，其中技术进步下降幅度最为明显，规模效率改进呈波动性的上升趋势，并在1997年上升为正值，两大服务业类别的配置效率改进在该时间段内整体较为低下，均位于零水平以下。相较而言，该时间段内生活性服务业TFP及其构成部分的增长水平要高于生产性服务业。在2004—2017年，生产性和生活性服务业的TFP增长率、技术进步、技术效率改进和规模效率改进相较于1990—2002年均有了很大幅度的下降，尤其是规模效率改进下降到零水平以下。两大服务业类别的配置效率改进在该时间段内有了

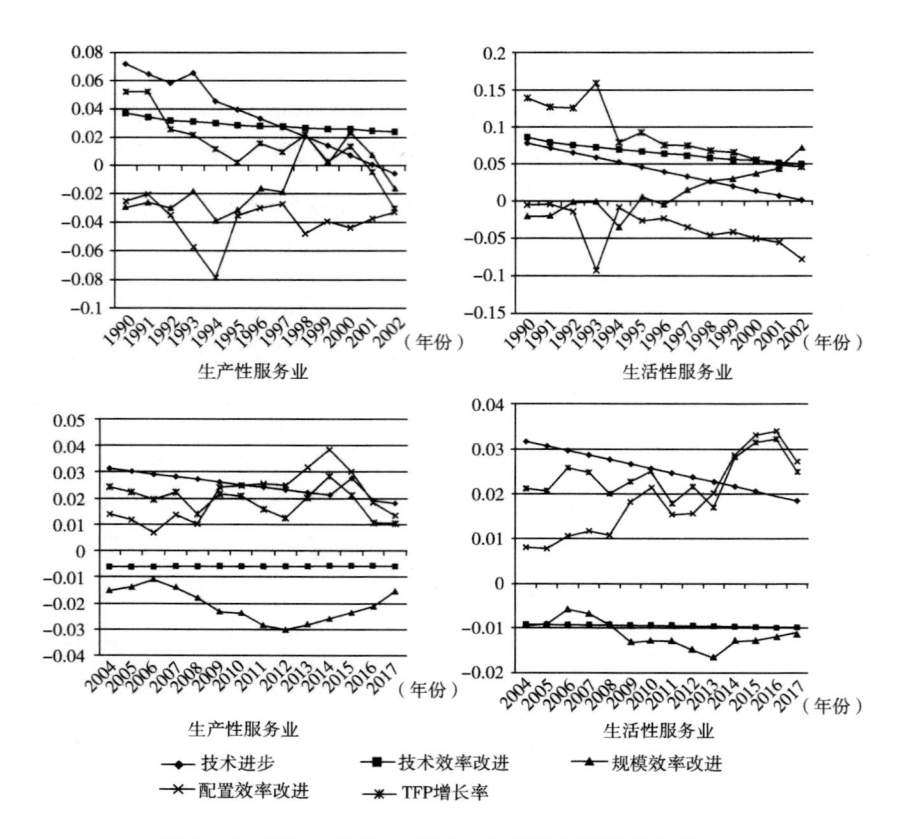

图 5-2　1990—2017 年我国生产性及生活性服务业 TFP
及其构成部分的增长趋势

资料来源：生产性服务业和生活性服务业各年指数是根据超越对数生产函数模型测算的行业数据，采用加权平均法整理得出，权重为各行业增加值占第三产业增加值的比重。

较大水平的提升，且逐步上升到零水平以上。另外，从 2004—2017 年生产性和生活性服务业 TFP 增长率及配置效率改进的演化轨迹上看，两大指数的变化趋势极为相似，这一结论与区域服务业 TFP 异质性演化分析中所得出的结论相同。可见，不论是从区域层面还是行业层面来看，随着我国服务业的发展，配置效率改进对服务业 TFP 增长均有着重要的推动作用。

第二节 各行业 TFP 异质性测度及其趋势特征分析

为了对服务业各行业 TFP 及其分解部分在发展过程的异质性程度和趋势特征进行分析。本节分别从绝对差异和相对差异两个层面对服务行业及其 TFP 构成部分的异质性变化幅度和趋势进行分析。

一 各行业 TFP 绝对差异测度与比较分析

在对行业间 TFP 及其构成部分异质性演化程度进行分析的过程中，本节采用标准差形式，分别对 1990—2017 年生产性服务业和生活性服务业行业间 TFP 及其构成部分的绝对差异进行比较分析，相关指标结果如表 5 – 5 所示。

表 5 – 5　1990—2017 年生产性服务业和生活性服务业 TFP 及其构成部分绝对差异测度

年份	生产性服务业								
	TFP 增长率		技术进步		技术效率改进		规模效率改进		配置效率改进	
	平均值	标准差	平均值	标准差	平均值	标准差	平均值	标准差	平均值	标准差
1990—2002	0.0151	0.0771	0.0341	0.0199	0.0290	0.0368	-0.0128	0.0444	-0.0391	0.0441
2004—2017	-0.0020	0.0424	0.0232	0.0258	-0.0030	0.0014	0.0012	0.0069	-0.0234	0.0300

年份	生活性服务业								
	TFP 增长率		技术进步		技术效率改进		规模效率改进		配置效率改进	
	平均值	标准差	平均值	标准差	平均值	标准差	平均值	标准差	平均值	标准差
1990—2002	0.0892	0.0601	0.0396	0.0093	0.0649	0.0125	0.0121	0.0164	-0.0365	0.0448
2004—2017	0.0097	0.0224	0.0290	0.0082	-0.0038	0.0004	-0.0009	0.0034	-0.0145	0.0213

资料来源：根据超越对数生产函数模型测算数据整理得出。

根据表 5-5 可知，在 1990—2002 年，生活性服务业 TFP 及其构成部分的平均增长率高于生产性服务业，且行业间的异质性除了配置效率改进差异程度与生产性服务业相当，其他指数在行业间的异质性均明显小于生产性服务业。可见，在服务业发展初期，由于我国市场经济改革，人民收入及生活水平有了很大提升，在一定程度上刺激了对高质量生活性服务业的追求，促使生活类服务业在市场竞争当中要求更高的技术进步和技术效率改进水平。因此，该时间段内生活性服务业的增长速度和质量均高于生产性服务业，且行业间差异程度较小。

在 2004—2017 年，生产性和生活性服务业的 TFP 增长率、技术进步、技术效率改进三大指数的平均增长率均有了不同程度的下降。其中，生产性服务业除了技术进步在行业间的差异程度有所扩大，其他两大指数的异质性均有所缩小，而生活性服务业三大指数在行业间的异质性相较于 1990—2002 年均有所缩小。在规模效率改进和配置效率改进方面，两大指数在行业间的差异程度均有所下降，其中生活性服务业两大指数在行业间的异质性仍然小于生产性服务业。但生活性服务业这两大指数在该时间段内均为负值，而生产性服务业规模效率改进在 2004—2017 年上升为正值，这在很大程度上归因于生产性分割和服务外包的发展，使生产性服务业逐步地从制造企业中分离出来，并在市场化过程中具有了一定的规模性特征。

总体而言，在整个考察期内，服务业各行业的 TFP 及其构成指数的增长水平呈下降趋势，但行业间的异质性亦有所下降，其中生活性服务业行业间的差异程度整体上要小于生产性服务业。

二 各行业 TFP 相对差异测度与比较分析

为了进一步显示服务业各行业之间异质性程度的变化趋势，本节对各行业的相对差异进行了测度分析。在对 TFP 及其构成部分相对差异测度的过程中，本节借鉴龚六堂和谢丹阳（2004）、王恕立和胡宗彪（2012）对产业相对差异程度指标的衡量方法，运用离差指标公式，对各行业在这几大方面所存在的相对异质性程度进行衡量，可得：

$$D = \left| \frac{2}{n^2 \bar{r}} \sum_{i=1}^{n} i(\hat{r}_i - \bar{r}) \right| \qquad (5-5)$$

其中，n 表示行业个数；$r_1, r_2, \cdots, r_n$ 表示各行业 TFP 及分解部分指数；$\hat{r}_1, \hat{r}_2, \cdots, \hat{r}_n$ 表示降序排列后的指数；$\bar{r}$ 表示几何平均值。在离差公式中，D 值越大，说明差异程度越大，若 D 值趋于 0，说明各行业几大指数趋于一致。根据式（5-5）可以计算出 1990—2017 年各行业 TFP 及其分解部分的差异程度及变化趋势，如图 5-3 所示。

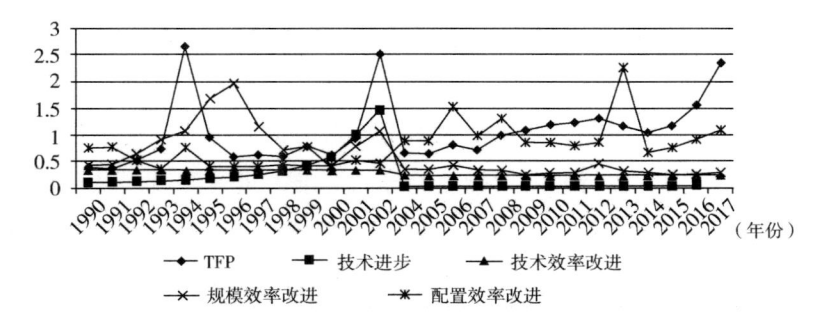

图 5-3 服务业各行业 TFP 及分解差异程度变化趋势（1990—2017 年）
资料来源：根据超越对数生产函数模型及离差公式测算数据整理得出。

由图 5-3 可知，从服务业各行业 TFP 及其分解部分指数变化趋势上看，TFP 差异程度为 0.37—2.65，技术进步差异程度为 0.04—1.46，技术效率改进差异程度为 0.24—0.35，规模效率改进差异程度为 0.24—1.95，配置效率改进差异程度为 0.37—2.24。相较而言，技术进步与技术效率改进差异程度在整个考察期上下波动幅度较小，其中技术进步差异度指数在 1990—2002 年呈逐步上升趋势，

2004年有所下降并基本保持在0.04的水平，技术效率改进差异度变化幅度微小，且呈逐步下降趋势。各行业配置效率改进差异指数在1990—2002年保持相对平稳状态，但从2002年起呈现出波动性的上升趋势。另外，2012—2013年，行业间配置效率改进差异指数突然呈现出快速的上升趋势，其原因在于2013年交通运输、仓储和邮政业，住宿和餐饮业，信息传输、计算机服务和软件业，房地产业，租赁和商务服务业的劳动投入的大量增加，提升了这几大行业的资源配置效率水平，但同时也拉大了服务业行业间配置效率改进的差异程度。规模效率改进差异指数在服务业发展初期波动较大，尤其是在1990—1996年和1997—2000年两个时间段呈现出明显的上升和下降趋势，直到2004年各行业规模效率改进差异度开始下降并保持相对平稳的状态。受其他指标影响，各行业TFP差异指数在1990—2004年波动较大，并分别在1994年和2002年达到两个高峰期，从2004年起各行业TFP差异指数波动有所变小，但呈逐步上升趋势。

为了进一步对各行业TFP及其分解部分的差异程度进行横向对比，本节分别对各行业几大指数差异的标准差进行测度。从几大指数差异波动程度上看，服务业TFP、技术进步、技术效率改进、规模效率改进以及配置效率改进标准差分别为0.61、0.67、0.04、2.37、0.41。根据测算结果并结合图5-3可知，几大指数中变化最大的是规模效率改进，其次是TFP和技术进步，技术效率改进差异波动程度最小。可见，在各行业演化过程中规模效率存在较大的异质性，而技术效率反映的是对现有资源和技术的挖掘利用，在短时间内产生较大波动的可能性较小。

三　各行业TFP异质性演化特征类型

为了进一步清楚地反映我国服务业内部结构异质性演化过程中

各行业 TFP 所呈现的发展特征，本节采用偏离—份额法对各行业在 TFP 异质性演化过程中的未来增长趋势和特征归类。根据偏离—份额法，可将其发展分为四大类：第一类，各行业在基期的 TFP 增长率高于服务业整体发展水平，考察期内仍然高于服务业整体发展水平，这类行业的发展可归为快速发展型；第二类，各行业在基期 TFP 增长率低于服务业整体发展水平，考察期内高于服务业整体发展水平，这类行业的发展可归为快速赶超型；第三类，在基期各行业 TFP 增长率高于服务业整体发展水平，考察期内低于服务业整体发展水平，这类行业的发展由初期的较高发展水平逐步进入减速阶段，归为减速发展型；第四类，基期内各行业 TFP 增长率低于服务业整体发展水平，考察期内仍然低于服务业整体发展水平，这类行业的发展总体竞争力较弱，归为滞后发展型。基于偏离—份额法，本节以 2004 年作为服务业发展基期，2004—2017 年作为考察期，可分别得出我国服务业各行业 TFP 增长率在 2004—2017 年的变化状况，结果如表 5-6 和表 5-7 所示。

表 5-6　　2004 年服务业各行业 TFP 增长状况

行业	TFP 增长率	行业	TFP 增长率
交通运输、仓储和邮政业	0.0144	水利、环境和公共设施管理业	-0.0100
信息传输、计算机服务和软件业	0.0089	居民服务、修理和其他服务业	0.0212
批发和零售业	0.0467	教育业	0.0345
住宿和餐饮业	-0.0008	卫生、社会保障和社会福利业	0.0230
金融业	0.0621	文化、体育和娱乐业	0.0181
房地产业	-0.0127	公共管理和社会组织	0.0239
租赁和商务服务业	-0.0081	服务业整体水平	0.0197
科学研究、技术服务和地质勘查业	0.0539		

注：服务业 TFP 整体增长水平是按各行业的几何平均数计算得出。
资料来源：作者根据超越对数生产函数模型测算数据计算整理得出。

由表 5-6 可知，我国服务业各行业在基年 2004 年的 TFP 增长中，服务业整体平均增长水平为 1.97%，其中，批发和零售业，金融业，科学研究、技术服务和地质勘查业，居民服务、修理和其他服务业，教育业，卫生、社会保障和社会福利业，公共管理和社会组织七大行业的 TFP 增长水平要高于服务业整体增长水平，其中生产性服务业和生活性服务业基本各占一半。

金融业，科学研究、技术服务和地质勘查业的 TFP 增长率明显高于服务业整体水平，而房地产业的 TFP 增长率远低于服务业整体水平，成为所有行业中 TFP 增长率最低的行业。我国房地产业的 TFP 增长率之所以明显滞后，其原因在于其发展过程中存在较低的规模效率和配置效率，我国自 1994 年和 1998 年"房改"以来，一定程度上推动了房地产业的发展，尤其是我国在 1998—2002 年对房地产业实施的五次扩张性宏观调控，促进了房地产业的快速发展。但是，在"投资热"中成长起来的众多房地产企业普遍存在规模小、布局分散、资质差等特征，并不具备资本密集型房地产业的规模效应，在产业规模和产业集中度上均无法与大型龙头房地产企业相竞争，容易受到经济波动影响而退出企业。另外，由于房地产领域发展过热所带来的投资过猛，使房地产价格持续上升，投机行为普遍，过度市场化带来的房地产投资扭曲和畸形，造成房地产领域配置效率低下，严重影响了 TFP 增长水平的提升。

表 5-7　　2004—2017 年服务业各行业 TFP 增长状况

行业	TFP 增长率	行业	TFP 增长率
交通运输、仓储和邮政业	-0.0028	水利、环境和公共设施管理业	-0.0491
信息传输、计算机服务和软件业	0.0045	居民服务、修理和其他服务业	0.0114
批发和零售业	0.0400	教育	0.0368
住宿和餐饮业	0.0104	卫生、社会保障和社会福利业	0.0313
金融业	0.0618	文化、体育和娱乐业	0.0143

续表

行业	TFP 增长率	行业	TFP 增长率
房地产业	-0.0460	公共管理和社会组织	0.0230
租赁和商务服务业	0.0344	服务业整体水平	0.0155
科学研究、技术服务和地质勘查业	0.0468		

注：服务业各行业 TFP 增长率是按各年几何平均数计算得出。
资料来源：笔者根据超越对数生产函数模型测算数据计算整理得出。

在表 5-7 中，2004—2017 年，我国服务业 TFP 整体增长水平为 1.55%，其中，批发和零售业，金融业，科学研究、技术服务和地质勘查业，教育，卫生、社会保障和社会福利业，公共管理和社会组织六大行业的 TFP 增长率仍然高于服务业整体水平，归属于服务业内部结构演化过程中行业发展类别中的第一类——快速发展型。租赁和商务服务业 TFP 增长率在发展基期滞后于服务业整体水平，但在考察期内超过服务业整体水平，成为服务业行业发展类别中的第二类——快速赶超型。居民服务、修理和其他服务业在发展初期 TFP 增长水平较高，逐步进入减速阶段，在考察期内低于服务业整体水平，成为行业发展类别中的第三类——减速发展型。交通运输、仓储和邮政业，信息传输、计算机服务和软件业，住宿和餐饮业，房地产业，水利、环境和公共设施管理业，文化、体育和娱乐业六大行业不论在基期还是考察期内，TFP 增长水平均低于服务业整体水平，成为行业发展类别中的第四类——滞后发展型，其中生产性服务业所占比重较大，这些行业成为我国服务业发展过程中竞争力弱的群体。另外，文化、体育和娱乐业 TFP 增长率虽然在基期和考察期均滞后于服务业整体水平，但二者差距很小，因此仍具有赶超的可能性。从表 5-8 可知，在我国服务业内部结构演化过程中，快速发展型和滞后发展型行业所占比重较大，行业间存在明显的不均衡性。

表 5-8　　2004—2017 年服务业各细分行业发展类型

发展类型	包含行业	服务类别	发展趋势特征
第一类：快速发展型	批发和零售业，金融业，科学研究、技术服务和地质勘查业，教育，卫生、社会保障和社会福利业，公共管理和社会组织	生产性和生活性服务业比重均等	初期 TFP 增长率高于服务业整体平均水平，发展过程中增长率始终高于服务业整体水平
第二类：快速赶超型	租赁和商务服务业	生产性服务业	初期 TFP 增长率低于服务业整体平均水平，发展过程中增长率逐步高于服务业整体水平
第三类：减速发展型	居民服务、修理和其他服务业	生活性服务业	初期 TFP 增长率高于服务业整体平均水平，发展过程中增长率逐步低于服务业整体水平
第四类：滞后发展型	交通运输、仓储和邮政业，信息传输、计算机服务和软件业，住宿和餐饮业，房地产业，水利、环境和公共设施管理业，文化、体育和娱乐业	生产性服务业为主	发展初期 TFP 增长率低于服务业整体平均水平，发展过程中增长率始终滞后于服务业整体水平

第三节　各行业 TFP 异质性对其行业发展差距影响分析

上文通过对行业层面服务业 TFP 及其构成部分的演化过程进行分析，证实了服务业各行业 TFP 在演化过程中存在明显的异质性。为了进一步考察我国服务业各行业 TFP 异质性对服务业行业间发展差距所造成的影响，本节对我国服务业各行业 TFP 演化及其异质性所产生的影响效果进行分析。在此，本节同样首先采用动态分布法对我国服务业各行业 TFP 以及要素投入的动态演化趋势进行分析；其次，采用方差分解法检验行业 TFP 异质性对行业发展差距的贡献度；最后，采用 VAR 协整检验和 VECM 模型对行业层面服务业

TFP 异质性与行业间服务业发展差距之间的长短期关系进行进一步剖析。

一 各行业 TFP 与行业发展差距动态分布分析

(一) 数据的收集与处理

在考查服务业各行业 TFP、要素投入以及产出在动态演化过程中的分布状况时，仍然采用马尔科夫链法对其进行比较分析。在各样本数据的收集与处理过程中，本节分别对 1992—2002 年服务业十个行业数据以及 2004—2017 年经调整后的服务业十四个行业数据进行分析，2003 年各行业增加值数据由于所使用的行业口径差别较大，为了尽量减少误差，在此将 2003 年的数据予以剔除。在相关数据的获取方面，首先，服务业各行业在考察期内的资本投入、劳动投入和 TFP 数据已在前文测算得出。其次，在要素投入方面，除了获取物质资本存量数据，还需要获取服务业人力资本存量数据。对于各行业人力资本的测度，本节同样采用包含劳动力质量的人力资本扩展模型来反映，对于行业间发展差距的测度，本节采用服务业各行业劳均 GDP 作为行业间发展差距的衡量指标，计算过程所需原始数据来源于相关年份《中国劳动统计年鉴》和《中国统计年鉴》。

(二) 结果分析

1. 各行业劳均 GDP 分布分析

在对各行业劳均 GDP 动态分布分析的过程中，首先用各行业劳均 GDP 分别除以所有行业的均值，以获得各行业相对劳均 GDP，其次根据各行业在 1992—2002 年和 2004—2017 年两个时间段内相对劳均 GDP 的整体水平，采用临界点 0.262、0.486 和临界点 0.385、0.746 分别将十个和十四个行业的劳均 GDP 观测样本划分为三种类型，以计算出各行业劳均 GDP 的转换概率矩阵，如表 5-9 所示。

表 5-9　　　　　1992—2002 年和 2004—2007 年各行业
　　　　　　　　　　劳均 GDP 转换概率矩阵

年份	类型	<0.262	0.262—0.486	>0.486
1992—2002	<0.262	0.857	0.095	0.048
	0.262—0.486	0.026	0.923	0.051
	>0.486	0.000	0.033	0.967
	遍历分布	0.060	0.607	0.333
年份	类型	<0.385	0.385—0.746	>0.746
2004—2017	<0.385	0.906	0.063	0.031
	0.385—0.746	0.022	0.956	0.022
	>0.746	0.000	0.020	0.980
	遍历分布	0.069	0.296	0.635

　　从表 5-9 可以看出，在 1992—2002 年，处于劳均 GDP 水平最低区间（<0.262）和劳均 GDP 水平最高区间（>0.486）的行业向相反方向转移的概率较小，分别为 14.3% 和 3.3%，位于中间层面的行业具有向两端转化的趋势，并且倾向于向提升其水平的区间转移，转移概率为 5.1%。从稳定状态下的遍历分布来看，各行业劳均 GDP 存在双峰收敛趋势，有 6.0% 的行业分布在低水平劳均 GDP 区间（<0.262），有 33.3% 的行业分布在高水平劳均 GDP 区间（>0.486），有 60.7% 的行业分布在中间层面（0.262—0.486）。由此可知，在我国服务业发展初期，我国服务业各行业劳均产出在长期动态演化过程中存在两极分化的态势，并倾向于向各行业劳均 GDP 较高水平的区间收敛，服务业行业间发展差距开始呈现出扩大趋势，但此时的两极分化态势并不十分明显。

　　在 2004—2017 年，处于相对劳均 GDP 水平最低区间（<0.385）和相对劳均 GDP 水平最高区间（>0.746）的行业向相反方向转移的概率要小于 1992—2002 年，分别为 9.4% 和 2.0%，位于中间层面的行业具有向两端转化的趋势，并且向两极区间转移的概率均为

2.2%。从稳定状态下的遍历分布来看，各行业劳均 GDP 存在明显的双峰收敛趋势，有6.9%的行业分布在低水平劳均 GDP 区间（<0.385），有63.5%的行业分布在高水平劳均 GDP 区间（>0.746），仅有29.6%的行业分布在中间层面（0.385—0.746）。可见，随着我国服务业的发展，各行业劳均产出在长期演化过程中向两极分化的态势逐步增强，并且有更多的行业向服务业劳均 GDP 高水平区间收敛，服务业行业间发展差距呈现出明显的扩大趋势。

2. 服务业 TFP 分布分析

在对服务业各行业 TFP 动态演化的分析过程中，首先将各行业 TFP 除以所有行业的均值，以获得各行业相对 TFP，其次根据各行业 TFP 整体水平，采用临界点 0.968、1.014 和临界点 0.972、1.025 分别将 1992—2002 年和 2004—2017 年两个时间段的服务业各行业劳均 GDP 的观测样本划分为三种类型。根据不同组别的经济增长类型，计算出服务业各行业 TFP 的转换概率矩阵，结果如表 5-10 所示。

表 5-10　1992—2002 年和 2004—2017 年各行业 TFP 转换概率矩阵

年份	类型	<0.968	0.968—1.014	>1.014
1992—2002	<0.968	0.667	0.333	0.000
	0.968—1.014	0.049	0.756	0.195
	>1.014	0.000	0.212	0.788
	遍历分布	0.036	0.502	0.462
年份	类型	<0.972	0.972—1.025	>1.025
2004—2017	<0.972	0.864	0.091	0.045
	0.972—1.025	0.091	0.818	0.091
	>1.025	0.000	0.105	0.895
	遍历分布	0.237	0.354	0.409

在1992—2002年，位于我国服务业 TFP 水平最低区间（<0.968）和最高区间（>1.014）的行业向相反方向转移的概率较小，分别

为 33.3% 和 21.2%。位于中间层面的行业存在向两端转移的趋势，并且向高水平区域转移的概率（19.5%）要明显高于向低水平区间转移的概率（4.9%）。从稳定状态下的遍历分布来看，各行业 TFP 存在双峰收敛趋势，有 3.6% 的行业分布在低水平 TFP 区间（<0.968），有 46.2% 的行业分布在高水平 TFP 区间（>1.014），有 50.2% 的行业分布在中间层面（0.968—1.014）。可见，我国服务业各行业相对 TFP 的转移概率及其遍历分布与各行业对劳均产出非常相似，都是在两极区间保持不变的概率较大，中间层面存在向两极分化的态势，说明我国服务业各行业 TFP 在演化过程中也呈现出差距扩大的趋势，并且这种扩大趋势的显著程度要高于各行业相对劳均产出。另外，1992—2002 年我国区域服务业劳均产出和 TFP 遍历分布的相关系数高达 90.0%，说明了该时间段内我国服务业行业生产率对服务业行业间发展差距有着重要的影响力。

在 2004—2017 年，处于劳均 GDP 水平最低区间（<0.972）和劳均 GDP 水平最高区间（>1.025）的行业向相反方向转移的概率仍然较小，分别为 13.6% 和 10.5%，位于中间层面的行业具有向两端转化的趋势，并且与行业劳均产出转化概率相类似，各行业 TFP 向两极区间转移的概率均为 9.1%。从稳定状态下的遍历分布来看，各行业劳均 GDP 存在明显的双峰收敛趋势，有 23.7% 的行业分布在低水平劳均 GDP 区间（<0.972），有 40.9% 的行业分布在高水平劳均 GDP 区间（>1.025），仅有 35.4% 的行业分布在中间层面（0.972—1.025）。可见，随着我国服务业的发展，各行业生产率与劳均产出在长期演化过程中均呈现出明显的两极分化态势，并且倾向于向高水平区间收敛。另外，2004—2017 年服务业劳均产出和 TFP 遍历分布的相关系数高达 95%，进一步反映出在整个考察期内，我国服务业 TFP 对行业间发展差距一直存在着重要的影响。

3. 各行业要素投入分布分析

为了进一步明确服务业各行业 TFP 差异性是否是造成行业间服

务业发展差距的主要原因,本节对各行业要素投入的动态分布状况进行考察,在获得各行业相对要素投入之后,根据行业要素投入整体水平分别选取临界点 0.558、2.221 和临界点 0.139、0.546,将 1992—2002 年和 2004—2017 年两个时间段各行业 TFP 的观测样本划分为三类,并由此计算出服务业各行业要素投入的转换概率矩阵,如表5-11 所示。

表 5-11　　　　1992—2002 年和 2004—2017 年各行业
相对要素投入转换概率矩阵

年份	类型	<0.558	0.558—2.221	>2.221
1992—2002	<0.558	0.980	0.020	0.000
	0.558—2.221	0.021	0.957	0.022
	>2.221	0.000	0.167	0.833
	遍历分布	0.060	0.459	0.481
年份	类型	<0.139	0.139—0.546	>0.546
2004—2017	<0.139	0.778	0.194	0.028
	0.139—0.546	0.037	0.963	0.000
	>0.546	0.000	0.020	0.980
	遍历分布	0.143	0.738	0.119

在各行业要素投入转换概率矩阵中,1992—2002 年,处于中间层面(0.588—2.221)的行业相对要素投入倾向于向两极转移,并且向两极转移的概率基本均等。从长期稳态状态下的遍历分布来看,集中在中间层面的行业占比为 45.9%,与其向高水平区间(>2.221)转移的概率持平(48.1%)。该时间段内行业要素投入向两极转移的概率总共达到 54.1%,并且各行业向高水平区间转移的概率明显高于向低水平区间(<0.558)转移的概率,这种动态演化趋势大体上与各行业劳均产出演化趋势相类似。另外,各行业要素投入与劳均产出遍历分布之间的相关系数为 80.0%,说明在改

革开放初期，服务业各行业要素投入的差异性对行业间发展差距的扩大亦产生了一定的影响效应，但影响效果要小于各行业生产率。

在2004—2017年，我国服务业各行业要素投入并未呈现出向两极转化的趋势，位于中间层面（0.139—0.546）的行业仅倾向于向低水平（<0.139）的区间转移，转移概率为3.7%。从遍历分布上看，位于中间层面的行业高达73.8%，向两极转移的概率总共仅占26.2%，并且各行业向低水平区间转移的概率高于向高水平区间（>0.546）转移的概率。服务业各行业的这种转移趋势与各行业劳均产出的转移趋势恰好相反，并且二者之间的相关系数为-0.149。由此可知，随着我国服务业的发展与演化，各行业的要素投入的差异性对各行业劳均产出差距的影响效应逐渐减弱，而最终并未成为导致我国服务业行业间发展差距扩大的主导因素。

二 各行业TFP异质性对行业发展差距贡献度分析

上文通过对我国服务业各行业劳均产出、TFP以及要素投入在演化过程中的分布状态的相似度进行判断，证实了各行业TFP是造成行业间服务业发展差距扩大的主要原因。为了对上述结论进行稳健性检验，本节进一步采用K-R方差分解法分析各因素对服务业行业间发展差距的贡献。

（一）TFP以及要素投入差距对各发展差距贡献度分析

在考察各因素对服务业行业间发展差距的贡献度时，仍然采用修正的索罗模型，将服务业各行业劳均产出方差分解为TFP和要素投入两部分，并由此判断这两大因素对服务业行业间发展差距贡献的大小。表5-12显示了由K-R方差分解法计算得出的1992—2017年我国服务业各行业TFP和要素投入对行业间发展差距的贡献度。由表5-12可知，在1992—2002年，除了1992年服务业行业要素投入对行业间发展差距贡献度为负值，其他时刻要素投入和 TFP 对行业间发展差距的贡献度均为正值,说明该时间段内两大因素均对服务业发展差距的扩大产生了影响,但其中 TFP 对行业间发展差距的贡献度明显高于要素投入,贡献度均在 60% 以上。2004—2017 年,各行业要素投入对行业间发展差距的贡献度均为负值,而 TFP 对行业间发展差距的贡献度则呈现出逐年增大的上升趋势。由此可知,不论从区域角度还是行业角度来看,在服务业改革初期,要素投入和 TFP 对于我国服务业发展差距的扩大均产生了影响效应,但随着服务业的发展,要素投入与服务业发展差距之间的关联度逐步降低,并转变为负值,而 TFP 则对服务业发展差距一直存在着较强的影响效应。

表 5-12 1992—2017 年我国服务业各行业 TFP 和要素投入对行业间发展差距的贡献度

年份	要素投入	TFP	年份	要素投入	TFP
1992	-0.017	1.017	2004	-0.096	1.096
1993	0.087	0.913	2005	-0.132	1.132
1994	0.164	0.836	2006	-0.220	1.220
1995	0.171	0.829	2007	-0.326	1.326
1996	0.207	0.793	2008	-0.334	1.334
1997	0.214	0.786	2009	-0.348	1.348
1998	0.232	0.768	2010	-0.372	1.372
1999	0.272	0.728	2011	-0.392	1.392
2000	0.282	0.718	2012	-0.356	1.356
2001	0.292	0.708	2013	-0.419	1.419
2002	0.324	0.676	2014	-0.474	1.474
均值	0.203	0.797	2015	-0.514	1.514
			2016	-0.482	1.482
			2017	-0.463	1.463
			均值	-0.352	1.352

从平均水平上看，1992—2002年，服务业各行业TFP对行业间发展差距的平均贡献为0.797，而要素投入的平均贡献度为0.203；在2004—2017年，各行业TFP对行业间发展差距的平均贡献上升到了1.352，而要素投入的平均贡献度则下降为-0.352。可见，在服务业各行业发展过程中，各行业TFP对行业间发展差距的贡献一直处于主导地位，说明服务业TFP是造成我国服务业行业间发展差距扩大的主要原因。

（二）TFP构成部分对各行业发展差距贡献度分析

在明确我国服务业TFP异质性是造成行业间发展差距扩大的主导因素之后，本节通过采用影响我国服务业发展差距的第二层因子分解贡献模型，进一步剖析在TFP构成部分中，驱动我国服务业行业间发展差距扩大的主要影响因素。类似于区域层面的分析方法，根据可导性对数方差分解法的基本原理，可将TFP差距中各要素贡献的方差分解为技术进步、纯技术效率和规模效率贡献三部分，并基于各行业TFP差异性对行业间发展差距的贡献度，分别测算出各行业技术进步、纯技术效率和规模效率差异性对行业间发展差距的贡献度，如表5-13所示。

表5-13　1992—2017年服务业各行业TFP构成部分对行业间发展差距的贡献度

年份	技术进步	纯技术效率	规模效率	综合技术效率	年份	技术进步	纯技术效率	规模效率	综合技术效率
1992	0.262	0.623	0.133	0.656	2004	0.361	0.627	0.108	0.659
1993	0.094	0.345	0.474	0.727	2005	0.354	0.796	-0.018	0.696
1994	0.271	0.193	0.371	0.480	2006	0.465	0.876	-0.121	0.664
1995	0.156	0.188	0.486	0.591	2007	0.686	0.735	-0.094	0.545
1996	0.227	0.257	0.309	0.487	2008	0.708	0.571	0.055	0.531
1997	0.091	0.186	0.509	0.616	2009	0.143	2.197	-0.999	1.113
1998	0.407	0.469	-0.107	0.284	2010	0.266	0.524	0.581	1.006

续表

年份	技术进步	纯技术效率	规模效率	综合技术效率	年份	技术进步	纯技术效率	规模效率	综合技术效率
1999	0.064	0.333	0.332	0.590	2011	0.721	0.248	0.423	0.573
2000	0.122	0.624	-0.027	0.520	2012	0.519	0.529	0.308	0.737
2001	0.043	0.737	-0.072	0.594	2013	0.250	0.964	0.204	1.066
2002	0.032	-0.026	0.671	0.579	2014	0.076	0.502	0.897	1.294
均值	0.161	0.357	0.280	0.557	2015	0.822	0.420	0.900	0.585
					2016	0.241	0.337	0.904	1.136
					2017	0.450	0.357	0.656	0.912
					均值	0.433	0.692	0.272	0.823

从表5-13可以看出，在TFP构成部分对行业间发展差距的贡献中，技术进步和综合技术效率改进对服务业发展差距的扩大均产生了推动作用，其中除了1998年、2007年、2008年、2011年、2015年技术进步对行业间发展差距的贡献度高于综合技术效率，其他年份的综合技术效率改进对行业间发展差距的贡献度均高于技术进步。另外，综合技术效率改进在1992—2017年整个时间段内，对于行业间发展差距的平均贡献度明显高于技术进步，说明综合技术效率改进是引发行业间发展差距扩大的主导因素。从纯技术效率和规模效率来看，在1993—1997年，规模效率对行业发展差距的贡献度一直高于纯技术效率，但从1998年起，规模效率的贡献度开始下降；1998—2017年，大部分时刻纯技术效率对行业间发展差距的贡献度要明显高于规模效率。从平均贡献度上看，1992—2002年规模效率的平均贡献度为0.280，略低于行业纯技术效率（0.357）；2004—2017年规模效率的平均贡献度为0.272，而纯技术效率的平均贡献度提升到了0.692。由此可知，综合技术效率是引起行业间发展差距扩大的主要原因，而纯技术效率改进是造成行业间发展差距扩大的主导因素。

三 各行业 TFP 异质性对行业间发展差距长短期效果分析

上文运用动态分布法和方差分解法对各行业 TFP 与行业间发展差距的动态演化关系进行了分析，本节采用 VAR 协整检验和 VECM 模型，对各行业 TFP 异质性作用于行业间发展差距的长短期影响效应进行进一步剖析。

(一) 服务业各行业 TFP 异质性影响效果分析

1. 长期效果分析

在对服务业各行业要素投入、TFP 以及劳均 GDP 的异质性程度测度的过程中，服务业各行业 TFP 异质性数值在前文已运用离差指标公式测算得出，对于服务业各行业要素投入以及劳均 GDP 差异性的衡量，本节采用变异系数法对其进行度量。在进行 VAR 协整检验之前，需要对获取的各变量数据进行平稳性检验，检验结果如表 5-14 所示。

表 5-14　各变量 ADF 平稳性检验结果

变量	检验类型 (c, t, k)	ADF 统计量	10%临界值	5%临界值	1%临界值	结论
$\ln GDP$	(c, t, 1)	-1.313	-2.655	-3.030	-3.831	不平稳
$\Delta\ln GDP$	(c, 0, 0)	-4.360***	-2.661	-3.040	-3.857	平稳
$\ln X$	(c, t, 1)	-3.005	-2.681	-3.081	-3.959	不平稳
$\Delta\ln X$	(c, 0, 0)	-3.672**	-2.681	-3.081	-3.959	平稳
$\ln TFP$	(c, t, 1)	-2.633	-2.655	-3.030	-3.832	不平稳
$\Delta\ln TFP$	(c, 0, 0)	-3.815**	-2.661	-3.040	-3.857	平稳

注：** 表示在5%的显著性水平下显著，*** 表示在1%的显著性水平下显著；检验类型为 (c, t, k)，其中 c, t, k 分别代表常数项、趋势项和滞后阶数，选择依据是 AIC 和 SC 最小准则。

由表 5-14 中的检验结果可知，三个变异系数原序列不具有平稳性，经过一阶差分以后，三个变量的 $I(1)$ 序列均具有平稳性，因此，可以采用 VAR 模型中的 Johansens 极大似然法对其进行协整检验，检验结果如表 5-15 中所示。

表 5-15　　Johansens 协整检验（迹统计量）检验结果

	协整向量个数	特征值	迹统计量	5%临界值	P 概率值
迹统计量	None*	0.977784	108.0541	29.79707	0.0000
	At most 1*	0.913748	47.14327	15.49471	0.0000
	At most 2*	0.391022	7.935566	3.841466	0.0048
最大特征值	None*	0.977784	60.91087	21.13162	0.0000
	At most 1*	0.913748	39.20771	14.26460	0.0000
	At most 2*	0.391022	7.935566	3.841466	0.0048

注：在协整检验时，滞后期根据 AIC 和 SC 最小准则选取为 4，*表示在 5%显著水平上拒绝零假设。

根据表 5-15 的检验结果可知，迹统计量和最大特征值均表明各行业劳均 GDP、要素投入以及 TFP 三个序列的变异系数之间存在协整方程。由此，标准化后的协整方程可表示为：

$$\ln GDP = 0.171\ln X + 0.973\ln TFP + EC_t$$
$$(0.018)\quad (2.017) \quad\quad\quad (5-6)$$

由式（5-6）可知，各行业服务业要素投入变异系数的估计值为 0.171，t 统计量为 0.018；区域服务业 TFP 变异系数估计值为 0.973，t 统计量为 2.017。式（5-6）说明了三个变量之间存在长期稳定的均衡关系，并且在服务业各行业要素投入和 TFP 演化过程中，行业要素投入与行业间发展差距同方向变化，要素投入变异系数每上升 1%，行业间发展差距扩大 0.171 个百分点；行业 TFP 异质性与行业间发展差距亦呈同方向变化，TFP 变异系数每上升 1%，行业间差距扩大 0.973 个百分点。由此可见，从行业层面来看，行业要素投入和 TFP 异质性均能够造成行业间发展差距的扩大化，但其中 TFP 异质性的影响效应要大于要素投入。

2. 短期效果分析

为了进一步考察服务业各行业要素投入、TFP 与服务业行业间发展差距的短期的动态关系，本节采用 VECM 模型对各变量在短期波动中的相互作用关系进行分析。根据无约束 VAR 模型中最优滞后阶数 3，可以确定行业层面服务业 VECM 模型中滞后阶数为 2。根据构建的 VECM 模型可得各变量系数估计结果，如表 5-16 所示。

表 5-16　　　　　　　　VECM 模型估计结果

方程	$\Delta \ln GDP$	$\Delta \ln X$	$\Delta \ln TFP$
$EC(-1)$	-0.018123* (-1.67490)	0.848368*** (14.4675)	-1.555609 (-0.94704)
$\Delta \ln GDP(-1)$	-0.411816 (-1.15163)	-0.531377*** (-10.2287)	2.916763** (2.00437)
$\Delta \ln GDP(-2)$	-0.134571 (-0.58391)	-0.101282*** (-3.02505)	0.881720 (0.94014)
$\Delta \ln X(-1)$	0.122380 (0.24673)	-0.146840** (-2.03782)	4.142515** (2.05232)
$\Delta \ln X(-2)$	0.027337 (0.05649)	0.653496*** (9.29557)	-3.039422* (-1.54341)
$\Delta \ln TFP(-1)$	0.144106* (1.31863)	0.218872*** (12.7406)	-0.211863 (-0.44026)
$\Delta \ln TFP(-2)$	0.123927 (1.02926)	0.189643*** (10.8419)	-1.103935** (-2.25305)
C	0.059214 (0.91522)	0.112210*** (11.9383)	-0.391609* (-1.48738)
R-squared	0.552648	0.975935	0.528415

注：括号中数据代表 t 值，* 表示在 10% 的显著性水平下显著，** 表示在 5% 的显著性水平下显著，*** 表示在 1% 的显著性水平下显著。

根据表 5-16 所示的模型估计结果可知，劳均 GDP 变异系数的调整系数约为 -0.018，其具有显著性，说明该模型具有良好的误差修正机制。将调整系数 -0.018 同乘以式（5-6）等式两边，可得行业层面各因素变量短期波动的误差修正方程：
$$-0.018EC_t(-1) = -0.018\ln GDP(-1) + 0.003\ln X(-1)$$
$$+ 0.018\ln TFP(-1) \quad (5-7)$$

由式（5-7）可知，在短期内两大因素对服务业行业间发展差距影响效应中，服务业要素投入和 TFP 异质性的增加均能够引起服务业行业间发展差距的扩大，影响系数分别为 0.003 和 0.018。具体来讲，服务业各行业要素投入异质性在滞后一期和滞后二期对行业间发展差距存在正向影响效应，但不具有显著；服务业 TFP 在滞后一期和滞后二期对行业间发展差距的扩大亦具有正向推动作用，其中滞后一期的影响效应具有显著性。对于服务业要素投入差异性而言，滞后一期和滞后二期的行业间发展差距对要素投入异质性具有显著的反向影响效应，滞后一期和滞后二期的服务业 TFP 异质性对要素投入异质性均具有显著的正向影响效应；对于服务业 TFP 异质性而言，滞后一期和滞后二期的服务业行业间发展差距对行业 TFP 异质性均具有正向影响效应，其中滞后一期的影响效果具有显著性，滞后一期的服务业要素投入异质性对行业 TFP 异质性具有显著的正向影响效应，滞后二期的服务业要素投入异质性对行业 TFP 异质性具有显著的反向影响效应。

（二）服务业各行业 TFP 构成部分异质性影响效果分析

上文通过 VAR 协整分析和 VECM 模型，证实了服务业各行业 TFP 和要素投入的异质性均能够引起服务业行业间发展差距的扩大，其中各行业 TFP 异质性是造成服务业行业间发展差距扩大的主要原因。为了进一步考察 TFP 构成部分对服务业行业间发展差距的影响效应，本节对服务业各行业要素投入、技术进步、技术效率与服务业行业间发展差距之间的长短期关系进行分析。

1. 长期效果分析

在协整检验之前，首先需要采用离差指标变异对服务业各行业技术进步和技术效率的异质性进行测度，并对各变量异质性数值进行 ADF 平稳性检验，检验结果如表 5-17 所示。

表 5-17　　各变量 ADF 平稳性检验结果

变量	检验类型（c, t, k）	ADF 统计量	10% 临界值	5% 临界值	1% 临界值	结论
$\ln GDP$	(c, t, 1)	-1.387	-2.650	-3.021	-3.809	不平稳
$\Delta \ln GDP$	(c, 0, 0)	-4.464***	-2.655	-3.030	-3.832	平稳
$\ln X$	(c, t, 1)	-3.307	-2.673	-3.066	-3.920	不平稳
$\Delta \ln X$	(c, 0, 0)	-3.699**	-2.673	-3.066	-3.920	平稳
$\ln TC$	(c, t, 1)	-3.028	-2.650	-3.021	-3.809	不平稳
$\Delta \ln TC$	(c, 0, 0)	-4.819***	-2.655	-3.030	-3.832	平稳
$\ln TE$	(c, t, 1)	-2.864	-2.650	-3.021	-3.809	不平稳
$\Delta \ln TE$	(c, 0, 0)	-5.850***	-2.655	-3.030	-3.832	平稳

注：**表示在5%水平上显著；***表示在1%水平上显著；检验类型为（c, t, k），其中 c, t, k 分别代表常数项、趋势项和滞后阶数，选择依据是 AIC 和 SC 最小准则。

由表 5-17 检验结果可知，各变量的变异系数的 $I(1)$ 序列具有平稳性，因此可以采用 VAR 模型中的 Johansens 极大似然法对各变量的协整关系进行检验，检验结果如表 5-18 所示。

表 5-18　　Johansens 协整检验（迹统计量）检验结果

	协整向量个数	特征值	迹统计量	5% 临界值	P 概率值
迹统计量	None*	0.838233	71.41491	47.85613	0.0001
	At most 1*	0.690915	36.80450	29.79707	0.0066
	At most 2	0.495500	14.49585	15.49471	0.0703
	At most 3	0.075731	1.496288	3.841466	0.2212
最大特征值	None*	0.838233	34.61041	27.58434	0.0053
	At most 1*	0.690915	22.30865	21.13162	0.0340
	At most 2	0.495500	12.99956	14.26460	0.0784
	At most 3	0.075731	1.496288	3.841466	0.2212

注：在协整检验时，滞后期根据 AIC 和 SC 最小准则选取为 2，*表示在5%显著水平上拒绝零假设。

由表 5-18 的协整检验结果可知，迹统计量和最大特征值均表明变量之间存在协整关系，并且服务业劳均 GDP、要素投入、技术进步以及技术效率四个序列的变异系数之间至少存在两个协整方程，标准化后的最优协整方程可表示为：

$$\ln GDP = 0.827\ln X + 0.147\ln TC + 1.889\ln TE + EC_t(-1)$$
$$(0.341) \quad (0.208) \quad (1.855) \quad (5-8)$$

由式（5-8）可知，服务业要素投入变异系数的估计值为 0.827，t 统计量为 0.341；技术进步变异系数估计值为 0.147，t 统计量为 0.208；技术效率变异系数为 1.889，t 统计量为 1.855。由式（5-8）可知，在各变量长期稳定均衡关系中，服务业要素投入、技术进步以及技术效率的异质性与服务业行业间发展差距均呈同方向变动，要素投入变异系数每上升 1%，行业间差距扩大 0.827 个百分点；技术进步变异系数每上升 1%，行业间差距扩大 0.147 个百分点；技术效率变异系数每上升 1%，行业间差距扩大 1.89 个百分点。因此，从三大因素对行业间发展差距影响效应的显著程度和估计系数上看，技术效率的影响效应要大于要素投入和技术进步。可见，在服务业生产率作用于服务业行业间发展差距的长期影响效用中，技术效率异质性是造成服务业行业间发展差距不断扩大的主要原因。

2. 短期效果分析

在各因素变量短期动态变化关系中，根据无约束 VAR 模型中最优滞后阶数，可以确定 VECM 模型中的滞后阶数为 2。根据构建 VECM 模型可得各变量系数估计结果，如表 5-19 所示。

表 5-19　　　　　　　　VECM 模型估计结果

方程	$\Delta\ln GDP$	$\Delta\ln X$	$\Delta\ln TC$	$\Delta\ln TE$
$EC(-1)$	0.188887* (1.49078)	-0.016137 (-0.12913)	-3.751427** (-2.12614)	-2.178997 (-0.70760)

续表

方程	$\Delta\ln GDP$	$\Delta\ln X$	$\Delta\ln TC$	$\Delta\ln TE$
$\Delta\ln GDP\ (-1)$	-0.488930 (-0.65666)	0.169429 (0.70080)	-8.962069 *** (-2.62551)	-11.93337 ** (-2.00311)
$\Delta\ln GDP\ (-2)$	-0.208053 (-0.24738)	1.077056 *** (3.94411)	-4.688190 (-1.21594)	-9.646114 * (-1.43350)
$\Delta\ln X\ (-1)$	0.012492 (0.01967)	0.070264 (0.34075)	1.506719 (0.51753)	9.195348 ** (1.80969)
$\Delta\ln X\ (-2)$	-0.655953 (-1.06907)	0.339791 * (1.70553)	-0.648285 (-0.23047)	-6.474678 (-1.31886)
$\Delta\ln TC\ (-1)$	-0.005983 (-0.04486)	-0.021062 (-0.48638)	1.175960 ** (1.92336)	1.598648 * (1.49816)
$\Delta\ln TC\ (-2)$	0.038310 (0.24593)	-0.142069 *** (-2.80873)	0.701814 (0.98272)	2.029735 * (1.62849)
$\Delta\ln TE\ (-1)$	0.080842 (0.90190)	-0.067104 ** (-2.30559)	0.896064 ** (2.18058)	1.385397 ** (1.93172)
$\Delta\ln TE\ (-2)$	0.000816 (0.01187)	-0.107015 *** (-4.79475)	0.368453 (1.16924)	0.506906 (0.92169)
C	0.042267 (0.64332)	0.036544 * (1.71302)	-0.017484 (-0.05805)	-0.211238 (-0.40184)
R-squared	0.626190	0.879851	0.725528	0.636031

注：括号中数据代表 t 值，* 表示在 10% 的显著性水平下显著，** 表示在 5% 的显著性水平下显著，*** 表示在 1% 的显著性水平下显著。

由表 5-19 所示的模型估计结果可知，劳均 GDP 变异系数的调整系数约为 0.189，且具有较好的显著性，说明该模型具有一定的误差修正机制。将调整系数 0.189 同乘以式（5-8）等式两边，可得各变量短期波动对服务业行业间发展差距的误差修正方程：

$$0.189EC_t\ (-1) = 0.189\ln GDP\ (-1) - 0.156\ln X\ (-1)$$
$$- 0.028\ln TC\ (-1) - 0.357\ln TE\ (-1) \quad (5-9)$$

由式（5-9）可知，在短期内，服务业要素投入、技术进步以及技术效率异质性的增加均能够引起服务业行业间发展差距的扩大，影响系数分别为 0.156、0.028 和 0.357。具体来讲，服务业要素投入异质性在滞后一期对行业间发展差距扩大具有正向影响效应，滞后二期对服务业行业间发展差距具有反向影响效应，两个时期内的影响效应均不显著；服务业技术进步在滞后一期对服务业行业间发展差距具有反向影响效应，滞后二期对行业间发展差距扩大具有正向影响效应，两个时期的影响效应亦不具有显著性；服务业技术效率异质性在滞后一期和滞后二期对服务业行业间发展差距的扩大均具有不显著的正向推动作用。对于服务业要素投入差异性而言，滞后期内的服务业行业间发展差距对要素投入异质性具有正向影响效应，其中滞后二期的影响效应具有很强的显著性；服务业技术进步和技术效率异质性在滞后期内对要素投入异质性均具有反向影响效果，其中滞后二期的技术进步和技术效率的影响效应具有很强的显著性。对于服务业技术效率异质性而言，滞后期内的服务业行业间发展差距对服务业技术效率异质性具有较强的反向影响效应，要素投入异质性在滞后一期对服务业技术效率异质性具有较强的正向影响效应，在滞后二期具有不显著的反向影响效应；技术进步异质性在滞后期内对技术效率异质性具有较为显著的正向影响效应。

第四节　本章小结

本章采用 1990—2017 年行业面板数据，对我国服务业各行业的 TFP 增长率进行了分解和测度，从技术进步、技术效率改进、规模效率改进和配置效率改进视角对各行业 TFP 演化过程中的异质性程度、趋势特征以及对行业间发展差距的影响效果进行了分析，结果表明：

第一，在服务业各行业 TFP 及其构成部分的演化分析中，从总体演化趋势上看，不论服务业产业整体还是内部各行业，技术进步已逐步成为推动其 TFP 增长的核心；TFP 增长率、技术进步和技术效率改进在服务业发展初期均保持较高水平，但在服务业发展过程中呈不断下降趋势；各行业技术效率水平在发展过程中有所提升，但大多数生活性服务业技术效率仍处在较低水平；规模效率改进和配置效率改进水平在整个考察期内均较为低下，尤其是配置效率改进水平基本位于零水平以下，发展极为缓慢。从生产性和生活性服务业的演化轨迹上看，1990—2002 年，生活性服务业的 TFP、技术进步、技术效率改进增长水平均明显高于生产性服务业。在 2004—2017 年，生活性服务业技术进步和 TFP 增长仍高于生产性服务业，但技术效率改进和规模效率改进则开始滞后于生产性服务业。两大服务业类别的配置效率改进在整个考察期均十分低下，并且相较而言，生产性服务业配置效率改进的滞后性更为明显。

第二，在服务业各行业 TFP 及其构成部分异质性演化趋势特征的分析中，生产性服务业和生活性服务业各行业 TFP 及其构成部分演化过程中的异质性呈下降趋势，并且相较而言，生活性服务业行业间的差异程度要明显小于生产性服务业。各行业 TFP 及其构成部分异质性演变趋势的对比进一步说明，几大指数中异质性变化幅度最大的是规模效率改进，其次是 TFP 和配置效率改进，技术进步和技术效率改进差异性波动程度最小。各行业 TFP 在异质性演化过程中呈现出四类发展特征，即以生产性和生活性服务业比重均等的快速发展型、以租赁和商务服务业为代表的快速赶超型、以居民服务、修理和其他服务业为代表的减速发展型、以生产性服务业为主的滞后发展型，其中快速发展型和滞后发展型行业所占比重较多。

第三，在服务业各行业 TFP 异质性作用于服务业行业间发展差距的影响效果分析中，服务业各行业 TFP 与劳均产出在动态分布过程中均呈现出向两极转化的收敛态势，而各行业要素投入则呈现出与劳均产出差异较大的分布态势；通过 K-R 方差分解发现，各行业 TFP 演化异质性对于服务业行业间发展差距的贡献度要高于要素投入，其中 TFP 构成部分中的综合技术效率的贡献份额要高于技术进步。由此可以判断出，服务业 TFP 演化的异质性是造成行业间发展差距扩大的主要原因，并且综合技术效率是其中的主导因素。服务业各行业要素投入异质性、TFP 异质性与行业间发展差距的长短期关系分析进一步表明，不论在长期还是短期内，各行业要素投入、TFP、技术进步和技术效率异质性均能够对行业间发展差距的扩大产生影响，其中 TFP 在长短期内的影响效应均具有显著性；技术效率的长期影响效应具有显著性，而短期内不具有显著性；要素投入和技术进步在长短期内均不具有显著性。

第六章 引致服务业 TFP 异质性演化的因素及其效应实证分析

第四章和第五章分别从区域和行业层面考察了我国服务业 TFP 的演化过程，验证了其演化过程中的异质性程度、趋势特征以及对于服务业发展差距的影响效果。研究结果表明，我国服务业 TFP 演化过程中的异质性是造成我国区域和行业间服务业发展差距的主导因素，它在很大程度上决定了我国区域间服务业和服务业各行业增长差距的收敛程度。因此，在明确了 TFP 异质性对我国区域和行业间服务业增长差距起着决定性作用之后，有必要进一步对引致我国服务业 TFP 异质性演化的影响因素及其效应进行剖析，考察是哪些因素造成我国区域和行业间服务业 TFP 增长的差异性，其影响效果和机制路径如何。明确了这些内容，便可采取相应的对策措施缩小区域和行业这些方面的差异，进而缩小区域服务业和服务业各行业间的发展差距，实现服务业的协调可持续发展。本章基于第三章对于 TFP 异质性的影响因素数理分析所得出的研究结论，通过考察各因素对服务业技术效率的作用机制，对引致我国区域和行业间服务业 TFP 异质性演化的各因素及其影响效应进行进一步实证检验。具体内容分为四个层面：首先，研究消费者偏好、人力资本、政府干预倾向、研发能力和国际溢出渠道变量等直接作用于服务业技术效率的影响效用；其次，考察分析在吸收能力调节作用下，各因素对服务业技术效率的作用机制和途径；再次，考察分析在技术结构与吸收能力的双重调节作用下，各因素对服务业技术效率的作用机制和途径；最后，基于理论分析中作为中间投入品的服务业增长效应，对我国服务业与制造业之间的产业关联度进行分析。

第一节 主要因素变量的选取与说明

在分析各因素变量的影响效应之前，首先要对引致服务业 TFP 异质性演化的各因素指标进行选取，本章认为导致区域和行业间服务业 TFP 异质性发展与演化的主要原因，一方面在于各区域和行业初始资源禀赋的不同，使发展初期的区域与行业间本就存在着一定程度的差异性；另一方面在于改革开放以来，各区域和行业在发展过程中的市场化程度、对外开放、人力资本积累以及科技水平等因素的差异性，造成了区域和行业间服务业 TFP 演化的异质性。那么，各经济因素对服务业 TFP 增长的影响效应和作用机制究竟是怎样的？如何合理利用这些关键效应和机制途径？为了清楚地回答这些问题，本章将影响服务业 TFP 增长的关键性因素变量引入生产函数方程，对引致我国服务业 TFP 异质性演化的各因素影响效应及其机制路径进行深入剖析。在各影响因素指标的选取上，基于第三章数理分析中对引致服务业 TFP 异质性演化的各影响因素的理论分析，本章对各影响因素的效应和作用机制进行实证检验，在对第三章所得出的研究结论进行验证的同时，对各因素变量作用于服务业 TFP 增长的效用程度进行进一步考察。具体的变量指标如下。

在对外开放方面：进口贸易、出口贸易、外商直接投资（FDI）和对外直接投资（ODI）等渠道所产生的国际溢出效应，对于服务业 TFP、技术进步和技术效率的提升起着至关重要的作用。这一点早在新经济和新贸易理论中，Coe 和 Helpman（1995）、Lichtenberg

和 Potterie（1998）等就对此进行了证实，认为在国际贸易过程中拥有初始较高 R&D 资本的发达国家与发展中国家之间的互动，能够带动发展中国家技术进步和技术效率水平的提升，从而使发展中国家在经济增长中获益。

在国际溢出效应吸收能力方面：在发展中国家获取知识和技术溢出效用的过程中，获取方式和成果是限制或推动其经济增长和生产率提高的一个关键层面，这便涉及 Cohen 和 Levinthal（1989）首次提出的重要因素：吸收能力。对于吸收能力的选取和测定的文献大多聚焦于人力资本方面，葛小寒、陈凌（2009）以及汪曲（2012）选取制度因素、人力资本、研发比重和技术差距以及四大变量的综合变量作为吸收能力的衡量标准，对经济贸易过程中的国际溢出效应进行了考察。基于服务业发展的特质和数据的可获得性，本章选取人力资本[①]、制度因素、研发比重、城市化率、贸易开放度、技术差距以及吸收效应的综合变量作为考察我国服务业国际技术溢出效应吸收能力的衡量指标。

在技术结构效用方面：在对国际先进知识和技术溢出进行吸收、消化、转化和利用的过程中，各区域技术结构被视作国际溢出效应的成本（Basu 和 Weil，1998），成为决定溢出效应成效的又一关键。一个经济体的技术结构包括两个方面：技术装备程度和技术水平。对于低等技术水平而言，其主要与手工工具以及半自动化机械相对应；而对于高等技术水平而言，其涉及的是自动化机械以及计算机控制。由于高等技术水平代表的是尖端技术和高资本密集度，加大对于高等技术的投入能够提升高等技术与低等技术的投入比，从而带来高等技术设备生产效率水平的提高。但如果一味地加大高等技术设备的研发投入而忽略低等技术水平，技术结构的不合

---

① 在内生经济增长理论中，人力资本对于 TFP 的增长分为直接效用和间接效用两个层面，本章在构建服务业内生经济增长模型的过程中已对其进行了分析。此处的人力资本指标主要反映的是其间接效应。

第六章 引致服务业 TFP 异质性演化的因素及其效应实证分析

适亦会使低等技术水平大幅度下降，从而造成技术效率的损失并阻碍整个经济效率的提升。因此，在对高等技术增加研发投入的同时，除了考虑自身技术设备效率的提高，还要考虑高等技术研发投入的增加对低等技术产生的挤出效应。合理的技术结构必须在提升高等技术设备效率水平的同时，增加对于低等技术的外部正效应，促进低等技术效率水平的改进和提高，才能使其成为经济增长的驱动器（Romer，1990），进而避免技术的偏差和技术效率损失（Jones，1995a，1995b，2002）。因此，一个合理的技术结构能够驱动经济 TFP 的持续增长，而不合理的技术结构即使在引进先进技术的情况下，依旧会抑制技术溢出的扩散效应，拉大同发达地区之间的技术差距，从而导致技术效率损失和偏差。

在其他影响服务业 TFP 演化的指标选取方面：除了以上已选取的各项衡量指标体系，本章另外选取政府消费性支出、政府财政支出、人力资本[①]存量、国内研发资本存量作为衡量政策演变作用于区域服务业 TFP 发展成效的指标。

在考察各因素变量影响效用及其作用机制的过程中，本章分别从因素直接影响效用、单因素调节效应以及多因素调节效用三大层面，深入剖析各变量在引致区域服务业 TFP 异质性演化过程中的影响效应与机制路径。首先，在各因素直接影响效应分析中，本章将考察人力资本、政府支出和研发能力等国内因素，以及进出口贸易、FDI、ODI 等国际因素直接作用于服务业 TFP 的影响效应；其次，引入吸收能力调节变量，考察在吸收能力单因素调节效应下，进出口贸易、FDI 以及 ODI 几大国际溢出渠道作用于服务业 TFP 的影响效应；最后，进一步引入技术结构调节变量，考察技术结构与吸收能力双重调节效用下，各国际溢出渠道作用于服务业 TFP 的影响效应。本章将基于此分析框架，对各因素变量作用于服务业 TFP

[①] 相较于吸收能力，此处的人力资本反映的是其作用于服务业 TFP 增长的直接效应。

的影响效应和机制路径进行实证检验。

第二节 引致区域服务业 TFP 异质性演化的因素及其效应分析

一 测度方法与数据处理

(一) 测度方法

在分析各因素对服务业 TFP 增长的影响效用时,本章借鉴 Caudill 和 Gropper (1995) 对于生产函数外在环境可观测变量的处理方法,让各观测变量直接影响生产前沿的随机部分,即在随机前沿生产函数的技术无效方程中分别引入各影响因素,形成因素变量与技术无效的联合模型,通过考察各因素对服务业技术效率的作用机制,反映其作用于服务业 TFP 的影响效应。其随机前沿生产函数模型的一般形式为:

$$Y_{it} = f(x_{it}, t) \exp(v_{it} - u_{it}) \quad (6-1)$$

其中,Y_{it} 为实际产出;$f(x_{it}, t)$ 为前沿生产函数,代表完全效率时最大经济产出;x_{it} 为要素投入;u_{it} 为非负随机变量,是技术无效项,服从 $iidN(\mu, \sigma_u^2)$ 削峰正态分布;$\exp(v_{it} - u_{it})$ 表示实际产出对最大产出的偏离,v_{it} 为随机误差项,表示由于经济波动及统计误差等因素所造成的随机扰动。i 和 t 分别代表服务业各省份和年份。技术无效方程可表示为:

$$u_i = g(z_i) + \varepsilon_i \quad (6-2)$$

其中,$g(z_i)$ 表示非负函数,$\varepsilon_i \sim N^+(0, \sigma_\varepsilon^2)$,$z_i$ 代表技术效率影响因素,式 (6-1) 可拓展为:

$$\ln y_{it} = \ln f(x_{it}, t) + v_{it} - u_{it}(z_{it}) \quad (6-3)$$

在对技术效率影响因素进行测度分析的过程中,通常采用的方法包括两步估计法和一步估计法。由于两步估计法在测算过程中存在明显的计量缺陷①，本章在分析各因素对区域服务业技术效率影响效用时采用一步估计法进行估算，一步估计法是直接将技术效率影响因素包含进生产函数分析框架，对随机前沿生产函数和技术无效方程进行联合估计，将所有的测算任务一次完成。

在技术无效方程的构建过程中，本章根据三大层面的分析目标，以逐层推进的方式对其进行设定。

第一个层面，各因素变量直接作用于服务业技术效率的影响效应分析。在此模型构建中，本章将人力资本、政府干预倾向、研发能力、国际溢出渠道等经济变量分别引入技术无效方程，考察各经济变量直接作用于服务业技术效率的影响效应。其中，国际溢出渠道包括：进口贸易、出口贸易、FDI 和 ODI；政府干预倾向包括政府财政支出和政府消费比重两大方面，具体模型设定为：

$$u_{it} = \delta_0 + \delta_1 CP_{it} + \delta_2 HC_{it} + \delta_3 GC_{it} + \delta_4 GE_{it} + \delta_5 R\&D_{it}^d + \delta_6 R\&D_{it}^{f-im}$$
$$+ \delta_7 R\&D_{it}^{f-ex} + \delta_8 R\&D_{it}^{f-fdi} + \delta_9 R\&D_{it}^{f-odi} + W_{it} \qquad (6-4)$$

其中，CP_{it} 为消费者偏好；HC_{it} 为直接效用的人力资本；GC_{it} 为政府消费比重；GE_{it} 为政府财政支出；$R\&D^d$ 表示国内研发资本存量；$R\&D^{f-im}$、$R\&D^{f-ex}$、$R\&D^{f-fdi}$、$R\&D^{f-odi}$ 分别表示进口贸易、出口贸易、FDI 和 ODI 过程中溢出的国际研发资本存量。

第二个层面，吸收能力调节效用下的国际溢出效应。基于式 (6-4)，针对国际研发资本存量溢出部分，采用交互项方式引入吸收能力变量，考察吸收能力调节作用下，国际溢出效用对区域服务业技术效率的作用机制和途径，构建模型如下：

$$u_{it} = \delta_0 + \delta_1 CP_{it} + \delta_2 HC_{it} + \delta_3 GC_{it} + \delta_4 GE_{it} + \delta_5 R\&D_{it}^d + \delta_6 R\&D_{it}^{f-im}$$

---

① 两步估计法在测量的过程中存在明显的计量缺陷：首先，在第一阶段的估计中是不考虑环境变量的，这样会导致对于生产函数参数的部分估计具有偏差性，同时对于由此得出的技术效率的估计亦存在偏差性（Caudill, Ford 和 Gropper, 1995）；其次，第二阶段在对技术效率进行回归分析中，技术无效项随外部环境变量变动，这便与随机前沿生产函数模型中技术无效项同分布的假定相矛盾（王志刚，2006）。

$$+\delta_7 R\&D_{it}^{f-ex} + \delta_8 R\&D_{it}^{f-fdi} + \delta_9 R\&D_{it}^{f-odi} + \delta_{10} G_{it} + \delta_{11} G_{it} \times R\&D_{it}^{f-im}$$
$$+\delta_{12} G_{it} \times R\&D_{it}^{f-ex} + \delta_{13} G_{it} \times R\&D_{it}^{f-fdi} + \delta_{14} G_{it} \times R\&D_{it}^{f-odi} + W_{it}$$
$$(6-5)$$

其中，G_{it} 代表吸收变量，分别包括间接效用的人力资本、制度因素、研发比重、城市化率、贸易开放度、技术差距以及由这几项相乘所得的吸收效应的综合变量。

第三个层面，技术结构与吸收能力双重调节下的国际溢出效用。基于式 (6-5)，采用交互式方法引入技术结构变量，进一步考察在技术结构和吸收能力双重调节作用下，国际溢出效用对区域服务业技术效率的作用机制和途径，具体模型为：

$$u_{it} = \delta_0 + \delta_1 CP_{it} + \delta_2 HC_{it} + \delta_3 GC_{it} + \delta_4 GE_{it} + \delta_5 R\&D_{it}^d + \delta_6 R\&D_{it}^{f-im}$$
$$+\delta_7 R\&D_{it}^{f-ex} + \delta_8 R\&D_{it}^{f-fdi} + \delta_9 R\&D_{it}^{f-odi} + \delta_{10} G_{it} + \delta_{11} J_{it} + \delta_{12} G_{it}$$
$$\times R\&D_{it}^{f-im} + \delta_{13} G_{it} \times R\&D_{it}^{f-ex} + \delta_{14} G_{it} \times R\&D_{it}^{f-fdi} + \delta_{15} G_{it}$$
$$\times R\&D_{it}^{f-odi} + \delta_{16} J_{it} \times R\&D_{it}^{f-im} + \delta_{17} J_{it} \times R\&D_{it}^{f-ex} + \delta_{18} J_{it}$$
$$\times R\&D_{it}^{f-fdi} + \delta_{19} J_{it} \times R\&D_{it}^{f-odi} + \delta_{20} G_{it} \times J_{it} + \delta_{21} G_{it} \times J_{it}$$
$$\times R\&D_{it}^{f-im} + \delta_{22} G_{it} \times J_{it} \times R\&D_{it}^{f-ex} + \delta_{23} G_{it} \times J_{it} \times R\&D_{it}^{f-fdi}$$
$$+\delta_{24} G_{it} \times J_{it} \times R\&D_{it}^{f-odi} + W_{it} \qquad (6-6)$$

其中，J_{it} 代表技术结构变量。

（二）数据的收集与处理

在数据收集和处理方面，主要涉及两个方面：一个是服务业投入产出数据，另一个是服务业效率增长影响因素数据。基于数据完整性和可获得性，本章选取 2003—2017 年各省份相关数据进行分析。

1. 服务业投入产出数据

产出数据采用第三产业增加值作为度量服务业产出的指标。数据来源于 2004—2018 年《中国统计年鉴》，并将所有数据根据 "第三产业增加值指数" 换算为 2003 年不变价。投入数据中的劳动力投入指标分别取自 2004—2009 年各省份统计年鉴中第三产业就业人员数据以及 2010—2018 年《中国劳动统计年鉴》中的各省份第三产业从业人员数。资本投入数据采用永续盘存法对服务业各行业的物质资本存量进行估算，起点时刻（2003 年）的资本存量采用稳态方法进行估算，对于当年投资额采用各省份服务业固定资产投资数据，并通过价格指数将其折算成 2003 年实际值，缩减指数采用固定资产价格指数，固定资本折旧率为 4%，估算出的固定资本折旧数据通过固定资产价格指数折算成实际值。

2. 消费者偏好

对于消费者偏好的测度，鲍晓华和金毓（2013）在对消费者异质性作用于中国出口贸易的模型分析中，论证了人均收入的差异性是造成消费者偏好的重要影响因素。陈波和贺超群（2013）以及高新（2015）等在对消费者偏好的影响效用的实证分析中，同样证实了工资收入作为消费者偏好测度指标的可行性。在此，本章借鉴已有研究成果对于消费者偏好的测度方法，采用各省份服务业人均收入作为消费者偏好的衡量指标，数据来源于 2004—2018 年《中国统计年鉴》。

3. 政府干预倾向

政府消费比重是根据支出法所获取的 GDP 数值中，政府消费支出数额占最终消费额的比重所估算的数值。其中，2003—2004 年数据取自《中国国内生产总值核算历史资料（1952—2004）》，2005—2017 年数据取自相关年份《中国统计年鉴》。政府财政支出由行政经费支出增长率占人均 GDP 的比重来表示，数据取自 2004—2018 年《中国统计年鉴》。

4. 服务业研发能力

服务业研发能力由国内服务业研发资本存量表示，由于官方统计资料中缺乏对于各省份的服务业研发资本存量数据，本章分三步对此部分数据进行估算。

首先，收集和处理历年全国研发资本存量，计算方法为：$SD_t = (1-\delta) SD_{t-1} + RD_t$，其中，$SD_t$ 和 SD_{t-1} 为当年和上一年的全国研发资本存量；δ 为研发资本折旧率，在此本章采用 Coe 和 Helpman（1995）根据时间序列法对研发数据进行回归所得出的研发资本折旧率5%；RD_t 为全国历年研发支出，用固定资产价格指数将其折算成2003年实际值；基年研发资本存量计算方法为：$SD_{2003} = RD_{2003}/(g+\delta)$，其中，$RD_{2003}$ 为2003年的全国实际研发支出，g 为在考察期内以对数形式表示的各年实际研发支出的增长率平均值，本章测算出的2003—2017年实际研发支出平均增长率为2.36%。

其次，用国内生产总值价格指数和第三产业增加值指数将全国和第三产业 GDP 折算成实际值，以第三产业实际增加值与全国实际 GDP 间的比值作为权重，用该权重乘以全国研发资本存量即可得到服务业各年实际研发资本存量。

最后，分别用全国第三产业和各区域第三产业增加值指数将全国和各区域服务业增加值折算成实际值，以各区域服务业实际增加值与全国服务业实际增加值之间的比值作为权重，用该权重分别乘以各年服务业实际研发资本存量即可得到各省份各年服务业实际研发资本存量，计算过程所需原始数据取自相关年份《中国科技统计年鉴》。

5. 服务业国际研发资本存量

国际研发资本存量分别包括进口贸易、出口贸易、外商直接投资以及对外直接投资所带来的知识和技术溢出效应。根据我国同其他国家之间的主要经济往来流向，基于数据的完整性与可获得性，本章以美国、英国、德国、日本、加拿大、新加坡、韩国等作为获取国际研发资本存量的考察对象。对于各省份所获取的服务业国际研发资本存量，本章同样分三步对其进行估算。

第一，本章借鉴王英、刘思峰（2008）对国际研发资本存量的测算方法对全国所获取的国际研发资本存量进行测算：我国在进口贸易过程中所获得的国际研发资本存量（$R\&G^{f-im}$）可表示为：

其一，$RD_i^{f-im} = \sum_{j\neq i} \frac{x_{ij}}{y_j} S_j^d$，其中，$RD_i^{f-im}$ 为进口贸易所获取的研发资本存量，x_{ij} 为本国 i 从其他国家 j 进口的商品量；y_j 是国家 j 的 GDP；S_j^d 是国家 j 所拥有的研发资本存量。其二，我国在出口贸易过程中所获得的国际研发资本存量（$R\&G^{f-ex}$）可表示为：$RD_i^{f-ex} = \sum_{j\neq i} \frac{x_{ij}}{y_j} S_j^d$，其中，$RD_i^{f-ex}$ 为出口贸易所获取的研发资本存量，x_{ij} 为本国 i 向其他国家 j 出口的商品量；y_j 是国家 j 的 GDP；S_j^d 是国家 j 所拥有的研发资本存量。其三，我国在外商直接投资过程中所获得的研发资本存量（$R\&G^{f-fdi}$）可表示为：$RD_i^{f-fdi} = \sum_{j\neq i} \frac{f_{ij}}{k_j} S_j^d$，其中，$RD_i^{f-fdi}$ 为 FDI 国际研发资本存量；f_{ij} 为国家 j 对我国的直接投资；k_j 为国家 j 的国内固定资本形成总额；S_j^d 是国家 j 的研发资本存量。其四，我国在对外直接投资过程中所获得的研发资本存量（$R\&G^{f-odi}$）可表示为：$RD_i^{f-odi} = \sum_{j\neq i} \frac{o_{ij}}{k_j} S_j^d$，其中，$RD_i^{f-odi}$ 为 ODI 逆向溢出所获取的国际研发资本存量；o_{ij} 为我国向国家 j 进行的直接投资；k_j 为国家 j 的国内固定资本形成总额；S_j^d 是国家 j 的研发资本存量。

第二，在估算出全国在国际经济贸易过程中所获取的研发资本存量之后，以折算成 2003 年实际值的第三产业占全国进出口贸易、FDI 以及 ODI 比重作为权重，分别估算第三产业通过四种途径所获取的国际研发资本存量。

第三，以折算成 2003 年实际值的各省份占全国进出口贸易、FDI 以及 ODI 比重作为权重，分别估算出各省份通过四种途径所获取的服务业国际研发资本存量。以上计算过程中所需原数据分别取自相关年份《国际统计年鉴》《中国商务年鉴》《中国对外经济统计年鉴》《中国对外直接投资统计公报》和各省份统计年鉴。

6. 吸收能力

吸收能力包括人力资本、制度因素、研发比重、城市化率、贸易开放度、技术差距和综合变量 7 个方面。各指标具体测算方法如下。

一是人力资本。对于各区域人力资本的测度，本章借鉴李古成（2009）的方法，以包含劳动力质量的人力资本扩展模型来反映教育变量，具体模型可表示为：$H_i = e^{\varphi(E_i)}$，其中，H_i 代表人力资本扩展模型中的劳动力变量，即人力资本；$\varphi(E_i)$ 表示接受 E 年正规教育的劳动力所产生的生产效率；$\varphi'(E_i)$ 表示劳动者多接受一年正规教育所能够提高的生产效率比率，即明瑟工资教育收益率。根据中国教育统计口径，我国劳动力平均受教育程度可划分为：文盲及半文盲、小学、初中、高中、大专及以上，根据我国各学年制的实际情况，可将各省份平均受教育程度所对应的受教育年限分别设定为：0 年、6 年、9 年、12 年及 15.5 年，由此即可计算出各省份劳动力平均受教育年限。对于受教育程度的明瑟收益率的确定，本章根据 Psacharopoulos（1994）等经济学家对世界上大多数国家教育收益率进行测算所获取的研究数据，即正规教育为 0—6 年、6—12 年、12 年以上的系数可分别确定为 0.18、0.134 和 0.151。由此即可计算出各省份人力资本存量，计算过程所需原数据取自相关年份《中国劳动统计年鉴》及各省份统计年鉴。

二是制度因素。制度因素用市场化改革来表示，测度方法为各地区服务业非国有单位就业人员占总体就业人员的比重，数据来源于相关年份《中国统计年鉴》。

三是研发比重。研发比重由历年各省份的实际研发支出占全国研发支出的比重来表示，数据来源于相关年份《中国科技统计年鉴》。

四是城市化率。城市化率由各省份历年非农业人口以及城镇人口占总人口的比重表示，数据来源于相关年份《中国人口统计年鉴》与《中国统计年鉴》。

五是贸易开放度。贸易开放度由历年各省份进出口商品额占各省份 GDP 的比重表示，数据来源于相关年份《中国贸易外经统计年鉴》。

六是技术差距。在各省份技术差距的测度过程中，由于技术效率指的是在一定技术水平下所能够获取的最优投入产出，其反映的是对于现有资源及技术的挖掘和利用情况。因此，同陈羽、邝国梁（2009）一样，本章通过服务业技术效率差距来衡量各省份服务业技术水平差异，即：$\Delta TE_{it} = \max TE_{jt} - TE_{it}$。其中，$\Delta TE_{it}$ 表示各省份与技术边界的技术差距；$\max TE_{jt}$ 为技术边界，由我国最发达地区的技术效率表示；TE_{it} 为各省份各年技术效率水平。

七是综合变量。吸收效应综合变量由人力资本、制度因素、研发比重、城市化率、贸易开放度以及技术差距几大因素联合相乘来获取。

二　各因素影响效应实证分析

（一）各因素变量直接影响效应分析

在第一层面技术无效方程的构建中，本章分别引入消费者偏好、人力资本、政府消费比重、政府财政支出、研发能力、进出口贸易、FDI 和 ODI 几大因素，分析其直接作用于服务业技术效率的影响效应。根据 Frontier 4.1 对随机前沿生产函数与技术无效方程的联合估计，得出实证结果如表 6-1 所示。

表6-1 各影响因素下中国服务业随机前沿生产函数及技术无效方程估计值

方程模型	名称	参数	估计系数	标准差	t 值
超越对数生产函数估计	常数项	β_0	-3.869103	0.921802	-4.197324***
	$\ln L_{it}$	β_1	0.236778	0.385359	0.614435
	$\ln K_{it}$	β_2	1.602226	0.413222	3.877402***
	$(\ln L_{it})^2$	β_3	-0.188033	0.078175	-2.405268**
	$(\ln K_{it})^2$	β_4	-0.171884	0.057574	-2.985460***
	$(\ln L_{it})(\ln K_{it})$	β_5	0.288867	0.126527	2.283056**
	$(\ln L_{it})t$	β_6	-0.029254	0.012874	-2.272274**
	$(\ln K_{it})t$	β_7	0.013686	0.011627	1.177043
	t	β_8	0.078117	0.048037	1.626191
	t^2	β_9	-0.005639	0.001626	-3.467832***
技术无效方程估计	常数项	δ_0	1.555090	0.129828	11.978061***
	CP_{it}	δ_1	-0.499923	0.066175	-7.554609***
	HC_{it}	δ_2	-0.181824	0.025982	-6.998084***
	GC_{it}	δ_3	-0.216171	0.198703	-1.087907
	GE_{it}	δ_4	-0.001158	0.002425	-0.477620
	$(R\&D^d)_{it}$	δ_5	-0.000307	0.000062	-0.948113
	$(R\&D^{f-im})_{it}$	δ_6	-0.000063	0.000025	-2.544288***
	$(R\&D^{f-ex})_{it}$	δ_7	0.000006	0.000004	1.354079
	$(R\&D^{f-fdi})_{it}$	δ_8	-0.002791	0.003555	-0.785065
	$(R\&D^{f-odi})_{it}$	δ_9	-0.000023	0.000018	-1.259827
	σ^2		0.019152	0.001657	11.557341***
	γ		0.013262	0.000005	0.002700***
	Log 似然函数值				156.600***
	LRt 单边检验				192.260***

注：**表示在5%的显著性水平下显著，***表示在1%的显著性水平下显著；LR 为似然比检验统计量。

资料来源：根据超越对数生产函数模型测算数据整理得出。

根据表 6-1 的测算结果可知，SFA 模型中大部分参数统计检验为显著，模型回归效果较好，γ 值为 0.013，且 LR 检验通过了显

著性和 χ^2 分布检验，说明我国区域服务业发展过程中存在着技术无效性，且误差项存在着明显的复合结构。各影响因素的检验结果如下。

第一，消费者偏好在技术无效方程中的影响系数约为 -0.4999，并具有很高的显著性，说明消费者偏好对于提升区域服务业技术效率水平有着很强的推动作用。消费者偏好能够在服务业 TFP 增长过程中提升其均衡增长率。随着经济的发展，国民的需求和幸福指数逐步发展成为和 GDP 一样重要的指标，真实地反映着一国的经济社会运行状况以及人民的生活状态，收入差距等因素通过影响民众幸福感和消费行为来影响一国的经济发展。Kirchsteiger（2006）、Hermalin 和 Isen（2008）等在对一国经济发展的重要影响因素的研究中发现，消费者偏好与出口贸易、城市化率等经济指标均有着积极的正相关性。本章在对消费者偏好作用于中国服务业生产率的影响效应的分析中，同样证实了国内民生需求的多元化对于我国服务业经济增长有着重要的推动作用。

第二，人力资本在技术无效方程中的影响系数约为 -0.1818，且具有很高的显著性，说明人力资本的直接效用对于提升区域服务业技术效率起着很重要的作用，进而推动了区域服务业 TFP 增长。具备先进技术、特定能力和高层次知识水平的人力资本是知识积累的重要组成部分，周晓艳、韩朝华（2009）在分析我国区域经济增长要素中指出，政策环境和激励因素等造成的劳动要素不顺畅流动，会影响劳动资源配置效率以及技术效率水平，而劳动力市场的扭曲和知识存量的差异是造成我国区域经济增长失衡的重要原因。胡鞍钢、熊义志（2000）同样在分析中国 30 个省份经济差异性增长中发现，物质资本对于差异性的解释不到 19%，而超过 80% 则归因于人力资本等无形因素。本章关于人力资本的直接效应分析亦验证了人力资本的积累对于区域服务业 TFP 增长同样有着很关键的推动作用。

第三，政府消费比重和政府财政支出在技术无效方程中的影响系数分别约为 -0.2162 和 -0.0012，但均不具有显著性，说明政府对于区域服务业技术效率水平的提高虽具有正的影响效应，但效果并不显著。根据第三章理论分析所得出的研究结论，政府部门在服务业领域的支出效用能够提升服务业 TFP 增长水平。本章所得出的实证结果与第三章所提出的初步判断一致，即政府的支出效应对服务业技术效率能起到一定的推动作用，但影响效应程度有限，并不具有显著性。我国政府在服务业领域的支出效应虽为正但并不显著的原因可以归结于两个方面：首先，根据"瓦格纳法则"，随着人们对公共物品的需求弹性的提高，政府部门在卫生、社会保障和社会福利业以及公共设施管理业等领域的投入应相应地增加。但就目前而言，我国政府部门的服务仍主要限定在国防、行政管理领域，在非市场化的教育、医疗、社会福利等方面的投入较少。其次，对于许多地方政府而言，其倾向于通过"做项目"的方式来推动地区产业的发展。这对于相对较容易标准化的工业品而言，政府部门可以根据从产品到销售过程中所产生的参数和标准化信息来制定产业政策，而在服务业发展过程中，服务产品创新价值与质量的评判难以通过参数方式将其进行刻画，导致一些地方政府在制定产业政策过程中，由于缺乏足够的产业信息而容易出现投入大量资金却获得产业发展低效率的偏差。因此，我国政府部门在服务业领域的消费和支出虽然能够对提升服务业技术效率水平起到一定效果，但程度有限。

第四，国内研发资本存量在技术无效方程中的影响系数为 -0.0003，对于服务业技术效率具有正的影响效应，但并不显著。改革开放以来，我国主要通过从发达国家引进先进技术的方式推动国内技术进步，随着我国经济和科技水平的不断提高，提高技术进步水平的方式已逐步由国外引进转向自主研发和创新。但是，通过自主研发的方式提升技术水平需要一个复杂和漫长的过程，因此我国在技术进步获取途径转型的过程中，仍以国外先进技术的引进为主。另外，在研发投入方面，改革开放初期我国资本和技术均相对落后，国家在推进工业化进程中将大量资金主要投入到工业研发领域，而在服务业领域则研发投入不足、技术水平滞后，并且由于研发和生产存在时间上的滞后性，即使在服务业产生少量的技术研究成果，其转化率也较低，自身积累的研发资本存量并不能很好地提升技术效率水平。根据第三章的研究结论，开放经济条件下研发资本存量的增加，应能够提高服务业 TFP 增长水平。但基于实证结果可知，就我国服务业目前的研发能力而言，现有研发生产力并不足以产生足够的研发资本存量来带动我国区域服务业技术效率和生产率水平的提升。

第五，在国际溢出作用于我国服务业技术效率的影响下，进口贸易、FDI 和 ODI 产生的国际溢出效应对技术效率具有正向的影响效应，其中进口贸易对于技术效率水平的提升具有很强的显著性，而 FDI 和 ODI 对于技术效率水平虽能产生正向效应，但效果并不显著，其原因在于在缺乏一定吸收能力和合理技术结构的情况下，会影响并减弱国际研发资本存量的获取。可见，从国际知识和技术溢出对区域服务业技术效率直接影响效应上看，只有进口贸易能够显著促进我国服务业技术效率水平的提升。

（二）吸收能力调节效用下的影响效应分析

在第一层技术无效方程中，本章分析了国际溢出直接作用于服务业技术效率的影响效用。在第二层面技术无效方程中，本章依次在模型 1 至模型 7 中引入几大吸收能力变量，运用 Frontier 4.1 对加入交互项后的联合方程进行估计，考察吸收能力调节作用下国际溢出对我国区域服务业技术效率的作用机制和途径。另外，由于考察的自变量和调节变量均为连续变量，为了消除主效应与交互效应间的多重共线性问题，需要对自变量和调节变量数据进行中心化处理（Aiken，West，1991），最终实证结果如表 6-2 所示。

表 6-2　引入吸收能力的服务业随机前沿生产函数技术无效方程估计值

方程模型	名称	模型 1 人力资本	模型 2 制度	模型 3 研发比重	模型 4 城市化率	模型 5 贸易开放	模型 6 技术差距	模型 7 综合变量
超越对数生产函数估计	常数项	4.830*** (3.539)	−2.254** (−2.519)	−0.061 (−0.055)	3.498*** (3.128)	1.156 (1.583)	−5.837*** (−6.524)	6.081 (0.212)
	$\ln L_{it}$	0.031 (0.096)	−0.050 (−0.106)	−0.047 (−0.109)	−0.178 (−0.568)	0.019 (0.057)	1.290*** (5.479)	0.227 (0.608)
	$\ln K_{it}$	0.064 (0.159)	1.193*** (2.596)	0.838* (1.891)	0.250 (0.676)	0.677* (1.911)	0.989*** (3.140)	−0.286 (−0.682)
	$(\ln L_{it})^2$	−0.179*** (−2.709)	−0.043 (−0.555)	−0.100 (−1.198)	−0.175* (−1.925)	−0.141* (−1.682)	−0.006 (−0.092)	−0.155** (−2.177)
	$(\ln K_{it})^2$	−0.097** (−2.091)	−0.081 (−1.435)	−0.094 (−1.573)	−0.114* (−1.910)	−0.113* (−1.878)	0.017 (0.323)	−0.048 (−0.807)
	$(\ln L_{it})(\ln K_{it})$	0.301*** (2.809)	0.123 (1.012)	0.199 (1.505)	0.332** (2.362)	0.251* (1.871)	−0.098 (−0.830)	0.229* (1.870)
	$(\ln L_{it})t$	−0.028*** (−2.704)	−0.013 (−1.167)	−0.021** (−2.081)	−0.021* (−1.779)	−0.033** (−2.449)	−0.004*** (−0.276)	−0.021* (−1.739)
	$(\ln K_{it})t$	0.007 (0.897)	0.016 (1.393)	0.027*** (2.894)	0.008 (0.699)	0.027** (2.271)	−0.003 (−0.327)	0.005 (0.471)
	t	0.100*** (2.864)	−0.065 (−1.312)	−0.093* (−1.853)	0.012 (0.282)	−0.008 (−0.194)	0.048*** (4.678)	0.098** (2.279)
	t^2	−0.004*** (−2.645)	−0.003** (−2.305)	−0.005*** (−2.717)	0.001 (0.459)	−0.006*** (−3.166)	−0.003* (−1.809)	−0.006*** (−4.015)

第六章　引致服务业 TFP 异质性演化的因素及其效应实证分析　193

续表

方程模型	名称	模型 1 人力资本	模型 2 制度	模型 3 研发比重	模型 4 城市化率	模型 5 贸易开放	模型 6 技术差距	模型 7 综合变量
	常数项	0.577** (2.131)	0.811*** (3.512)	0.022*** (12.943)	1.359** (2.151)	1.633*** (12.045)	0.767*** (16.036)	0.132 (0.105)
	CP_{it}	−0.555*** (−13.234)	−0.201*** (−3.278)	−0.515*** (−10.881)	−0.002 (−0.033)	−0.069* (−1.823)	−0.026 (−1.167)	−0.602*** (−13.692)
	HC_{it}	−0.086* (−1.878)	−0.170*** (−6.999)	−0.178*** (−6.508)	−0.189*** (−4.105)	−0.195*** (−6.357)	−0.037** (−2.447)	−0.001** (−2.407)
	GC_{it}	−0.130 (0.133)	−0.148 (−0.682)	−0.069 (−0.284)	−0.014 (0.099)	−0.220 (−1.044)	0.014 (0.174)	0.004 (0.005)
	GE_{it}	0.118 (1.498)	−0.0002 (−0.067)	0.0004 (0.132)	0.001 (0.151)	0.001 (0.425)	0.0009 (0.825)	0.001 (0.398)
技术无效方程估计	$(R\&D^d)_{it}$	−0.005 (0.429)	−0.0002 (−2.586)	−0.003*** (−4.567)	−0.0002** (−2.251)	−0.0003** (−2.461)	−0.0002 (7.182)	−0.0004 (0.496)
	$(R\&D^{f-im})_{it}$	−0.003*** (−9.453)	−0.0001*** (−4.089)	−0.0004 (−1.012)	−0.0001* (−1.697)	−0.0006 (−1.231)	−0.0004*** (−5.478)	−0.0002 (−0.563)
	$(R\&D^{f-ex})_{it}$	0.0002*** (3.173)	0.011* (1.809)	0.0002 (0.390)	0.0009 (0.425)	0.0002*** (3.781)	0.0003 (0.700)	0.0001 (0.921)
	$(R\&D^{f-fdi})_{it}$	0.005** (2.432)	−0.026*** (8.444)	−0.006 (−1.459)	0.006 (0.429)	−0.006 (−1.277)	0.007*** (3.149)	−0.004 (−0.378)
	$(R\&D^{f-odi})_{it}$	0.019 (0.054)	−0.0002 (−1.503)	−0.0002 (−1.103)	0.0004 (0.124)	−0.0003*** (−2.773)	0.0005 (0.386)	−0.0003 (−0.961)

续表

方程模型	名称	模型1 人力资本	模型2 制度	模型3 研发比重	模型4 城市化率	模型5 贸易开放	模型6 技术差距	模型7 综合变量
	G_{it}	−0.086* (−1.878)	0.926*** (4.289)	−0.795 (−1.133)	−0.270 (−0.102)	−0.143 (−1.559)	2.288*** (2.465)	−0.003 (−0.003)
	$(R\&D^{f-im})_{it} \times G_{it}$	−0.061 (−0.940)	0.026 (0.320)	0.0003 (0.024)	0.081 (0.919)	−0.026* (−1.683)	−0.144*** (−11.223)	0.016 (0.146)
	$(R\&D^{f-es})_{it} \times G_{it}$	0.089*** (3.201)	−0.182 (−1.438)	−0.029 (−1.297)	−0.021 (−0.111)	−0.097*** (−2.841)	0.069*** (2.708)	0.016 (0.022)
	$(R\&D^{f-fdi})_{it} \times G_{it}$	−0.021 (−0.325)	0.297*** (6.011)	0.051** (1.973)	−0.066 (−0.780)	−0.055 (0.712)	0.023** (2.070)	−0.013 (−0.023)
	$(R\&D^{f-odi})_{it} \times G_{it}$	−0.0005 (−0.021)	−0.036 (−1.426)	0.001 (0.110)	0.0124 (0.293)	−0.025 (−1.326)	0.008 (1.413)	−0.012 (−0.033)
技术无效方程估计	σ	0.033*** (4.818)	0.018*** (12.326)	0.018*** (8.706)	0.020*** (5.849)	0.019*** (11.027)	0.004*** (12.395)	0.037*** (7.653)
	γ	0.129*** (4.753)	0.162*** (12.682)	1.000*** (10.182)	0.037*** (10.286)	0.048* (1.688)	0.054** (2.140)	0.067*** (13.492)
Log似然函数值		92.75***	163.69***	159.94***	145.95***	149.51***	356.51***	79.026***
LR单边检验		64.56***	206.44***	198.93***	170.96***	178.07***	592.09***	37.110***

注：括号中数据代表 t 值，* 表示在10%的显著性水平下显著，** 表示在5%的显著性水平下显著，*** 表示在1%的显著性水平下显著，LR 为似然比检验统计量，G 表示各省吸收能力变量。

资料来源：根据超越对数生产函数模型测算数据整理得出。

在表 6-2 测算结果中，随机前沿生产函数大部分参数统计检验为显著，模型回归效果较好，且 LR 检验均通过了显著性和 χ^2 分布检验，γ 值位于 0—1，各模型中技术效率影响因素的引入在很大程度上解释了技术无效的内容。

在各因素变量直接作用于服务业技术效率的影响效应中，在引入吸收能力交互项的情况下，消费者偏好在 7 个模型中对于区域服务业技术效率均具有正向影响效应，并在除模型 4 以外的其余模型中均呈现出较强的显著性。人力资本在 7 个模型中对提升技术效率水平均具有很强的正向影响效应。政府财政支出和政府消费支出对于区域服务业技术效率水平的影响效应在 7 个模型中仍不具有显著性。在国内研发资本存量方面，各模型中研发资本存量对服务业技术效率均起到正向影响效应，其中模型 3 至模型 5 中国内研发资本存量的影响效应具有显著性。可见，在考虑获取吸收能力的国际研发资本存量的情况下，国内研发资本存量对于服务业技术效率的推动作用有所提升。各吸收能力作为主效应对于区域服务业技术效率的影响结果显示，除了人力资本吸收能力能够对区域服务业技术效率产生较为显著的正向影响效应，其余各吸收变量均无法对区域服务业技术效率产生积极的正向影响效应。

对于在吸收能力调节效用下，服务业国际溢出作用于服务业技术效率的影响效应，本书分别对加入吸收能力交互项的 7 个模型进行具体分析。

第一，人力资本对于服务业国际溢出的效用。模型 1 中，在人力资本作为吸收效用的间接作用下，除了出口贸易，其他三种途径所获取的服务业国际研发资本存量均对服务业技术效率水平具有正向影响效应。在控制人力资本吸收效应条件下，只有进口贸易溢出效应对服务业技术效率水平的提升起到了显著的正向推动作用，其他渠道的国际溢出效应并不显著或为负。由此可知，人力资本吸收能力的引入，一定程度上强化了对于 FDI 和 ODI 两种国际资本溢出渠道的同化作用,从而提升了对于区域服务业技术效率的正向影响效用,但从人力资本作用下国际溢出效应对于技术效率影响的显著性上看,这两种途径所获取的国际溢出效应的影响并不显著,而进口贸易在考虑人力资本交互式影响效用后,相较于控制人力资本吸收效应条件下的系数反而失去了显著性,其原因在于作为吸收效用的人力资本与其他要素之间的适配性。Borensztein(1998)和Xu(2000)在研究中表明,FDI 对于企业的技术溢出效应只有在本国人力资本达到 0.52 和 2.4 等临界值时才具有显著性。赖明勇等(2005)在对经济增长源泉的分析中,亦得出本国人力资本存量与引资结构的不匹配性和滞后性会造成技术吸收能力的不足,从而影响国际溢出的效用。因此,单纯依靠人力资本存量的绝对值无法准确判断其充裕程度是否足够影响一国或地区的国际溢出效应,关键还要看其相对于其他适配性要素是否存在滞后现象。

第二,制度因素对于国际溢出的效用。模型 2 中,在制度因素吸收能力作用下,只有出口贸易和 ODI 两种渠道对于区域服务业技术效率具有正向影响效应,但均不具有显著性,其他两种渠道对于服务业技术效率水平的提升具有负向影响效应。由此可知,制度因素对提升出口贸易和 ODI 两种国际渠道研发资本存量的溢出效应起到一定的促进作用。区域服务业非国有单位就业人员比重越高,通过出口贸易和 ODI 所获取的国际溢出效应就越多,对于服务业技术效率水平提升的推动性就越大。但从各渠道对于服务业技术效率影响效应的显著性上看,在制度因素影响下四种渠道对于技术效率水平均未起到显著的积极作用。可见,尽管随着我国国企改革的不断深入,企业的技术效率改进和应用水平有所提升,但就目前而言,国有成分较高的企业在地区经济中仍占有很大比重,尤其是在服务业领域中,金融、电信、民航等国企垄断现象仍较为严重,市场竞争的不均衡性使国有资本相较于非国有资本具有压倒性的优势,由于服务业领域体制机制的僵化导致服务业众多领域市场机制的基础性作用并未充分发挥作用，市场化程度仍然相对较低。因此，服务业在引入并利用外资、发展民营企业和跨国企业方面仍有诸多限制，进而也抑制了国际知识和技术溢出效应对于服务业技术效率水平的提升。

第三，研发比重对于国际溢出的效用。模型3中，随着研发比重吸收效用的增加，仅有出口贸易对区域服务业技术效率具有正向影响效应，但影响效果并不显著。在控制研发比重吸收变量的情况下，除了出口贸易以外的其他三种途径对服务业技术效率均起到正向影响效应，但效果仍不显著，其原因在于我国整体研发水平的滞后性。就目前而言，我国获取技术进步的途径仍以引进国外先进技术为主，国内自主研发水平相较于发达国家而言仍相对较低。在国内研发资本存量和技术水平均相对较低的情况下，我国服务业难以很好吸收和应用通过进口贸易以及FDI所获取的先进国际研发技术和资本存量，而ODI则因技术原因在国际市场上缺乏竞争力，导致在本国各地区难以享受该途径所获取的逆向溢出成果。随着国家对于自主创新和研发能力的重视，降低了对于国外先进技术引进的依赖，而国内研发比重的逐步上升，在一定程度上也改善了国际研发资本存量对技术效率的溢出效应，这正如表6-2所显示的在国内研发比重吸收能力的调节效用下，出口贸易对于区域服务业的技术效率由负转为正，但影响效果并不明显。由此可见，在国内研发比重逐步提升的作用下，国际技术溢出对于服务业技术效率水平的促进作用开始有所提升，但鉴于较高的创新成本以及复杂漫长的研发过程，国内研发投入的增加尚未成为提升国际溢出效用的主导因素。

第四，城市化率对于国际溢出效用的作用。模型4中，当城市化水平提高时，出口贸易和FDI对于区域服务业技术效率水平均具有正向影响效应，但不具有显著性，进口贸易和ODI对于区域服务业技术效率水平的提升具有不显著的负向影响效应。在控制城市化率吸收效应条件下，只有进口贸易对区域服务业技术效率具有较为显著的正向影响效应。由此可知，在城市化率作用下，出口贸易和

FDI 对于服务业技术效率的影响效应均有所改善，而进口贸易则由控制城市化率吸收效用下的积极效应转变为不显著的负效用，其原因在于：首先，相较于工业而言，服务业的发展要滞后于城市化，在城市化发展的初期，工业化是其主要动力，当城市化发展到中期阶段，城市功能重心逐步由以生产为主的工业向以综合服务为主的服务业转变，从而服务业得以较快发展，这一点在库兹涅兹（1989）对经济发展的考察中亦得到了验证。因此，从服务业发展的初始条件上看，城市化本身即推动服务业快速发展的关键因素。其次，随着城市化进程的推进和城市功能的加强，发达城市具备的良好社会服务和高层次的科研机构、高学历高素质的人才聚集以及集群化的企业规模效应，更有利于通过外资引入将当地生产性服务业纳入国际分工网络与全球跨国生产体系当中，并在促进信息、知识和技术的传播扩散的过程中增强国际溢出效应的吸收和消化能力。因此，城市化水平的提高，对于 FDI 以及出口贸易渠道所产生的正向和逆向国际溢出效应均起着一定程度的改善和促进作用。对于进口贸易而言，我国在国际分工链中一直主要以劳动密集的制造加工业为主，而资本技术密集的发达国家作为高级生产服务的聚集向生产制造为主的国家出口和提供生产者服务[①]。我国在制造业生产过程中所需的生产性服务仍主要来自于国外进口，这种以制造业引资为主的进口服务贸易模式，在参与国际分工过程中减少了与我国服务经济的联系，对带动我国生产性服务业作用较小，并在一定程度上抑制了我国生产性服务业的聚集效应以及规模的扩大。

第五，贸易开放度对于国际溢出效用的作用。模型 5 中，在贸易开放度吸收效应影响下，四种途径所获取的国际溢出资本存量对区域服务业技术效率均具有正向影响效应，其中进出口贸易的溢出效应具有显著性，FDI 和 ODI 对于区域服务业技术效率水平的提升

[①] 在我国，生产者服务亦称为"生产性服务"。

效应虽为正但并不显著。在对外经济活动中，从我国服务业领域对外开放的"引进来"角度看，进口贸易和 FDI 在参与对外经济活动和机器设备的引进过程中，均会产生国际溢出效应。从国际溢出所产生的机制上看，FDI 的溢出效用应当高于进口贸易所产生的效用，正如 Hood 和 Yonng（1999）所指出，相较于进口贸易，FDI 所伴随的国际溢出效应更具有多样性。外资企业能够通过为本地企业提供技术和学习机会提升国内技术水平，这些是进口贸易所不具备的。赖明勇等（2005）在对进口贸易和 FDI 对我国经济增长效用的分析上，同样得出 FDI 的技术外溢效用要高于进口贸易的结论。但在本章对于服务业进口贸易和 FDI 的溢出效应的实证结果中，在贸易开放影响下，FDI 产生的影响效应明显低于进口贸易，其原因在于，就服务业而言，虽然其外资引进和利用的比重在不断上升，但相较于制造业而言，服务业引资结构仍较为单一，主要集中在批发和零售业、房地产业等市场化程度较高的行业中。另外，我国服务业外商投资在各行业分布结构的不均衡性是其影响效用减弱的又一原因，银行、电信、保险等现代服务行业虽已逐步成为吸引外商投资的新热点，但就目前而言，这些行业吸收外资比重仍然较低，2017 年我国金融业实际利用外资比重仅为 6.05%，服务业外资引入的单一性和不均衡性，在一定程度上减弱了 FDI 在服务业领域的国际溢出影响效应。从我国服务业领域对外开放的"走出去"角度来看，贸易开放水平的提升很大程度上促进了服务业贸易出口，对外投资能力的提升在很大程度上成为拓展我国服务业贸易出口新的增长点，但在对外直接投资方面，就目前而言仍是我国服务业领域对外开放的"短板"，相较于发达国家拥有技术和资本密集的高端服务行业而言，我国服务业仍属于劳动密集型产业，新兴服务行业和高端服务行业尚属空缺，既有的高端和新兴服务行业多数集中在国有企业，这些单位普遍存在着结构僵化、效率低下的问题，加之我国海外投资的评估平台以及相关的财税、金融和法律支持尚处在不断改进和完善中，因此，我国在 ODI 过程中的服务产品缺乏竞争优势和国际适应力，削弱了该渠道所带来的逆向溢出效应。

第六，技术差距对于国际溢出效用的作用。模型 6 中，在技术差距吸收效用的作用下，除了进口贸易对区域服务业技术效率具有显著的正向影响效应，其他三种渠道的国际溢出效应对服务业技术效率均存在负的影响效应，其中出口贸易和 FDI 的影响效应具有显著性，ODI 的影响效应不具有显著性。由此看来，技术差距对不同的国际溢出作用于服务业技术效率水平的影响效应具有很大的不确定性，技术差距作用下进口贸易所产生的正向溢出效应能够显著促进区域服务业技术效率水平的提高，而出口贸易和 ODI 所产生的逆向溢出效应则阻碍了区域服务业技术效率水平的提升。此研究结果验证了第三章所提出的"结论 5"，即开放经济下，技术差距对服务业 TFP 增长的影响效应具有不确定性。结合我国服务业实际发展状况，分析其原因为：进口产品的引入所产生的国际竞争效应能够在一定程度上打破国内服务业领域的行业垄断，促使国内市场致力于技术升级和流程再造，推进本地企业尤其是国有企业改进生产效率，并提高生产能力。对于我国出口贸易和 ODI 而言，由于我国服务业产品仍以劳动密集型为主，而发达国家的服务产品多属于知识技术密集型，我国与发达国家高端服务行业之间较大的技术差距使我国区域服务业在国际市场上缺乏竞争力，难以获取出口贸易和 ODI 所带来的国际逆向溢出效应成果。此外，FDI 在技术差距影响下所产生的溢出效应亦未对区域服务业技术效率水平的提升起到促进作用。Perez（1997）在对技术差距对于国际溢出的影响效应分析中指出，技术差距对国际溢出效应的影响存在临界值，在临界值以内，国际溢出的正向效应会随着技术差距的扩大而增加；在临界值以外，国际溢出效应则会随着技术差距的扩大而减小并产生负效应，这也是潘文卿（2003）所提到的"发展门槛"。产生这种门槛效应的原因在于"技术适应性"，东道国企业与外资企业间较小的技术差距能够通过引进先进技术水平来提高本地企业技术效率，而当技术差距较大时，会导致国内企业由于缺乏研发动力而抑制企业自身的技术创新能力，产生"阻碍创新效应"（Aghion，2003）。在我国服务业技术差距对 FDI 的影响效应的实证结果中，由于我国服务业的发展相较于发达国家而言起步较晚，外资的引入对区域服务业产生了显著的负向影响效应。同时，由于发展滞后而产生的较大技术差距，我国区域服务业在外资引进所产生的溢出效应中并未分享到积极的促进作用，反而抑制了区域服务业技术效率水平的提高。

第七，综合变量对于国际溢出效用的作用。模型 7 中，在各大因素相乘的综合变量的作用下，FDI 和 ODI 所产生的溢出效应对区域服务业技术效率具有正向影响效应，但均不具有显著性；进口贸易和出口贸易对于区域服务业具有不显著的负向影响效应。在控制综合变量影响效应之后，进口贸易、FDI 和 ODI 自身均能够对区域服务业产生正向影响效应，但效果亦不显著。可见，FDI 和 ODI 均能够通过综合变量的交互式调节作用对区域服务业技术效率产生正向影响效应，但效果都不显著，而进口贸易和出口贸易则在以上两种途径中均无法对区域服务业技术效率水平的提升起到积极的推动作用。

从各吸收能力对国际溢出资本存量的影响效应上可以看出，在 7 大吸收变量的调节作用下，不同的吸收能力对不同方式的国际溢出效应有着不同程度的改善。大部分国际溢出效应在吸收能力的调节作用下，其作用于服务业技术效率水平的负效应转变为正效应，但亦有部分国际溢出效应增强了其正向效应的显著性。

（三）技术结构与吸收能力双重调节下的影响效应分析

在第三层面的技术无效方程中，本章进一步在模型 1 至模型 7 中分别引入技术结构变量，考察在技术结构和吸收能力双重调节效用下，各渠道的国际溢出对于区域服务业技术效率的影响效用，实证结果如表 6 – 3 所示。

表 6-3　技术结构和吸收能力共同作用下服务业随机前沿生产函数技术无效方程估计值

方程模型	名称	模型1 人力资本	模型2 制度	模型3 研发比重	模型4 城市化率	模型5 贸易开放	模型6 技术差距	模型7 综合变量
超越对数生产函数估计	常数项	2.936 (0.225)	4.652 (0.455)	3.845*** (3.611)	-1.379 (-1.516)	2.905*** (3.480)	-1.408 (-1.411)	6.212** (2.094)
	$\ln L_{it}$	0.056 (0.146)	0.245 (0.651)	-0.064 (-0.177)	0.202 (0.273)	-0.152 (-0.647)	0.194 (0.199)	0.377 (0.994)
	$\ln K_{it}$	0.543 (1.133)	0.0002 (0.0004)	0.354 (0.806)	0.750 (1.214)	0.509** (2.193)	0.709 (0.746)	-0.449 (-1.069)
	$(\ln L_{it})^2$	-0.098 (1.201)	-0.127* (-1.652)	-0.225*** (-2.946)	0.035 (0.083)	-0.216*** (-3.768)	0.039 (0.066)	-0.135* (-1.782)
	$(\ln K_{it})^2$	-0.062 (0.906)	-0.044 (-0.674)	-0.143** (-2.195)	0.004 (0.017)	-0.144*** (-4.464)	0.032 (0.092)	-0.022 (-0.339)
	$(\ln L_{it})(\ln K_{it})$	0.152 (1.071)	0.183 (1.395)	0.379*** (2.880)	-0.032 (-0.050)	0.367*** (4.083)	-0.069 (-0.086)	0.184 (1.397)
	$(\ln L_{it})t$	-0.006 (0.488)	-0.014 (-1.204)	-0.039*** (-3.111)	-0.032 (-0.845)	-0.030*** (-4.230)	-0.042 (-0.057)	-0.019 (-1.474)
	$(\ln K_{it})t$	-0.0001 (0.010)	0.0004 (0.032)	0.025* (1.929)	0.026 (0.858)	0.020** (2.190)	0.037 (0.061)	0.003 (0.259)
	t	0.046 (0.983)	0.089* (1.887)	0.045 (0.931)	-0.047 (-0.283)	0.032 (0.829)	-0.034 (-0.035)	0.104** (2.315)
	t^2	-0.006*** (-3.853)	-0.006*** (-3.839)	-0.006*** (-3.767)	-0.003 (-0.584)	-0.007*** (-4.376)	-0.007 (-0.110)	-0.006*** (-3.943)

第六章 引致服务业TFP异质性演化的因素及其效应实证分析

续表

方程模型	名称	模型1 人力资本	模型2 制度	模型3 研发比重	模型4 城市化率	模型5 贸易开放	模型6 技术差距	模型7 综合变量
技术无效方程估计	常数项	0.719** (2.203)	0.370* (1.721)	0.001 (0.003)	0.545** (2.161)	0.027*** (0.027)	-0.370*** (-5.120)	0.0008 (0.0009)
	CP_{it}	-0.660*** (-6.668)	-0.164*** (-2.669)	-0.306*** (-4.929)	-0.406*** (-5.492)	-0.531*** (-8.854)	-0.084*** (-3.857)	-0.677*** (-15.445)
	HC_{it}	-0.109* (-1.739)	-0.153*** (-7.282)	-0.246** (-2.171)	-0.042 (-0.920)	-0.006 (-1.449)	-0.067*** (-6.214)	-0.001 (-0.003)
	GC_{it}	-0.118 (-0.250)	-0.232 (-1.083)	0.0002 (0.0002)	-0.616 (-0.837)	0.002 (0.002)	0.069 (0.635)	0.0007 (0.0007)
	GE_{it}	0.002 (0.674)	-0.0002 (-0.070)	0.002 (0.192)	0.002 (0.506)	0.001 (0.046)	-0.001 (-0.969)	0.003 (0.295)
	$(R\&D^{d})_{it}$	-0.0002 (-0.187)	-0.0006 (-1.297)	-0.0001 (-0.051)	-0.0008 (-0.721)	-0.0008 (-0.057)	-0.0001 (-0.521)	-0.0009 (-0.132)
	$(R\&D^{f-im})_{it}$	-0.0003** (-2.259)	-0.0002 (-0.126)	-0.0003 (-0.151)	-0.0001 (-1.311)	-0.0003 (-0.171)	0.0001 (0.688)	-0.0005 (-0.189)
	$(R\&D^{f-ex})_{it}$	0.0002* (1.762)	0.0002 (0.068)	0.0001 (0.071)	-0.0001 (-0.707)	0.0001 (0.064)	-0.0002 (-0.647)	0.0001 (0.184)
	$(R\&D^{f-fdi})_{it}$	0.005 (0.513)	-0.031 (-0.074)	-0.003 (-0.018)	0.009 (1.021)	0.003 (0.018)	0.006** (2.158)	-0.002 (-0.006)
	$(R\&D^{f-odi})_{it}$	0.0002 (0.408)	0.0004** (2.104)	-0.0004 (-0.061)	0.0002 (0.535)	-0.0005 (-0.011)	-0.0006 (-10.562)	-0.0004 (-0.082)

续表

方程模型	名称	模型1 人力资本	模型2 制度	模型3 研发比重	模型4 城市化率	模型5 贸易开放	模型6 技术差距	模型7 综合变量
	G_{it}	-0.109* (-1.739)	1.060*** (5.286)	0.0003 (0.0028)	-0.059 (-0.210)	-0.004 (-0.004)	0.019*** (2.808)	-0.0002 (-0.0002)
	J_{it}	-0.075 (-0.421)	-0.075** (-2.271)	-0.0004 (-0.0004)	-0.034 (-0.221)	-0.0008 (-0.0009)	-0.057*** (-3.469)	-0.002 (-0.006)
	$(R\&D^{f-im})_{it} \times G_{it}$	0.401 (0.918)	-0.172** (1.995)	0.012 (0.010)	-0.022 (-0.337)	0.026 (0.031)	-0.068*** (-5.263)	0.003 (0.006)
	$(R\&D^{f-ex})_{it} \times G_{it}$	-0.025 (-0.171)	-0.039 (-0.340)	-0.056 (-0.004)	0.170 (1.341)	0.016 (0.023)	0.024 (1.589)	0.003 (0.003)
	$(R\&D^{f-fdi})_{it} \times G_{it}$	0.087 (0.878)	0.351 (0.553)	-0.004 (-0.016)	0.018 (0.202)	-0.003 (-0.003)	0.048*** (4.504)	0.002 (0.003)
技术无效方程估计	$(R\&D^{f-odi})_{it} \times G_{it}$	-0.001*** (-8.509)	-0.094*** (-3.502)	0.001 (0.004)	-0.031 (-1.269)	0.021 (0.024)	-0.021*** (-8.509)	-0.0004 (-0.0005)
	$(R\&D^{f-im})_{it} \times J_{it}$	-0.061 (-0.211)	-0.019 (-1.220)	0.004 (0.005)	-0.418 (-1.274)	0.013 (0.014)	-0.008 (-0.210)	0.007 (0.001)
	$(R\&D^{f-ex})_{it} \times J_{it}$	0.160 (0.647)	0.096*** (2.772)	0.011 (0.014)	0.491 (1.583)	0.027 (0.030)	0.084** (2.121)	0.001 (0.002)
	$(R\&D^{f-fdi})_{it} \times J_{it}$	-0.179** (-2.201)	-0.017 (-0.517)	0.015 (0.005)	-0.116 (-1.132)	-0.021 (-0.022)	-0.110*** (-10.930)	-0.0002 (-0.0002)
	$(R\&D^{f-odi})_{it} \times J_{it}$	0.064 (1.119)	-0.0008 (-0.107)	0.011 (0.009)	0.079 (1.093)	0.024 (0.026)	-0.016 (-2.701)	0.016 (0.013)

续表

方程模型	名称	模型1人力资本	模型2制度	模型3研发比重	模型4城市化率	模型5贸易开放	模型6技术差距	模型7综合变量
	$G_{it} \times J_{it}$	−0.011 (−0.196)	−0.099*** (−3.554)	−0.002 (−0.002)	−0.076* (−1.711)	−0.012 (−0.013)	−0.081*** (−6.802)	−0.0003 (−0.0004)
	$(R\&D^{f-im})_{it} \times G_{it} \times J_{it}$	−0.011 (−0.133)	−0.155* (−1.730)	−0.003 (−0.004)	0.217 (1.518)	−0.005 (−0.009)	0.056*** (2.701)	−0.0008 (−0.0009)
	$(R\&D^{f-ex})_{it} \times G_{it} \times J_{it}$	−0.005 (−0.049)	−0.194* (−1.897)	0.005 (0.006)	−0.250 (−1.556)	0.008 (0.010)	0.051** (2.453)	−0.0001 (−0.0001)
	$(R\&D^{f-fdi})_{it} \times G_{it} \times J_{it}$	0.050 (0.574)	−0.007 (−0.090)	0.004 (0.005)	0.021 (0.318)	0.015 (0.016)	−0.130*** (−14.299)	0.0002 (0.0003)
	$(R\&D^{f-odi})_{it} \times G_{it} \times J_{it}$	−0.023 (−1.114)	0.049** (2.156)	−0.011 (−0.039)	−0.022* (−1.883)	−0.027 (−0.034)	0.003 (0.648)	−0.0008 (−0.001)
技术无效方程估计	σ	0.034*** (9.467)	0.017*** (11.867)	0.040 (1.408)	0.035*** (5.894)	0.039 (1.170)	0.005*** (11.086)	0.038*** (2.274)
	γ	0.123*** (4.159)	0.021*** (2.746)	0.063 (0.086)	0.159*** (5.894)	0.090 (0.141)	0.004 (7.408)	0.051 (0.074)
Log 似然函数值		90.257***	175.041***	72.841***	90.144***	72.523***	359.067***	69.416***
LR 单边检验		59.573***	229.140***	24.741***	59.346***	24.103***	597.192***	17.890***

注：括号中数据代表 t 值，* 表示在 10% 的显著性水平下显著，** 表示在 5% 的显著性水平下显著，*** 表示在 1% 的显著性水平下显著，LR 为似然比检验统计量，G 表示吸收能力变量，J 代表技术结构。

资料来源：根据超越对数生产函数模型测算数据整理得出。

在表6-3中,加入技术结构影响效用后,7个模型均通过了显著性检验,且γ值为0-1,回归模型具有较好拟合度,所有模型均较好地解释了技术无效的大部分内容。

在考虑技术结构和吸收能力的影响之后,在区域服务业技术效率的直接影响效应中,消费者偏好在7个模型中均呈现出很强的正向影响效应。除了模型4、模型5和模型7,人力资本在其他4个模型中对服务业技术效率水平的直接效应起到了很强的显著推动作用。政府财政支出和政府消费性支出在几大模型中的影响效用仍然很弱,正向影响效应并不显著或为负。因此,从三个层面构建的技术无效方程中可以看出,不论是否考虑技术结构和吸收能力对于国际溢出的交互式影响,政府支出方面并未对区域服务业技术效率起到良好的推动作用。在国内研发资本存量的影响效用方面,考虑技术结构及吸收能力对国际溢出效应的交互式影响之后,国内研发资本存量对区域服务业技术效率均呈现出正向的影响效应,但效果并不显著。可见,国内研发资本存量在技术结构与吸收能力对国际溢出效应的双重影响下,能够正向作用于区域服务业技术效率水平,但并不足以呈现显著性。在考虑技术结构和吸收变量之后,各吸收变量中只有人力资本自身作为主效应能够对区域服务业技术效率产生较强的正向影响力,其他吸收变量的影响效应为负或不显著。相较而言,技术结构自身的主效应以及技术结构和吸收能力的交互式效应均能够对所有模型中的服务业技术效率产生正向影响效应。

在引入技术结构和吸收能力双重调节效用后,7个模型中的国际研发资本存量所产生的影响结果具体表现如下。

第一,技术结构作用下人力资本对国际溢出效应的影响。模型1中,在加入技术结构影响变量之后,人力资本作用下的进口贸易、出口贸易及ODI均能够对区域服务业技术效率产生正的影响效应,但均不具有显著性。FDI对区域服务业技术效率产生并不显著的负向影响效应。在忽略技术结构的影响下,出口贸易和ODI能够在人力资本作用下对区域服务业技术效率产生正向推动作用，其中 ODI 的溢出效应具有很强的显著性。在控制吸收效应的影响下，进口贸易和 FDI 能够在技术结构作用下对区域服务业技术效率产生正向推动作用，其中 FDI 影响效应具有较强的显著性。在同时控制技术结构和吸收能力效应下，只有进口贸易能够独自对区域服务业产生很强的正向影响效应。由此可知，在引入技术结构后，合理的技术结构在一定程度上提升了区域服务业的技术适应性，使其能够在吸收效应影响下通过进出口贸易以及 ODI 等国际途径对区域服务业技术效率产生正向推动作用，但成效并不明显。作为外资引进和利用主要渠道的 FDI 仅能够在技术结构单独作用下对服务业技术效率产生较强的正向影响效应，而在其他途径中均无法良好地改进区域服务业技术效率水平。

第二，技术结构作用下制度因素对国际溢出效应的影响。模型 2 中，在技术结构与制度吸收效用的共同作用下，进出口贸易和 FDI 对区域服务业技术效率水平的提升均起到了正向的推动作用，其中进出口贸易的效用具有显著性。控制技术结构以后，进出口贸易和 ODI 在制度吸收效应作用下均能够对区域服务业技术效率产生正向影响效应，其中进口贸易和 ODI 的影响效应具有很强的显著性。在控制吸收能力影响效应以后，进口贸易、FDI 和 ODI 在技术结构作用下能够对服务业技术效率产生正向影响效应，但效果均不显著。在同时控制技术结构和吸收能力之后，进口贸易和 FDI 能够通过自身直接对区域服务业技术效率产生正向影响效应，但效果亦不显著。可见，在四大国际技术溢出效应中，只有进口贸易能够在自身、制度因素、技术结构以及制度因素和技术结构交互式作用四种途径中对服务业技术效率产生正向影响效应，而其中制度因素调节效用下的溢出效应影响最为显著，ODI 则主要通过制度吸收能力对区域服务业技术效率产生显著的积极推动作用。因此，技术结构与制度吸收能力的双重作用，一方面强化了出口贸易在自身以及吸收能力作用下对于区域服务业技术效率的正向溢出效应程度；另一方面改善了 FDI 的吸收能力影响效应，将负的溢出效应矫正为积极的正向溢出效应，但效用力度仍不显著。

第三，技术结构作用下研发比重对国际溢出效应的影响。模型 3 中，在技术结构与研发比重的交互式影响下，进口贸易和 ODI 的溢出效应对区域服务业技术效率水平产生了正向推动作用，当区域服务业技术结构越合理，研发比重的增加越能提升区域自身的技术水平和对先进技术的适应能力，从而在促进进口贸易溢出技术的扩散和吸收能力的同时，提升我国服务业企业在对外直接投资国际竞争过程中所带来的逆向溢出效应。FDI 和出口贸易在技术结构和研发比重的双重影响下并未对区域服务业技术效率水平产生任何显著的影响效应。在控制技术结构影响后，研发比重抑制了进口贸易和 ODI 的技术溢出效应，能够促进出口贸易和 FDI 的技术溢出效应，但效果均不显著。在控制研发比重吸收能力的条件下，四种国际溢出途径均无法直接通过技术结构作用对区域服务业技术效率产生任何正向影响效应。在同时控制研发比重和技术结构因素的影响下，进口贸易、FDI 和 ODI 均能够独立对区域服务业技术效率产生正向影响效应，但效果亦不显著。这说明在四种国际溢出渠道中，进口贸易和 ODI 一方面通过自身直接提升区域服务业技术效率水平，另一方面在合理技术结构影响下改善研发比重单独作用于国际溢出效应能力，弥补其作用于技术效率水平时产生的负效用，但正向促进效应仍不明显。FDI 则主要通过自身和研发比重吸收效应对技术效率提升产生正向影响效用，而出口贸易则只能通过自身独自提升区域服务业技术效率水平。

第四，技术结构作用下城市化率对国际溢出效应的影响。模型 4 中，考虑技术结构的影响因素后，城市化率作用下只有出口贸易和 ODI 对服务业技术效率水平的提升具有正向推动作用，其中只有 ODI 对区域服务业技术效率的影响具有显著性。在控制技术结构条件下，进口贸易和 ODI 能够通过城市化率吸收能力促进区域服务业技术效率水平的提升，而进口贸易和 FDI 则能够在控制城市化率吸收能力的作用下，直接通过技术结构提升其作用于服务业技术效率的水平，但这几种方式所产生的影响效果均不显著。在同时控制技术结构和城市化率吸收能力之后，进出口贸易能够通过自身独立性对服务业技术效率产生正向影响效应，但效果亦不显著。可见，技术结构和城市化率的双重作用一方面调节了出口贸易在城市化率吸收变量和技术结构各自作用下对区域服务业技术效率所产生的负向影响效用；另一方面在转变 ODI 独自作用于区域服务业技术效率所产生的负向影响效应的同时，进一步强化了其在城市化率吸收效应下对技术效率所产生的正向溢出效应。

第五，技术结构作用下贸易开放对国际溢出效应的影响。模型 5 中，在技术结构和贸易开放度的共同影响下，进口贸易和 ODI 均能够对区域服务业技术效率产生正向影响效应，但效果并不显著，出口贸易和 FDI 对服务业技术效率具有不显著的负向影响效应。在控制技术结构的影响下，进出口贸易和 ODI 在贸易开放吸收变量作用下均无法对服务业技术效率产生正向影响效应，FDI 仅能够对服务业技术效率产生并不显著的正向影响效应。由此可知，当技术结构趋于合理时，贸易开放对于进口贸易和 ODI 的溢出效应的吸收能力会有所提升，但程度有限，而对于出口贸易则无法有效提升其国际溢出效应的吸收能力，FDI 不论是否引入技术结构，其对于区域服务业技术效率的影响结果变化都不大。技术结构在单独作用于各国际溢出效应时，只有 FDI 能够产生并不显著的正向影响效应，而在同时控制技术结构和吸收能力的作用下，进口贸易和 ODI 虽能够独自对服务业技术效率产生正向影响效应，但效果亦不显著。可见，对于目前我国区域服务业而言，贸易开放下技术结构的调整并未有效提升四种国际溢出渠道的吸收能力，进而难以对区域服务业技术效率产生更为积极的正向推动作用。

第六，技术结构作用下技术差距对国际溢出效应的影响。模型 6 中，在技术结构影响下，只有 FDI 的技术溢出效应在技术结构和技术差距的交互式作用下能够对区域服务业技术效率水平的提升产生显著的正向推动作用。在控制技术结构影响后，技术差距对进口贸易和 ODI 两种国际溢出渠道均能够产生很强的正向影响效应，而在控制技术差距吸收效应下，通过技术结构能够带动进口贸易、FDI 和 ODI 产生正向国际溢出效应，其中 FDI 的影响效应具有很强的显著性。可见，进口贸易和 ODI 主要是在技术差距吸收效应或技术结构单独影响下积极推进区域服务业技术效率水平的，而技术结构与技术差距的联合调整并未对其带来显著的提升效果。FDI 则在技术结构或技术结构与技术差距的双重机制下对服务业技术效率产生十分显著的正向影响效应。出口贸易只能通过自身独立提升区域服务业技术效率水平，且效果并不显著。由此可知，当技术结构较为合理时，在技术差距作用下只有 FDI 对于区域服务业技术效率产生了很强的显著推动作用，其余三种渠道并未起到良好的提升效果。根据 Basu 和 Weil（1998）提出的"最适技术模型"，技术结构的调整要与要素投入结构相匹配，从而达到最优的技术效率水平。因此，技术差距显著作用于其他三种国际溢出渠道的正向机制将主要依赖于技术结构合理度的进一步调整和改进。

第七，技术结构作用下综合变量对国际溢出效应的影响。模型 7 中，综合变量在技术结构作用下对进口贸易、出口贸易以及 ODI 的国际溢出均具有正向影响效用，但效果并不显著。在分别控制技术结构效用和综合吸收效应下，只有 ODI 和 FDI 能够对区域服务业技术效率水平产生并不显著的推动作用。当四大国际溢出效应独自作用于服务业技术效率时，其影响效应与技术结构和综合变量双重作用下的效用程度相同。由此可知，在综合变量影响下，技术结构的引入对于改进国际溢出效应成果并不显著。

由此可知，在技术结构的进一步调节效用下，大部分国际溢出渠道的吸收能力得以提升，在一定程度上增强了技术结构与吸收能力双重影响下积极作用于区域服务业技术效率的国际溢出效应，如进口贸易、FDI 和 ODI 三种国际渠道均能够通过自身、吸收能力、技术结构以及技术结构与吸收效应的交互式影响四种途径积极作用于区域服务业技术效率和生产率水平。当然，由于存在个别国际溢出渠道在技术结构影响下的吸收能力变化不大甚至减弱的情况，如何根据不同的国际溢出渠道的传导机制和途径，合理利用技术结构与吸收能力的交互式调节效应，成为提升区域服务业技术效率水平的关键，如图 6-1 所示。

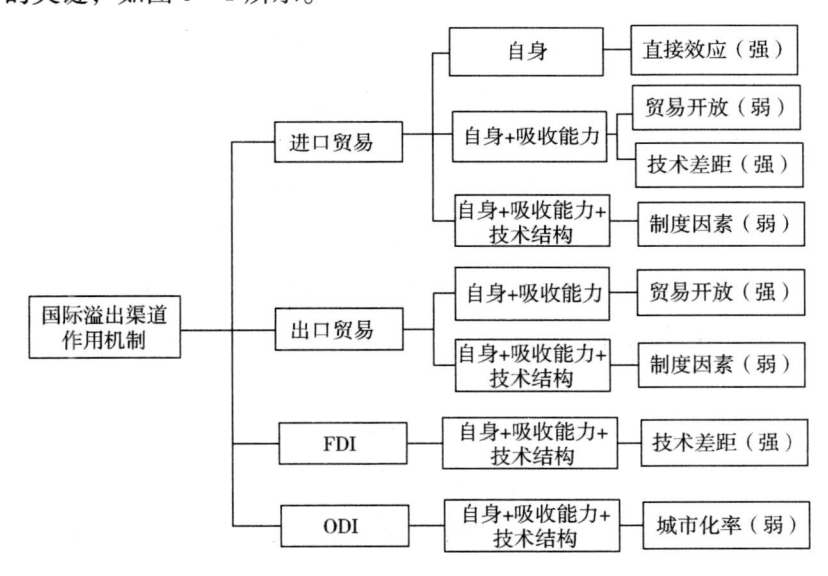

图 6-1　国际溢出效应作用机制与影响效用

注：弱、强分别代表各国际溢出效应提升服务业技术效率水平的显著性；贸易开放、技术差距、制度因素、城市化率分别代表不同的吸收能力。

图 6-1 表明，在提升服务业技术效率水平的四大国际溢出渠道中，进口贸易主要通过自身、技术差距调节效应两大途径显著作用于服务业技术效率水平；出口贸易主要通过贸易开放调节效应显著作用于服务业技术效率水平；FDI 主要通过技术差距与技术结构

双重调节效应显著作用于服务业技术效率水平；ODI 只能通过城市化率与技术结构的双重调节效用积极作用于服务业技术效率水平，但程度较弱。

第三节　引致服务业各行业 TFP 异质性演化的因素及其效应分析

一　测度方法与数据处理

对于引致服务业各行业 TFP 异质性演化影响因素的实证分析，结合第三章的理论分析，本章将从两个方面进行剖析，首先，采用因素变量与技术无效的联合模型，对消费者偏好、人力资本、政府财政支出、研发能力、对外开放、吸收能力以及技术结构因素变量作用于服务业各行业技术效率的影响机制进行分析；其次，对作为中间投入品的服务业与制造业之间的产业关联度进行分析。

（一）测度方法

1. 技术无效方程测度方法

对于各因素变量作用于服务业各行业 TFP 的影响效用，本章仍然采用因素变量与技术无效的联合估计模型，通过考察各因素对服务业技术效率的作用机制，对引致我国行业间服务业 TFP 异质性演化的各因素影响效应及机制路径进行分析。

在技术无效方程的构建过程中，本章仍然从因素直接影响效应、单因素调节效应和多因素调节效应三大层面对其进行设定。

第一个层面，各因素变量直接作用于服务业各行业技术效率的影响效应分析。在此模型构建中，分别将消费者偏好、人力资本、政府财政支出、研发能力、国际溢出渠道经济变量引入技术无效方程，考察各经济变量直接作用于服务业各行业技术效率的影响效应。其中，国际溢出渠道包括进口贸易、出口贸易、外商直接投资

（FDI）。具体模型设定为：

$$u_{it} = \delta_0 + \delta_1 CP_{it} + \delta_2 HC_{it} + \delta_3 GE_{it} + \delta_4 R\&D_{it}^d + \delta_5 R\&D_{it}^{f-im}$$
$$+ \delta_6 R\&D_{it}^{f-ex} + \delta_7 R\&D_{it}^{f-fdi} + W_{it} \qquad (6-7)$$

其中，CP_{it}为消费者偏好；HC_{it}为直接效用的人力资本；GE_{it}为政府财政支出；$R\&D^d$表示研发能力；$R\&D^{f-im}$、$R\&D^{f-ex}$和$R\&D^{f-fdi}$分别表示代表进口贸易、出口贸易和FDI。

第二个层面，吸收能力调节效用下的国际溢出效应。基于式（6-7），针对国际溢出部分，采用交互式方法引入吸收能力变量，考察吸收能力调节作用下，国际溢出效用对服务业各行业技术效率的作用机制和途径，构建模型如下：

$$u_{it} = \delta_0 + \delta_1 CP_{it} + \delta_2 HC_{it} + \delta_3 GE_{it} + \delta_4 R\&D_{it}^d + \delta_5 R\&D_{it}^{f-im}$$
$$+ \delta_6 R\&D_{it}^{f-ex} + \delta_7 R\&D_{it}^{f-fdi} + \delta_8 G_{it} + \delta_9 G_{it} \times R\&D_{it}^{f-im} + \delta_{10} G_{it}$$
$$\times R\&D_{it}^{f-ex} + \delta_{11} G_{it} \times R\&D_{it}^{f-fdi} + W_{it} \qquad (6-8)$$

其中，G_{it}代表吸收变量，分别包括间接效用的人力资本、制度因素、技术差距以及由这几项相乘所得的吸收效应的综合变量。

第三个层面，技术结构与吸收能力双重调节下的国际溢出效应。基于式（6-8），采用交互式方法引入技术结构变量，进一步考察在技术结构和吸收能力双重调节作用下，国际溢出对服务业各行业技术效率的效应与作用机制，具体模型为：

$$u_{it} = \delta_0 + \delta_1 CP_{it} + \delta_2 HC_{it} + \delta_3 GE_{it} + \delta_4 R\&D_{it}^d + \delta_5 R\&D_{it}^{f-im} + \delta_6 R\&D_{it}^{f-ex}$$
$$+ \delta_7 R\&D_{it}^{f-fdi} + \delta_8 G_{it} + \delta_9 J_{it} + \delta_{10} G_{it} \times R\&D_{it}^{f-im} + \delta_{11} G_{it} \times R\&D_{it}^{f-ex}$$
$$+ \delta_{12} G_{it} \times R\&D_{it}^{f-fdi} + \delta_{13} J_{it} \times R\&D_{it}^{f-im} + \delta_{14} J_{it} \times R\&D_{it}^{f-ex} + \delta_{15} J_{it}$$
$$\times R\&D_{it}^{f-fdi} + \delta_{16} G_{it} \times J_{it} + \delta_{17} G_{it} \times J_{it} \times R\&D_{it}^{f-im} + \delta_{18} G_{it} \times J_{it} \times R\&D_{it}^{f-ex}$$
$$+ \delta_{19} G_{it} \times J_{it} \times R\&D_{it}^{f-fdi} + W_{it} \qquad (6-9)$$

其中，J_{it}代表各行业技术结构变量。

2. 服务业与制造业产业关联度测度方法

在第三章理论分析所得出的研究结论中，当服务业作为中间投入品参与制造业部门的产品生产时,服务业产品的投入能够对制造业经济增长产生积极的影响效应;同时,制造业增长水平的提升,又能够通过服务业所具备的"自增强"机制,提升与制造业有较高产业关联度的服务业 TFP 的增长水平。因此,笔者通过对服务业与制造业之间的产业关联度的测度和分析,对引致行业间服务业 TFP 异质性演化的另一重要影响因素进行分析。

产业关联理论开创于里昂惕夫的投入产出学,产业之间不断变化的关联方式和效应是推动经济发展的内在动力。一个产业的产出品往往能够作为与其密切相关的其他产业生产过程中的中间投入品,产业之间的前向、后向和旁侧关联性使各产业之间形成了一定的生产技术联系和经济联系。在产业关联度的衡量中,直接消耗系数和完全消耗系数反映的是一种产业对另一种产业的依赖程度,直接消耗系数是生产一种产品需要对另一种产品的直接消耗量,主要针对的是总产品。完全消耗系数是生产一种产品对另一种产品的直接消耗和间接消耗之和,主要针对的是最终产品。相较而言,直接消耗系数的数值为非负且必定小于 1,而完全消耗系数的数值可以大于 1,且一般大于直接消耗系数的数值。如果将生产一种产品的直接消耗系数和完全消耗系数综合起来考虑,则可以揭示一种产品部门与另一种产品部门之间直接与间接的联系程度,当消耗系数数值越大,则说明一种产业对另一种产业的依赖程度越高。在此,笔者采用产业关联效应指标中的直接消耗系数和完全消耗系数,用于反映服务业同制造业之间的关联程度。具体测度方法如下。

第一,直接消耗系数:

$$a_{ij} = x_{ij}/X_j \qquad (6-10)$$

其中,a_{ij} 为直接消耗系数;X_j 为 1 单位的 j 产出;x_{ij} 为直接消耗的 i 产品量。

第二,完全消耗系数:

$$B = (I - A)^{-1} - I \qquad (6-11)$$

其中，B 为完全消耗系数矩阵，由完全消耗系数 b_{ij} 组成；I 为单位矩阵；A 直接消耗矩阵。

（二）数据的收集与处理

在技术效率影响因素的分析方面，由于统计资料的限制，本章主要对 2004—2017 年各因素的影响效应和机制路径进行分析。数据来源于相关年份《中国统计年鉴》《中国劳动统计年鉴》《中国对外经济统计年鉴》；在服务业与制造业之间的产业关联度的测度方面，本章利用投入产出数据进行分析。具体各影响指标的获取方式如下所示。

第一，消费者偏好。对于服务业各行业消费者偏好的测度，采用各行业人均收入作为衡量指标，数据来源于相关年份《中国统计年鉴》。

第二，政府财政支出。政府财政支出由行政经费支出增长率占 GDP 的比重来表示，数据取自相关年份《中国统计年鉴》。

第三，研发能力。类似于区域层面服务业研发能力测度方法，服务业各行业研发能力数据同样需要分以下步骤进行测算。

一是对于全国研发资本存量和服务业各年实际研发资本存量的测度方法与区域层面测度方法相同，在此不再赘述。

二是在获得服务业各年实际研发资本存量之后，分别用第三产业增加值指数将服务业总产值和服务业各行业增加值折算成实际值，以各行业实际增加值与服务业实际总增加值之间的比值作为权重，用该权重分别乘以各年服务业实际研发资本存量即可得到各行业各年实际研发资本存量，所需原始数据取自相关年份《中国科技统计年鉴》。

第四，对外开放。基于数据的可获得性，对于国际溢出数据的收集，主要选取进口贸易、出口贸易和 FDI 作为考察服务业国际溢出效应的主要方面。其中，对外贸易由服务业进口贸易及出口贸易占 GDP 的比重表示；外商投资由服务业各行业 FDI 占 GDP 的比重表示。

第五，吸收能力。同样基于行业层面数据的可获得性与完整性，主要选取人力资本、制度因素、技术差距以及综合变量作为各行业国际溢出吸收能力的衡量指标。各指标具体测算方法如下所示。

一是人力资本。对于各行业人力资本的测度，采用包含劳动力质量的人力资本扩展模型来反映教育变量，可得：$hc_{it} = e^{\varphi(E_{it})}$。其中，$hc_{it}$ 代表人力资本扩展模型中各行业的人力资本变量；$\varphi(E_{it})$ 表示各行业接受 E 年正规教育的劳动力所产生的生产效率，计算过程所需原数据取自相关年份《中国劳动统计年鉴》及《中国统计年鉴》。

二是制度因素。制度因素用我国服务业各行业非国有单位就业人员占总体就业人员的比重来进行测度。

三是技术差距。服务业各行业技术水平差异用行业间技术效率差距进行衡量。

四是综合变量。吸收效应的综合变量由人力资本、制度因素以及技术差距三大因素联合相乘来获取。

五是技术结构。对于技术结构的测度，采用某一行业或经济体部门的实际资本劳动比率除以整个国民经济中的资本劳动比率来表示，即：

$$TCI = \frac{K_i/L_i}{K/L} \quad (6-12)$$

其中，K_i/L_i 为 i 行业的实际资本劳动比率，K/L 为整个经济体的资本劳动比率。

在各行业投入产出数据的获取上，根据相关年份《中国统计年鉴》中公布的投入产出数据，采用 2012 年、2015 年及 2017 年投入产出表中的直接消耗系数以及完全消耗系数进行测算，原始数据来源于相关年份《中国统计年鉴》中的"投入产出系数表"。在产业部门的划分上，借鉴臧霄鹏（2012）的归类方式，在分析产业关联效应过程中，将第二产业划分为4个行业，服务业划分为15个行业，从而得到3张各包含20个部门的表。

二 各影响因素效应实证分析

（一）各因素变量直接影响效应分析

在第一层面构建的技术无效方程中，主要考察消费者偏好、人力资本、政府财政支出、研发能力、进出口贸易和FDI几大因素直接作用于各行业技术效率的影响效应。根据随机前沿生产函数与技术无效方程的联合估计，本章得出实证结果如表6-4所示。

表6-4　　2004—2017年中国服务业随机前沿生产函数及技术无效方程估计值

方程模型	名称	参数	估计系数	标准差	t值
超越对数生产函数估计	常数项	β_0	14.689550	1.916558	7.664549***
	$\ln L_{it}$	β_1	-1.483841	0.640521	-2.316615**
	$\ln K_{it}$	β_2	-0.712347	0.202123	-3.524319***
	$(\ln L_{it})^2$	β_3	0.202979	0.059197	3.428855***
	$(\ln K_{it})^2$	β_4	0.075121	0.014488	5.184961***
	$(\ln L_{it})(\ln K_{it})$	β_5	-0.103071	0.021284	-4.842627***
	$(\ln L_{it})t$	β_6	0.013492	0.012619	1.069130
	$(\ln K_{it})t$	β_7	-0.012389	0.009273	-1.335969
	t	β_8	0.050534	0.131878	0.383186
	t^2	β_9	0.002488	0.005713	0.435393
技术无效方程估计	常数项	δ_0	1.915684	0.391273	4.896028***
	CP_{it}	δ_1	-0.019016	0.000005	-3.881835***
	HC_{it}	δ_2	-0.002645	0.004388	-0.602766

续表

方程模型	名称	参数	估计系数	标准差	t 值
技术无效方程估计	GE_{it}	δ_3	-2.573888	1.375746	-1.570903
	$(R\&D^d)_{it}$	δ_4	-0.007623	0.000726	-10.496547***
	$(R\&D^{f-im})_{it}$	δ_5	-0.046985	1.001062	-0.046935
	$(R\&D^{f-ex})_{it}$	δ_6	-0.316167	1.015107	-0.311462
	$(R\&D^{f-fdi})_{it}$	δ_7	-0.115876	1.001106	-0.115748
σ^2			0.163641	0.080858	2.023789*
γ			0.999999	0.000000	31323***
Log 似然函数值			11.172972***		
LRt 单边检验			184.107610***		

注：*表示10%的显著性水平下显著，**表示在5%的显著性水平下显著，***表示在1%的显著性水平下显著；LR 为似然比检验统计量。

资料来源：根据超越对数生产函数模型测算数据整理得出。

根据表6-4的模型测算结果可知，SFA 模型中大部分参数统计检验为显著，模型回归效果较好，γ 值约为1.000，说明我国服务业各行业中存在技术无效性。同时，γ 值趋近于1，且 LR 检验通过了显著性和χ^2分布检验，说明上述误差项存在明显的复合结构。各因素影响效用检测结果如下。

第一，消费者偏好在技术无效方程中的影响系数约为-0.019，且具有很强的显著性，说明消费者偏好对于提升服务业各行业技术效率水平有着重要的推动作用。这一研究结论与区域层面消费者偏好作用于服务业技术效率的结论相同。可见，不论是从行业角度还是区域角度，消费者偏好对服务业生产率和效率水平的提升均起到了关键的推动作用。人力资本对服务业技术效率的影响系数约为0.003，但不具有显著性，说明人力资本直接作用于各行业技术效率水平的正向影响效应并未充分发挥。政府财政支出变量的影响系数为-2.574，但亦不具有显著性。按照市场机制的配置要求，政府政策投资在服务业重点行业领域的适当倾斜和引导，有利于服务业社会公共服务领域支出的增加。运用国家服务业引导资金[①]对于新兴行业发展的支持（夏杰长，2008），能够拓宽服务业获取投资资金的渠道，提升其经济增长效率。该实证结果从行业层面验证了政府支出作用于我国服务业生产率的积极影响效应，但计量结果的不显著性也说明了就目前而言，政府在我国服务业领域所起到的积极影响效应程度有限。研发能力对行业技术效率的影响系数约为 -0.008，且具有很强的显著性，说明对服务业各行业而言，国内研发资本存量已经对提升其技术效率起到了很大的推动作用。

第二，在国际溢出渠道作用于行业技术效率的影响效应方面，若不考虑吸收能力和技术结构的调节效用，进出口贸易和 FDI 的影响系数分别约为 -0.978、-0.028 和 -2.689，表明这三种国际溢出渠道对于行业技术效率的提升均具有正向促进作用，但显著性整体较弱。其原因在于：从竞争角度来看，进口贸易和 FDI 过程中跨国公司的进入加剧了国内市场和国际市场的竞争，在一定程度上促进了行业通过技术升级和流程再造提升自身的技术效率水平，推动服务业经济增长。但从技术溢出的扩散效果来看，对我国的传统行业而言，大多数仍属于劳动密集型，其技术水平低下，与国外的技术差距较大，通过进口贸易和 FDI 所获得的国际溢出效应对行业自身生产率和效率水平的提高并不显著。而跨国公司进入国内市场后，对国内企业产生"挤出效应"，造成国内企业人才流失并丧失技术主导权，在一定程度上抑制了内资企业的创新能力。对于高科技行业而言，在引进外资过程中要求具备较高的吸收能力，而目前国内企业同外资企业之间技术差距较大，专有人才和研发投入匮乏，故而通过吸收国外先进技术，享受技术溢出效应成果能力有限。出口贸易对于服务业技术效率水平提升的影响效应亦不显著。这是由于国内企业自身技术水平与国外先进技术水平存在较大差

[①] 国家服务业引导资金是指在中央预算内用于基本建设方面的资金投入，或是通过专项安排的国债在服务业重点领域进行项目投资建设而发放的补助性资金。

距，使我国在出口贸易过程中缺乏国际市场竞争力，不能享受技术扩散效应所产生的逆向成果。

（二）吸收能力调节效用下各因素影响效用分析

在第二层面构建的技术无效方程中，笔者依次在4个模型中引入几大吸收能力变量，并运用 Frontier 4.1 对加入交互项后的联合方程进行估计。实证结果如表6-5所示。

表6-5 引入吸收能力的服务业随机前沿生产函数技术无效方程估计值

方程模型	名称	模型1 人力资本	模型2 制度	模型3 技术差距	模型4 综合变量
超越对数生产函数估计	常数项	12.036*** (10.758)	6.525*** (14.157)	3.238*** (3.389)	13.865*** (17.441)
	$\ln L_{it}$	-1.267*** (-5.834)	-1.142*** (-3.694)	0.977*** (6.313)	-1.800*** (-7.233)
	$\ln K_{it}$	-0.419*** (-2.994)	-0.805*** (-4.302)	-0.097 (-0.966)	-0.412*** (-5.633)
	$(\ln L_{it})^2$	0.158*** (10.284)	0.183*** (7.998)	0.023* (1.882)	0.188*** (10.905)
	$(\ln K_{it})^2$	0.046*** (6.303)	0.079*** (7.223)	0.048*** (7.898)	0.039*** (5.925)
	$(\ln L_{it})(\ln K_{it})$	-0.057*** (-3.139)	-0.101*** (-6.976)	-0.107*** (-16.242)	-0.043*** (-3.343)
	$(\ln L_{it})\,t$	-0.002 (-0.294)	0.004 (0.431)	0.013*** (5.030)	-0.006 (-1.149)
	$(\ln K_{it})\,t$	-0.013** (-2.217)	-0.012*** (-2.813)	-0.014*** (-7.366)	-0.009*** (-4.569)
	t	0.226*** (3.458)	0.129 (1.251)	0.129*** (5.324)	0.216*** (5.643)
	t^2	-0.001 (-0.552)	0.002 (0.534)	-0.001 (-0.827)	-0.001 (-0.828)

续表

方程模型	名称	模型 1 人力资本	模型 2 制度	模型 3 技术差距	模型 4 综合变量
技术无效方程估计	常数项	-1.408** (-2.159)	-1.451*** (-8.758)	-1.451*** (-8.758)	0.234*** (2.870)
	CP_{it}	-0.458*** (-5.488)	-0.214*** (-3.157)	-0.214*** (-3.157)	-0.211*** (-3.881)
	HC_{it}	-0.043 (-1.389)	-0.045 (-0.974)	-0.045 (-0.974)	-0.090* (-1.808)
	GE_{it}	-0.109 (-0.130)	-0.550 (-0.052)	-0.550 (-0.057)	-0.501 (-0.715)
	$(R\&D^d)_{it}$	-0.734*** (-14.472)	-0.486*** (-7.715)	-0.486*** (-7.715)	-1.124*** (-14.135)
	$(R\&D^{f-im})_{it}$	-0.928 (-0.920)	-0.104 (-0.104)	0.161 (1.440)	0.155** (2.321)
	$(R\&D^{f-ex})_{it}$	-0.684 (-0.683)	-0.388 (-1.254)	-0.149 (-1.254)	0.035 (0.300)
	$(R\&D^{f-fdi})_{it}$	-0.780 (-0.768)	-0.107 (-0.521)	-1.271** (-2.251)	0.006 (0.115)
	G_{it}	-0.043 (-1.389)	-0.859* (-1.666)	2.872*** (10.622)	-0.180*** (-3.090)
	$(R\&D^{f-im})_{it} \times G_{it}$	0.027 (0.042)	-0.079 (-0.079)	-0.063 (-0.270)	-0.108** (-2.590)
	$(R\&D^{f-ex})_{it} \times G_{it}$	-0.718* (-1.734)	-0.220 (-0.220)	0.506** (2.447)	0.138*** (3.764)
	$(R\&D^{f-fdi})_{it} \times G_{it}$	0.032 (0.032)	-0.018 (-0.018)	1.799** (2.182)	-1.697*** (-4.091)
	σ	0.092 (9.242)	0.191*** (4.612)	0.059*** (7.375)	0.077*** (7.228)
	γ	0.887 (5.589)	0.772*** (9.356)	0.679*** (3.986)	0.723*** (4.864)
Log 似然函数值		48.90***	19.248***	93.127***	58.505***
LRt 单边检验		259.57***	200.258***	348.017***	278.772***

注：括号中数据代表 t 值，*表示在 10% 的显著性水平下显著，**表示在 5% 的显著性水平下显著，***表示在 1% 的显著性水平下显著，LR 为似然比检验统计量，G 表示各吸收能力变量。

资料来源：根据超越对数生产函数模型测算数据整理得出。

在表6-5测算结果中，4个模型中的SFA模型大部分参数统计检验为显著，模型回归效果较好，且 *LR* 检验均通过了显著性和 χ^2 分布检验，γ 值为0-1，各模型中技术效率影响因素的引入较好地解释了技术无效的内容。

在各因素变量直接作用于服务业技术效率的影响效应中，在引入吸收能力交互项的情况下，消费者偏好在4个模型中对服务业各行业的技术效率水平均呈现出很强的正向影响效应。人力资本在4个模型中对提升行业技术效率水平具有正向影响效应，其中模型4中的影响效应具有一定的显著性。政府财政支出对服务业各行业技术效率的影响效应在4个模型中虽为正，但仍不具有显著性。代表研发能力的国内研发资本存量在各模型中对行业技术效率起到了很强的正向影响效应。各吸收能力作为主效应对服务业行业技术效率的影响结果显示，人力资本、制度因素和综合变量均能够对服务业行业技术效率直接产生正向影响效应，其中制度因素和综合变量的影响效应具有较强的显著性，技术差距自身作为主效应并未对服务业行业技术效率产生积极的影响效应。

在各吸收能力的调节效用下，国际溢出作用于行业技术效率的影响效应具体表现如下。

第一，人力资本对于服务业国际溢出的效用。模型1中，在人力资本吸收效用的间接作用下，只有出口贸易的国际溢出对服务业技术效率产生了较强的正向影响效应。在控制人力资本吸收效应条件下，进出口贸易和FDI的溢出效应对服务业技术效率起到了正向推动作用，但均不具有显著性。由此可知，人力资本调节效应的引入，一定程度上强化了对出口贸易溢出渠道的同化作用，提升了其对于服务业行业技术效率的正向影响效用，而进口贸易和FDI在考虑人力资本交互式影响后，其作用于行业技术效率的影响效应反而由正向转为了负向，这说明我国服务业各细分行业人力资本存量与引资结构之间存在着不匹配性和滞后性，造成了作为吸收能力的人力资本无法充分发挥其对国际溢出的调节效用。

　　第二，制度因素对于国际溢出的效用。模型 2 中，在制度吸收能力的调节作用下，三种国际溢出对服务业行业技术效率产生了正向影响效应，但均不具有显著性，这与在控制制度吸收效应条件下所产生的影响效果相同。结合制度作为主效应直接作用于服务业行业技术效率的影响结果可知，在我国市场化过程中，行业垄断经营以及过度市场准入限制等方面的政府规制改革，在一定程度上推动了非公有制服务业的发展，进而带动了整体服务业技术效率水平的提高。但就目前而言，服务业行业领域中仍存在较为严重的国企垄断现象和体制僵化现象，非均衡的市场竞争和较低的市场化程度，限制了对外开放过程中各国际溢出渠道对我国服务业生产率和效率水平的提升效用。

　　第三，技术差距对于国际溢出效用的作用。模型 3 中，在技术差距吸收变量的调节作用下，只有进口贸易对服务业行业技术效率产生了并不显著的正向影响效应，其他两种渠道的国际溢出效应对服务业技术效率均存在显著的负向影响效应。在控制技术差距吸收效应的条件下，进口贸易对行业技术效率产生了不显著的负向影响效应，而出口贸易和 FDI 则产生了正向影响效应，其中 FDI 的影响效应具有较强的显著性。可见，不论从区域角度还是行业角度来看，技术差距作用于我国服务业国际溢出的影响效应均具有很大的不确定性，"技术适应性"所带来的"门槛效应"在一定程度上抑制了我国服务业充分地吸收和消化国际溢出所带来的先进研发技术。

　　第四，综合变量对于国际溢出效用的作用。模型 4 中，在 4 大因素的综合变量调节作用下，进口贸易和 FDI 所产生的溢出效应对服务业行业技术效率产生了很强的正向影响效应，出口贸易对服务业行业技术效率产生了显著的负向影响效应。在控制综合变量影响效应之后，进出口贸易和 FDI 自身均无法对服务业行业技术效率产生正向影响效应。可见，在三大国际溢出渠道中，进口贸易和 FDI

能够在综合变量的调节效用下，较大程度地提升了其积极作用于服务业行业技术效率的能力，且效果较为显著。

（三）技术结构与吸收能力双重调节下的影响效用分析

在第三层面构建的技术无效方程中，本章进一步在模型 1 至模型 4 中引入技术结构变量，考察技术结构和吸收能力双重调节效用下，各种渠道的国际溢出作用于服务业各行业技术效率的影响效用，实证结果如表 6-6 所示。

表 6-6 技术结构和吸收能力共同作用下服务业随机前沿生产函数技术无效方程估计值

方程模型	名称	模型 1 人力资本	模型 2 制度	模型 3 技术差距	模型 4 综合变量
超越对数生产函数估计	常数项	9.353*** (9.608)	19.403*** (19.694)	2.558*** (3.842)	11.006*** (3.366)
	$\ln L_{it}$	-1.194* (-1.689)	-1.010 (-1.185)	1.235*** (10.318)	-1.061* (-1.606)
	$\ln K_{it}$	-2.398*** (-4.113)	-2.595*** (-3.896)	-0.084 (-0.941)	-0.260 (-0.587)
	$(\ln L_{it})^2$	0.204*** (3.219)	0.148 (1.415)	-0.083*** (-5.447)	0.193** (2.439)
	$(\ln K_{it})^2$	0.193*** (2.919)	0.177*** (3.006)	0.010 (1.420)	0.072 (1.574)
	$(\ln L_{it})(\ln K_{it})$	-0.129 (-1.360)	-0.052 (-0.355)	0.011 (0.921)	-0.146*** (-2.865)
	$(\ln L_{it})t$	0.041 (0.704)	0.007 (0.130)	0.006*** (2.920)	0.031* (1.736)
	$(\ln K_{it})t$	-0.053 (-0.791)	-0.047 (-1.053)	-0.013*** (-6.933)	-0.027 (-1.221)
	t	0.217 (0.310)	0.365 (0.470)	0.141*** (6.961)	0.088 (0.547)
	t^2	0.005 (0.238)	0.005 (0.211)	-0.002** (-2.588)	0.001 (0.159)

续表

方程模型	名称	模型1 人力资本	模型2 制度	模型3 技术差距	模型4 综合变量
技术无效方程估计	常数项	-0.189 (-0.430)	-0.007 (-0.014)	-0.196 (-0.463)	-0.306 (-0.473)
	CP_{it}	-0.467*** (-2.276)	-0.262 (-0.356)	-0.275 (-0.496)	-0.336 (-0.413)
	HC_{it}	-0.007 (-0.014)	-0.066 (-0.082)	-0.062 (-0.277)	-0.048 (-0.106)
	GC_{it}	-0.184 (-0.229)	-0.042 (-0.049)	-0.127 (-0.174)	-0.207 (-0.233)
	$(R\&D^d)_{it}$	-0.807 (-1.198)	-0.007*** (-11.473)	-0.102 (-0.047)	-0.011*** (-5.888)
	$(R\&D^{f-im})_{it}$	-0.044 (-0.063)	-0.028 (-0.033)	0.023 (0.080)	-0.022 (-0.037)
	$(R\&D^{f-ex})_{it}$	-0.114 (-0.137)	-0.028 (-0.032)	-0.062 (-0.082)	-0.089 (-0.099)
	$(R\&D^{f-fdi})_{it}$	-0.406 (-0.708)	-0.143 (-0.146)	-0.400 (-0.276)	-0.082 (-0.082)
	G_{it}	-0.007 (-0.014)	-2.152** (-2.395)	0.885 (0.423)	0.043 (0.454)
	J_{it}	0.296 (0.390)	0.260*** (4.415)	-0.033 (-0.034)	0.299 (0.358)
	$(R\&D^{f-im})_{it} \times G_{it}$	0.055 (0.078)	-0.087 (-0.078)	-0.098 (-0.303)	-1.168 (-1.068)
	$(R\&D^{f-ex})_{it} \times G_{it}$	-0.060 (-0.077)	-0.105 (-0.126)	-0.086 (-0.206)	-2.464* (-1.680)
	$(R\&D^{f-fdi})_{it} \times G_{it}$	0.233 (0.267)	-0.003 (-0.003)	-0.104 (-0.108)	-0.065 (-0.065)
	$(R\&D^{f-im})_{it} \times J_{it}$	0.074 (0.083)	0.010 (0.016)	0.004 (0.006)	-0.073 (-0.073)
	$(R\&D^{f-ex})_{it} \times J_{it}$	0.074 (0.081)	0.010 (0.014)	0.134* (0.184)	0.259 (0.261)
	$(R\&D^{f-fdi})_{it} \times J_{it}$	-0.559 (-0.669)	-0.170 (-0.176)	-0.342 (-0.418)	-0.046 (-0.046)
	$G_{it} \times J_{it}$	-0.164 (-0.190)	-0.186** (-2.432)	0.523 (1.126)	-0.059 (-1.283)

续表

方程模型	名称	模型1 人力资本	模型2 制度	模型3 技术差距	模型4 综合变量
技术无效方程估计	$(R\&D^{f-im})_{it} \times G_{it} \times J_{it}$	-1.133*** (-3.040)	-0.032 (-0.045)	-6.134*** (-5.317)	-0.107 (-0.110)
	$(R\&D^{f-ex})_{it} \times G_{it} \times J_{it}$	0.538** (2.022)	-0.030 (-0.049)	-1.323 (-1.024)	0.573 (0.604)
	$(R\&D^{f-fdi})_{it} \times G_{it} \times J_{it}$	-2.398*** (-6.764)	-0.160 (-0.180)	-2.043* (-1.991)	-0.414 (-0.426)
	σ	0.180* (1.885)	0.187*** (5.140)	0.192 (1.933)	0.162* (1.830)
	γ	0.768*** (7.367)	0.882** (2.388)	0.756* (1.718)	0.766** (2.425)
Log 似然函数值		77.187***	13.683***	-13.057	26.989***
LRt 单边检验		316.135***	189.127***	135.649	215.741***

注：括号中数据代表 t 值，* 表示在10%的显著性水平下显著，** 表示在5%的显著性水平下显著，*** 表示在1%的显著性水平下显著，LR 为似然比检验统计量，G 表示各吸收能力变量，J 代表技术结构。

资料来源：根据超越对数生产函数模型测算数据整理得出。

由表6-6可知，在引入技术结构调节效用后，4个模型均通过了显著性检验，γ 值为0-1，回归模型拟合度较好，所有模型均较好地解释了技术无效的大部分内容。

在考虑技术结构和吸收能力的调节效用后，各因素变量作用于服务业行业技术效率的直接影响效应中，消费者偏好在4个模型中均呈现出正向影响效应，其中模型1中的影响效应具有很强的显著性；人力资本和政府财政支出在4个模型中所呈现出的影响效应亦为正，但均不具有显著性。吸收能力和技术结构作为主效应作用于服务业行业技术效率的影响结果显示，人力资本和制度因素作为主效应能够对服务业行业技术效率直接产生正向影响效应，其中制度因素所带来的影响效应具有很强的显著性；技术结构作为主效应只在模型3中呈现出并不显著的正向影响效应；在各吸收能力与技术结构的交互式影响效应中，除了技术差距与技术结构的交互式影响效应无法对服务业行业技术效率直接产生正向推动作用，其余吸收变量与技术结构的交互式效应均能够直接对模型中的行业技术效率产生正向影响效应，其中制度因素与技术结构之间的影响效应具有较强的显著性。

在技术结构与吸收能力双重调节效用下，国际溢出作用于服务业行业技术效率的影响效应在4个模型中的具体表现如下。

第一，技术结构调节下人力资本作用于国际溢出的影响效应。模型1中，在加入技术结构影响变量之后，在人力资本和技术结构双重调节作用下，进口贸易和FDI能够对服务业技术效率产生正的影响效应，且具有很强的显著性；出口贸易对服务业技术效率产生并不显著的负向影响效应。在忽略技术结构的影响下，只有出口贸易能够在人力资本作用下对服务业技术效率产生并不显著的正向推动作用；而在控制吸收效应的影响下，FDI能够在技术结构作用下对服务业技术效率产生不显著的正向推动作用。在同时控制技术结构和吸收能力调节效应下，进出口贸易和FDI均能够独自对服务业产生正向影响效应，但不具有显著性。由此可知，在引入技术结构后，合理的技术结构使进口贸易和FDI能够在人力资本吸收变量影响下增强其正向作用于服务业技术效率的影响效果。

第二，技术结构调节下制度因素作用于国际溢出的影响效应。模型2中，在技术结构与制度吸收效用的双重调节效用下，进出口贸易和FDI对服务业技术效率均起到了积极的正向推动作用，但均不具有显著性。在控制技术结构以后，进出口贸易和FDI在制度吸收效应作用下能够对服务业技术效率产生正向影响效应，但亦不具有显著性。在控制制度因素影响效应后，只有FDI在技术结构作用下能够对服务业行业技术效率产生并不显著的正向影响效应。在同时控制技术结构和制度因素之后，进出口贸易和FDI能够通过自身直接对区域服务业技术效率产生正向影响效应，但效果亦不显著。可见，进口贸易、出口贸易以及FDI能够通过自身、制度调节效用以及制度和技术结构的双重调节效用三种途径对服务业技术效率产生正向影响效应，但效果均不显著。

第三，技术结构调节下技术差距作用于国际溢出的影响效应。模型 3 中，在技术结构与技术差距的双重影响下，进口贸易和 FDI 的国际溢出效应对服务业技术效率产生了较为显著的正向推动作用。在控制技术结构影响后，技术差距吸收变量调节作用下的进出口贸易和 FDI 三种国际溢出渠道均能够对服务业技术效率产生正向影响效应，但不具有显著性。在控制技术差距吸收调节效应下，只有 FDI 能够通过技术结构对服务业技术效率产生正向国际溢出效应，但效果亦不具有显著性。可见，当技术结构较为合理时，只有进口贸易和 FDI 能够在技术结构与技术差距的双重调节机制下对服务业技术效率产生较为显著的正向影响效应。出口贸易虽能够通过自身、技术差距单因素调节以及技术差距和技术结构的双重调节三种途径对服务业技术效率产生正向推动作用，但效果均不显著。由此可知，不论从区域角度还是行业角度来看，技术差距导致出口贸易对我国服务业技术效率均未能产生良好的推动作用。

第四，技术结构调节下综合变量作用于国际溢出的影响效应。模型 4 中，进出口贸易和 FDI 在综合变量和技术结构双重调节作用下产生的国际溢出对服务业技术效率均产生了正向影响效用，但效果并不显著。在控制技术结构调节效用后，进出口贸易以及 FDI 均能够在综合变量的单独调节作用下对服务业技术效率产生正向影响效应，其中出口贸易的影响效应具有较强的显著性。在控制综合变量调节效用后，进口贸易和 FDI 能够在技术结构带动作用下对服务业技术效率产生积极的影响效应，但效果并不显著。在分别控制技术结构效用和综合效应后，进出口贸易以及 FDI 能够对服务业技术效率水平产生并不显著的推动作用。由此可知，在综合变量影响下，技术结构的引入对改进各国际溢出效应成果并不显著。

通过以上分析可知，在影响服务业各行业技术效率水平的各因素变量中，消费者偏好、人力资本、政府财政支出、进出口贸易以及 FDI 均能够直接对各行业技术效率水平的提高产生正的影响效用，但只有消费者偏好和人力资本的积极影响效用具有较强的显著性。在调节效用下的各国际溢出渠道中，进口贸易和 FDI 均能够通过综合变量单调节作用、人力资本与技术结构双重调节作用以及技术差距与技术结构双重调节作用三种途径提升其正向作用于服务业技术效率的显著性；出口贸易只能通过人力资本吸收能力的单因素调节效用来进一步提升其积极作用于各行业技术效率水平的显著性（如图 6-2 所示）。

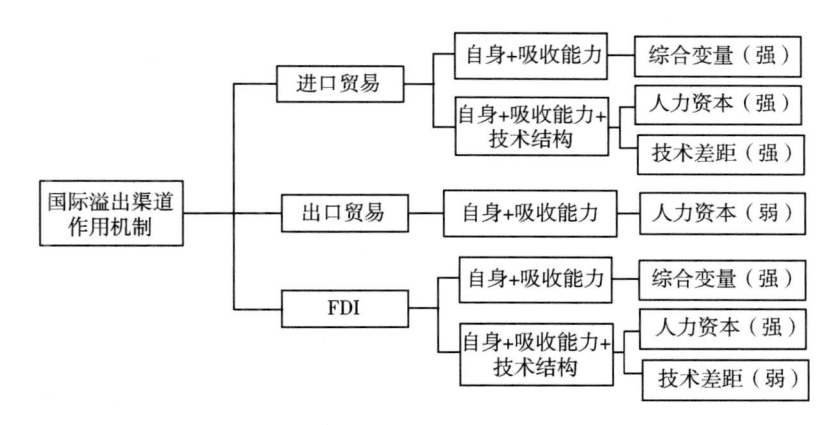

图 6-2 国际溢出效应作用机制与影响效用

注：弱、强分别代表各国际溢出效应提升服务业技术效率水平的显著性；综合变量、人力资本、技术差距分别代表不同的吸收能力。

（四）产业关联度实证结果分析

在第三章的理论分析中指出，当服务业作为中间投入品参与制造业生产时，在服务业各行业中，与制造业增长紧密度越高的行业，在带动制造业发展的同时越能增强其自身的生产率和效率水平，实现服务业发展的"自我强化"良性循环，这正是服务业发展过程中的"自增强"机制所发挥的效用。因此，与制造业有着不同产业关联度的服务业行业，必然会产生不同的 TFP 增长水平，从而引致服务业行业间 TFP 增长的异质性。本章基于调整后的 2012 年、2015 年和 2017 年的投入产出表，通过测算制造业对服务业各行业的直接消耗系数和完全消耗系数，考察制造业与服务业之间的产业关联度，计算结果如表 6-7 所示。

表 6-7　服务业各行业与制造业产业关联度测度表

行业	2012 年 直接消耗系数	2012 年 完全消耗系数	2015 年 直接消耗系数	2015 年 完全消耗系数	2017 年 直接消耗系数	2017 年 完全消耗系数
交通运输、仓储和邮政业	0.029	0.113	0.021	0.076	0.033	0.321
邮政业	0.000	0.001	0.000	0.003	0.001	0.007
信息传输、计算机服务和软件业	0.008	0.029	0.005	0.018	0.006	0.061
批发和零售业	0.039	0.119	0.018	0.071	0.030	0.227
住宿和餐饮业	0.005	0.021	0.003	0.023	0.007	0.088
金融业	0.012	0.052	0.014	0.059	0.019	0.213
房地产业	0.002	0.008	0.002	0.015	0.004	0.046
租赁和商务服务业	0.011	0.036	0.009	0.028	0.013	0.130
研究与实验发展业	0.000	0.002	0.001	0.006	0.003	0.023
综合技术服务业	0.001	0.006	0.002	0.015	0.004	0.044
其他社会服务业	0.005	0.015	0.002	0.013	0.003	0.051
教育	0.001	0.003	0.000	0.002	0.000	0.008
卫生、社会保障和社会福利	0.001	0.003	0.001	0.004	0.002	0.017
文化、体育和娱乐业	0.001	0.005	0.001	0.003	0.001	0.017
公共管理和社会组织	0.000	0.000	0.000	0.000	0.000	0.002

资料来源：根据相关年份《中国投入产出表》计算整理得出。

从表 6-7 可知，无论是 2012 年、2015 年还是 2017 年，在服务业各行业中，制造业对生产性服务业的消耗均明显高于生活性服务业。

从直接消耗系数上看,制造业对交通运输、仓储和邮政业,批发和零售业,金融业,租赁和商务服务业几大行业的直接消耗相对较高。这是源于制造业部门在生产过程中,对物流、仓储、银行信贷以及房屋租赁等方面具有较多的需求,因此在交通运输、仓储和邮政业,批发和零售业,金融业以及租赁和商务服务业领域的直接消耗相对较大,而这些领域均归属于生产性服务业。从时间纬度上看,2015 年交通运输、仓储和邮政业,租赁和商务服务业两大行业的直接消耗系数相较于 2012 年略有下降,但在 2017 年再次上升为三大时间段中的最高值。批发和零售业的直接消耗系数同样在 2015 年有所下降,在 2017 年有所回升。金融业的直接消耗系数在 2012 年、2015 年和 2017 年三个时间段均呈现明显的上升趋势,表现出与制造业之间的关联程度在逐步上升。由此可知,相较于其他服务行业,制造业对交通运输、仓储和邮政业,租赁和商务服务业,金融业三大行业具有较高的依赖程度。制造业对研究与实验发展业以及综合技术服务业的直接依存度虽然相对较低,但是这两大生产性服务业的直接消耗系数在三个时间段内呈逐步上升趋势,说明了科技研发行业同制造业之间的关联程度在逐步增加,制造业对科研领域的依赖程度亦在不断提升。房地产业以及信息传输、计算机服务和软件业的直接消耗系数在整个考察期变化幅度不大,且均较为低下。

从完全消耗系数上看,制造业对交通运输、仓储和邮政业,批发和零售业,金融业三大行业具有较高的完全消耗系数,反映了这三大生产性服务业不论从直接效应还是间接效应上均对制造业起着较大的拉动作用。交通运输、仓储和邮政业在各行业中的完全消耗系数最大,其 2017 年完全消耗系数上升为三个时间段中的最高值,由此说明了交通运输、仓储和邮政行业在所有服务业中与制造业之间的关联度最为紧密。相较于交通运输、仓储和邮政业,金融业在 2012 年和 2015 年的完全消耗系数偏低,但呈逐年上升趋势,2017

年金融业的完全消耗系数迅速增加至三个时间段的最高值，对于制造业生产的间接拉动作用明显增强。租赁和商务服务业在2012年和2015年的完全消耗系数均较为低下，并且2015年的完全消耗系数相较于2012年有所减少，2017年租赁和商务服务业的完全消耗系数有了较为明显的提升，但仍然滞后于交通运输、仓储和邮政业，批发和零售业，金融业。制造业对研究与实验发展业以及综合技术服务业的完全消耗系数虽然较低，但在整个考察时间段内呈显著的上升趋势。结合这两大生产性服务业的直接消耗系数可知，其作为黏合剂在制造业的生产过程中的作用逐步提升。房地产业的完全消耗系数虽然较低，但呈逐步上升趋势，说明房地产业对制造业的间接拉动作用在逐渐增加。信息传输、计算机服务和软件业的完全消耗系数亦较低，结合其直接消耗系数可知，信息传输、计算机服务和软件业与制造业之间的产业关联度仍较为薄弱。

由此可见，通过分析制造业与服务业各行业之间的产业关联度，证实了服务业领域的生产性服务业与制造业之间有着较高的产业依存度，其中交通运输、仓储和邮政业，批发和零售业，金融业三大行业同制造业之间的产业关联度尤为显著，说明了这三大行业与制造业之间有着紧密的产业关联度。而制造业对于生产性服务业较大的产业关联需求，会进一步引致生产性服务业的不断创新，推动其生产率和效率水平的不断提升。本书第五章服务业各行业TFP及其效率的演化结果显示，批发和零售业、金融业在发展过程中的TFP以及技术效率水平相较而言要高于其他行业，并且提升速度也要高于其他行业，证实了生产性服务业发展过程中所具备的"自增强"机制能够在与制造业互动融合的过程中推进其TFP和效率水平的提升。

至此，本章对引致我国服务业TFP异质性演化的各因素变量的影响效应及其机制路径进行了剖析，笔者将根据研究结论提出缩小我国区域和行业间服务业发展差距、实现我国服务业协调可持续发展的相应的对策建议。

第四节　本章小结

本章首先运用各因素变量与技术无效的联合生产函数模型，从区域和行业两个层面对各经济因素变量作用于我国服务业技术效率的影响效用进行了分析，其次运用里昂惕夫的投入产出模型，对我国服务业与制造业之间的产业关联度进行了分析，从而对引致我国服务业 TFP 异质性演化的因素效应和机制路径进行实证检验。研究结果如下。

第一，在影响区域服务业技术效率的各因素变量中，消费者偏好、人力资本和进口贸易能够对区域服务业技术效率水平的提升产生显著的正向推动作用；政府财政支出和政府消费性支出虽然能够提升区域服务业技术效率水平，但不具有显著性；国内自身研发资本存量无法较好地提升技术效率水平，其效用程度的发挥与国际资本溢出紧密相关。在调节效用下的各国际溢出渠道中，进口贸易能够通过技术差距调节效应显著作用于服务业技术效率水平；出口贸易主要通过贸易开放调节效应显著作用于服务业技术效率水平；FDI 主要通过技术差距与技术结构双重调节效应显著作用于服务业技术效率水平；ODI 能够通过城市化率与技术结构的双重调节效用积极作用于服务业技术效率水平，但程度较弱。

第二，在影响服务业各行业技术效率水平的各因素变量中，消费者偏好、人力资本、政府财政支出、进出口贸易以及 FDI 均能够直接对各行业技术效率水平的提高产生正的影响效用，但其中只有消费者和人力资本的积极影响效用具有较强的显著性。在调节效用下的各国际溢出渠道中，进口贸易和 FDI 均能够通过综合吸收能力单调节作用、人力资本与技术结构双重调节作用以及技术差距与技术结构双重调节作用三种途径提升其正向作用于行业技术效率的显著性；出口贸易只能通过人力资本吸收能力的单因素调节效用来进一步提升其积极作用于各行业技术效率水平的显著性。

  第三，在服务业各行业与制造业之间的产业关联度分析中，交通运输、仓储和邮政业，批发和零售业，金融业这三大生产性服务业不论从直接效应还是间接效应上均对制造业起着较大的拉动作用。其中，交通运输、仓储和邮政业在所有服务行业中与制造业之间的关联度最为紧密，而金融业逐年上升的完全消耗系数说明其对于制造业生产的间接拉动作用明显增强。制造业对研究与实验发展以及综合技术服务业的直接依存度虽然相对较低，但二者之间的关联程度在逐步增加。房地产业以及信息传输、计算机服务和软件业与制造业之间的产业关联度一直较为低下，但其中房地产业逐步上升的完全消耗系数表明其同制造业之间的间接拉动作用在逐渐增加，信息传输、计算机服务和软件业均较低的直接消耗系数和完全消耗系数表明，信息传输、计算机服务和软件业与制造业之间的产业关联度仍十分薄弱。

第七章 结论与展望

第一节 研究结论

本书通过构建服务业 TFP 增长模型,从理论层面论证了引致我国服务业 TFP 演化异质性的各经济变量及其影响效应,并运用超越对数生产函数模型以及因素变量与技术无效联合的生产函数模型,分别对区域和行业层面的服务业 TFP 进行了分解和测度,实证检验了各地区及各行业 TFP、技术进步、技术效率改进、规模效率改进以及配置效率改进的演化进程、异质性程度、趋势特征以及影响效果,对引致我国服务业 TFP 异质性演化的各因素效应和机制路径进行了分析。本书的主要研究结论包括以下几个方面。

第一,服务业 TFP 增长模型分析论证了服务业与制造业的融合互动、人力资本、研发资本、吸收能力、技术结构以及政府财政支出能够对服务业 TFP 增长水平的提升产生影响,是引致服务业 TFP 增长异质性的重要因素。当服务业作为中间产品参与制造业部门生产时,不论在封闭经济状态还是开放经济状态下,服务要素投入种类及要素的产出弹性均能够对制造业经济增长产生积极的影响。与此同时,服务业能够通过"自增强"机制,在提升制造业增长水平的过程中,刺激自身生产率和效率水平的提升,而与制造业有着不同产业关联度的服务行业,会产生不同的 TFP 增长水平,进而引致服务业行业间 TFP 增长的异质性。当服务业作为最终消费品进行生产时，在封闭经济状态下，人力资本部门生产力、国内研发部门技术及知识外部性能够对服务业 TFP 增长率产生积极影响。在开放经济状态下，国外研发资本、技术结构、吸收能力以及政府补贴能够对服务业 TFP 增长水平的提升产生影响效用，国内外技术差距亦能够对服务业 TFP 增长率产生影响，但该影响效应具有不确定性，而各因素变量影响效应程度的差异性会造成服务业 TFP 增长水平的不同，进而引致不同区域和行业间服务业 TFP 演化的异质性。

第二，服务业 TFP 增长率在不同区域和行业的演化过程中存在异质性，技术进步和技术效率改进是服务业 TFP 增长的两大重要源泉。各区域服务业 TFP 在演化过程中，东部发达地区由于拥有较高的技术进步和技术效率水平而具备高于中西部地区的 TFP 增长率，但后发优势和追赶效应使中西部地区服务业 TFP 增长速度呈现出赶超东部地区的趋势。技术进步由于先进技术获取途径的转变而在各区域服务业演化过程中呈现明显的下降趋势，其中西部欠发达地区由于技术获取途径仍存在明显的后发优势，尚保持相对较高的技术进步水平。技术效率由于技术无效性的普遍存在而在各区域间整体呈下滑趋势，其中只有东部发达地区仍保持较高的技术效率水平，中西部地区由于技术适宜性使其技术效率改进水平更为低下，并在一定程度上抵消了技术进步所带来的积极影响效应。各区域规模效率改进在服务业发展初期要高于配置效率改进，但呈明显的不断下滑趋势，并逐步被配置效率改进的快速上升反超。在服务业内部结构演化过程中，技术进步亦逐步成为推动各行业 TFP 增长的核心。TFP 增长率、技术进步和技术效率改进在服务业发展初期均保持较高水平，但呈不断下降趋势，其中，生活性服务业的 TFP、技术进步、技术效率改进在服务业发展初期明显高于生产性服务业，但技术效率改进在服务业演化过程中开始滞后于生产性服务业。各行业规模效率改进和配置效率改进在整个考察期内的水平均较为低下，尤其是配置效率改进水平一直位于零水平以下，发展极为缓慢，并且相较而言，生产性服务业配置效率改进的滞后性更为明显。

第三，服务业 TFP 异质性演化的程度和趋势特征，是造成区域和行业间服务业发展差距扩大的主要原因，技术效率异质性是导致服务业发展差距扩大的主导因素。各区域服务业 TFP 在异质性演化过程中，东部地区服务业 TFP 的发展存在一定的不均衡性，但此异质性在服务业演化过程中呈缩小趋势；西部地区服务业 TFP 的异质性亦呈现出不断扩大的趋势；中部地区服务业 TFP 的异质性整体而言则相对较为稳定。各区域 TFP 构成部分的异质性演化趋势中，各区域服务业 TFP、规模效率改进以及配置效率改进在省际异质性程度方面明显高于技术进步和技术效率改进。各区域服务业在 TFP 异质性演化进程中逐步发展为以东部地区省份为主的快速发展型、以中西部地区省份为主的快速赶超型、东中西部地区省份比重均等的减速发展型、以中部地区省份为主的滞后发展型。服务业各行业 TFP 在异质性演化过程中，生产性服务业和生活性服务业内部各行业 TFP 异质性呈下降趋势，并且相较而言，生活性服务业行业间的异质性程度明显小于生产性服务业。TFP 构成部分的异质性演化趋势中，行业间异质性变化幅度最大的是规模效率改进，其次是 TFP 和配置效率改进，技术进步和技术效率改进差异性波动程度最小。各行业 TFP 在异质性演化过程中呈现生产性和生活性服务业比重均等的快速发展型、以租赁和商务服务业为代表的快速赶超型、以居民服务、修理和其他服务业为代表的减速发展型以及以生产性服务业为主的滞后发展型。在 TFP 异质性作用于服务业发展差距的影响效果中，不论是区域间还是行业间，服务业 TFP 与劳均产出在动态分布过程中均呈现出相似的分布状态，且 TFP 演化异质性对于服务业发展差距的贡献份额明显高于要素投入，其中综合技术效率改进异质性的贡献份额占主导因素。从各因素对服务业发展差距的长短期影响效果上看，区域间 TFP 和技术效率改进异质性在长短期内均能够对服务业发展差距的扩大产生显著的影响效应；各行业间仅有 TFP 异质性能够在长短期内对服务业发展差距的扩大产生显著的影响效应。技术进步虽然在长短期内能够对区域和行业间服务业发展差距产生一定的冲击效应，但该效应不具有显著性。

第四，服务业 TFP 异质性演化影响机制分析证实了消费者偏好和人力资本能够通过直接显著提升服务业技术效率水平来提升 TFP 增长率，国际溢出渠道需要通过调节效用增强其影响效应，生产性服务业通过与制造业之间较高的产业关联度增强其自身的 TFP 增长水平。在区域服务业 TFP 异质性演化影响机制分析中，消费者偏好、人力资本和进口贸易能够对服务业技术效率水平的提升产生显著的正向推动作用，政府财政支出和消费性支出能够对提升服务业技术效率水平产生并不显著的正向作用，国内自身研发资本存量效用程度的发挥与国际资本溢出紧密相关，进口贸易能够通过技术差距调节效应显著提升服务业技术效率水平，出口贸易能够通过贸易开放调节效应显著提升服务业技术效率水平，FDI 能够通过技术差距与技术结构双重调节效应显著提升服务业技术效率水平，ODI 能够通过城市化率与技术结构的双重调节效用提升服务业技术效率水平，但程度较弱。在服务业各行业 TFP 异质性演化的影响机制分析中，消费者偏好和人力资本能够直接对各行业技术效率水平的提高产生显著的正向影响效用，进口贸易和 FDI 能够通过综合吸收能力单调节作用、人力资本与技术结构双重调节作用以及技术差距与技术结构双重调节作用三种途径提升其积极作用于行业技术效率水平的显著性，出口贸易能够通过人力资本吸收能力调节效用提升其正向作用于行业技术效率水平的显著性。各行业与制造业之间的产业关联度表明，交通运输、仓储和邮政业，批发和零售业，金融业三大生产性服务业不论从直接效应还是间接效应上均能够对制造业产生较大的拉动作用；制造业对研究与实验发展业以及综合技术服务业的直接依存度虽然相对较低,但二者之间的关联程度在逐步增加;房地产业以及信息传输、计算机服务和软件业与制造业之间的产业关联度一直较为低下,但房地产业同制造业之间的间接拉动作用在逐渐增加,而信息传输、计算机服务和软件业与制造业之间的产业关联度一直十分薄弱。

第二节 政策建议

基于以上研究结论,本书提出如下政策建议。

本书通过系统性分析我国服务业 TFP 的演化进程发现,不论对于各区域还是各行业而言,我国服务业 TFP 及其构成部分在发展与演化过程中均存在不同程度的异质性,而这种异质性是造成我国区域和行业间服务业发展差距扩大的主要原因。为了缩小我国区域和行业间服务业的发展差距,实现我国服务业的协调可持续发展,欠发达地区和行业必须通过开发人力资源、提升技术创新、增强国际溢出效应等方式提升其 TFP 增长水平。因此,在促进我国服务业的协调可持续发展过程中,本书得出的政策建议如下。

第一,提升人力资本、政府投入以及国内研发等因素对我国服务业生产率水平的直接推动作用。人力资本不论是直接效应还是作为吸收能力的间接效应,均对我国服务业效率水平的提升起到很关键的推动作用。因此,对于人力资本的积累水平的提升而言,一方面需要通过厂商或政府加大正规教育和学习的投入力度,使服务业经济增长与人力资本的供应能够长效配合,同时通过构建监督和激励机制有效使用人力资本,加大知识产权保护力度,营造人才成长的良好社会环境;另一方面,需要提供更多人才引进的机会和平台,积累劳动力在先进生产技术和设备使用过程中的经验知识。对于政府部门而言,首先,要增加其在非市场化领域的投入,提升其在服务业领域的直接效应;其次,针对服务业领域由于行业垄断所造成的静态效率损失，通过财政补贴等方式刺激对服务产品的需求，以改善市场失灵情况；最后，针对研发部门由于外部效应所产生的激励不足现象，政府部门可通过财政补贴或减免税收的方式刺激与鼓励研发活动与投入的增加。在服务业研发创新方面，由于我国服务业领域存在研发投入不足和研发能力滞后的情况，需要在国内研发创新与国际吸收引进之间进行权衡，将技术创新与技术引进良好结合，在能够以低成本引进国际先进技术的条件下避免国内同等技术的重复研发，减少或消除资源浪费，同时在此过程中通过培育自身研发水平提升技术适应力与创新力，与国际研发效应共同推进区域服务业技术效率水平的提升。

第二，拓宽国际溢出渠道，充分发挥各国际溢出渠道对我国服务业 TFP 水平提升的积极推动作用。在四大国际技术溢出的影响效应中，FDI 作为服务业外资引进的主要渠道，并未产生良好的促进效应，我国服务业仍主要局限于进口贸易的简单商品和资本流动。对于具有逆向溢出效用的国际渠道而言，ODI 在不同吸收效用作用下虽能够在一定程度上推动区域服务业技术效率水平，但技术水平的相对滞后与相应人才的短缺使中国对外投资的服务业企业在国际市场上由于缺乏竞争力而难以带来良好的逆向溢出效应。在服务贸易方面，进出口贸易均主要集中于劳动密集型行业，传统服务业进出口比重仍然很大，服务业领域贸易结构失衡现象明显。因此，在发挥各国际溢出渠道的效应过程中，需从根本上推进服务业 FDI 由量向质的转变，促进 FDI 在金融、社会服务、教育、通讯、旅游等多领域的规模性增长，充分发挥服务业 FDI 的技术溢出效用，同时提升企业自身在国际市场上的竞争力和适应力，在推进国内新兴服务业企业参与国际竞争的过程中重视国际化服务人才培养，突破服务业企业在 ODI 过程中的人才瓶颈，并在财税、金融、信用担保以及海外投资评估等方面给予政策支持，通过服务业"引进来"与"走出去"的双向互动提升服务业生产率与效率。另外，改善服务贸易模式的结构失衡性，发展高端服务产业，摆脱我国服务外包产业处于全球价值链低端的现状，培育立足于价值链高端的国际性服务业企业，通过增加进出口贸易中高附加值服务产品的比重，加大外商在信息、金融及知识等技术含量较高的服务业领域的技术扩散，提升进出口贸易的技术溢出效应。

第三，增强本国吸收能力，合理利用技术结构与吸收能力对我国服务业国际溢出效应的调节作用。吸收能力是决定服务业国际溢出成效的关键，这一点在实证检验过程中得以肯定，在利用吸收能力的过程中，不同的吸收能力作用于国际溢出效应时所带来的技术效率改进效应各不相同，因此要根据不同吸收变量对不同溢出渠道的效用来制定引资政策和产业政策，因地制宜地加强作用于不同国际溢出渠道的吸收能力。另外，在通过吸收能力强化国际溢出效应而实现服务业"低成本"技术赶超的过程中，对于先进技术的吸收消化以及二次创新十分重要，这与服务业合理的技术结构紧密相连。在不同匹配度的技术结构与吸收能力的交互式作用下，会引致区域服务业生产率以及技术效率的差异性效果，因此，在培养和提升区域服务业国际溢出效应的吸收能力的同时，还要重视技术结构与吸收效应对于服务业效率的系统性作用，合理搭建技术结构与服务业经济发展之间的效率控制系统，从全球资源整合的微观角度优化自身技术结构，并根据不同渠道的国际溢出效应以及不同内容的吸收能力对服务业技术结构进行差异性的匹配和调整，以实现服务业技术效率及生产率水平的提升。

另外，我国服务业各行业在演化过程中由于服务业领域行业种类的庞杂和多元性，各行业 TFP 增长率、技术进步以及各效率改进演化方向和发展水平有很大的差异性，由此本书进一步针对行业层面得出如下政策建议。

第一，在推进各行业 TFP 增长的过程中，继续拓展以知识密集型为主的生产性服务业，进一步提升生活性服务业技术效率水平。

在我国服务业与制造业的融合发展过程中，通过嵌入式、交叉式和捆绑式技术变革，实现生产性服务业与制造业之间的互动融合，在构建关键技术领域合作研发的基础上推进两大产业自主创新技术的推广应用（李秀文、夏杰长，2012），从而在扩大生产性服务业产业层面中间需求的过程中，实现其快速发展。同时，提升生活性服务业技术效率水平，充分发挥我国商贸服务业、健康服务业、旅游业、家庭养老业等消费性服务业的发展潜力，实现社会服务业朝市场化、产业化、规模化方向发展。在公共服务方面，推进具有公共服务和准公共服务的科教文卫等行业的发展，提升其可市场化部分的服务效率与质量，增加非市场化部分的公共服务的财政支出，在推进行业整体效率的同时，实现"瓦格纳法则"中政府部门对于公共物品供给及公共部门领域作用的提升和拓展。另外，扩展提升人民生活质量和职业潜能的非基本公共服务业，以逐渐减弱对出口经济的依赖度，进一步扩大内需、促进经济转型。

第二，进一步提升传统型流通服务业的技术效率水平，培育作为新引擎的新兴服务业，为新兴服务业的发展创造一个良好的市场环境和政策环境。对于交通运输、仓储和邮政业等传统服务性行业而言，需进一步提升其技术进步和技术效率水平，加强和完善信息化、网络化及物流配套设施的建设，变革流通领域结构不合理、经营体制落后等现象，通过创新融资等方式实现流通服务的高效运营，扩大电商、食品、快递、医药等物流细分市场对国内消费需求的带动作用，推进其向中高端迈进。对于拥有新型营销方式、管理理念和新型网络技术的新兴服务业而言，努力培育作为新引擎的新兴服务业在其市场领域中转变市场准入和管理模式、制定行业标准和定价模式，通过加大政府采购、营改增等财税政策的支持，为新兴服务业的发展创造一个良好的市场环境和政策环境。同时设立新兴服务业领域的科技专项基金，引导行业领域的资金流向，搭建科技企业融资平台和共性技术与公共信息服务平台，解决科技企业的融资担保问题和科技资源配置问题，进一步发展具有较强适应能力的科技中介企业，激活科技服务的活力，为新兴服务业发展提供良好的科技动力支撑。对适应新市场需求并具有巨大潜力的信息传输、计算机服务与软件业等高新技术服务行业在推进其市场化进程的同时，通过税收、资金等举措支持有实力的企业对外投资并设立机构，实施"走出去"战略。

第三，深化金融机构体制机制，加大金融体系创新，加强房地产业技术结构，增强其规模化发展。在金融服务领域，通过技术和制度的不断创新进一步拓宽金融交易领域的业务，推进最新科技成果在金融领域的迅速渗透。同时，提高金融领域防控风险的技术和管理水平，既要重视资金链、产业群、担保链以及流动性等领域所可能引致的区域性和系统性风险，亦要关注信息科技、市场变动、业务创新等方面所带来的风险苗头和趋势。针对发展初期的小型民营服务业企业，构建多元化、多层次的金融体系，并借鉴发达国家经验，根据国家产业政策提供特别基金支持，改进金融创新的模式和途径，拓宽对于服务业企业融资担保和质押抵押的种类范围，通过中短期融资、集合债券等方式提供更为灵活的企业融资渠道，解决服务业企业融资瓶颈。在房地产领域，进一步加强技术结构变化对其发展的作用，通过提升就业规模和产值规模等比较优势，增强其规模经济效应，避免由于"投资热"而导致的众多企业规模小、资质差、布局分散。在新常态下，通过多元化和跨行业经营方式，进行房地产业的创新和转型，增加在商业、旅游等领域的地产投资，在提供全方位的市场服务过程中获得更多的盈利。同时，进一步推进房地产业的"双轨制"功能，一方面构建以政府为主提供的保障性住房，另一方面满足以市场为主的多层次需求性住房。在房地产市场调控方面，在充分发挥市场资源配置效用的前提下，以经济、法律、财税等政策手段对其进行调节，在规避资产负债率风险的同时，实现整个行业的健康、稳态发展。

第四，扩大服务业对外开放度，提高服务业技术创新能力。在服务业外资引进和利用方面，放松外资准入限制，提高服务业在金融、信息技术、租赁与商贸服务等领域的外资利用率，将我国通过知识溢出效应吸纳和引进的先进技术作为提高技术水平的一个重要方面。另外，建立国外制造业同国内生产性服务业之间的广泛联动机制，提升国内生产性服务业对国际制造业的服务能力，并在此过程中加快来自外资企业的技术转移。同时，由于改革开放以来我国从国外引进的先进技术属于隐性技术，引进的技术大多数为较低端的技术，高端的技术难以引进和吸收，这种方式在短期内可以达到快速提高技术进步的目的，但在经济的长期发展过程中会遇到技术进步水平上升的瓶颈，因此在服务业发展过程中，更为重要的是增加服务业领域的研发投入，增强服务业自主技术创新的原动力，以科技创新和进步为切点入，培育广泛运用信息技术、网络技术和现代管理营销理念的高附加值新兴服务业，通过创新服务业形态和模式提升服务业现代化程度。

第三节　研究展望

本书从 TFP 分解的视角分别对区域层面和行业层面的服务业演化进程及其过程中存在的异质性现象及其内在机制进行了理论分析和实证研究。但由于时间限制和部分数据较难获取，本书的研究存在一定的不足和局限性，有待未来进一步深入研究。

首先，因为本书在实证分析过程中需要进行大量的计量统计，所以原始数据的准确度十分重要，但在进行数据收集和处理方面，由于国家统计资料以及各行业和省份统计资料在一些指标统计口径上存在一定的差异，并且个别数据存在缺失现象，这给本书的研究带来了一定的困难。另外，引致我国服务业 TFP 异质性演化的各经济变量影响因素较多，由于受到数据可获得性的限制，未能从更多维度对影响各行业 TFP 异质性演化的经济变量进行分析，有待于在后续的研究中对此部分内容进行拓展和突破。

其次，随着服务业产业地位不断提升，对于服务业领域进行拓展性研究已成为一大趋势。引领世界经济发展方向和产业结构升级的高端服务业，由于处于产业价值链的尖端而成为整个经济发展的主导和动力源泉。因此，如何通过提升以金融、商务以及科研文化创新等为代表的高端服务行业的资源配置效率和技术创新能力，提升我国服务业产业升级，将成为本书后续的研究内容。

参考文献

一 中文参考文献

(一) 著作类

丁伯根：《生产、收入与福利》，北京经济学院出版社1991年版。

[美] 戴尔·乔根森：《生产率》，中国发展出版社2001年版。

黄少军：《服务业与经济增长》，经济科学出版社2000年版。

黄维兵：《现代服务业经济理论与中国服务业发展》，西南财经大学出版社2003年版。

[美] 库兹涅茨：《现代经济增长》，戴睿译，北京经济学院出版社1989年版。

李京文、钟学义：《中国前沿生产率》，社会科学文献出版社1998年版。

史丹、夏杰长：《中国服务业发展报告 (2013) ——中国区域服务业发展战略研究》，社会科学文献出版社2013年版。

亚当·斯密：《国民财富的性质和原因研究》第2卷，商务印书馆2014年版。

张淑君：《服务业就业效应研究》，中国财政经济出版社2006年版。

（二）期刊类

鲍晓华、金毓：《出口质量与生产率进步：收入分配的影响力》，《财经研究》2013年第8期。

曹跃群、刘冀娜：《我国服务业资本存量地区差异及其成因——基于空间经济学的实证分析》，《数量经济技术经济研究》2008年第1期。

陈波、贺超群：《出口与工资差距：基于我国工业企业的理论与实证分析》，《管理世界》2013年第8期。

陈健、史修松：《产业关联、行业异质性与生产性服务业发展》，《产业经济研究》2008年第6期。

陈秀山、徐瑛：《中国区域差距影响因素的实证研究》，《中国社会科学》2004年第5期。

陈怡安、杨河清：《海归回流对中国技术进步的影响效应实证》，《经济管理》2013年第4期。

陈羽、邝国梁：《FDI、技术差距与本土企业的研发投入——理论及中国经验研究》，《国际贸易问题》2009年第7期。

陈志军、缪沁男：《外部创新源对创新绩效的影响研究：吸收能力的调节作用》，《经济管理》2014年第3期。

程大中：《中国服务业的增长与技术进步》，《世界经济》2003年第7期。

仇怡、聂萼辉：《留学生回流的技术外溢效应——基于中国省际面板数据的实证研究》，《国际贸易问题》2015年第2期。

丛静、张宏：《生产率异质性、产业要素密集度与中国对外直接投资》，《国际经济研究》2015年第2期。

崔敏、魏修建：《服务业各行业生产率变迁与内部结构异质性》，《数量经济技术经济研究》2015年第4期。

董亚娟、孙敬水：《区域经济收入的分布动态演进分析——以浙江省为例》，《当代财经》2009年第3期。

傅晓霞、吴利学：《技术效率、资本深化与地区差异——基于随机前沿模型的中国地区收敛分析》，《经济研究》2006年第10期。

傅晓霞、吴利学：《全要素生产率在中国地区差异中的贡献》，《世界经济》2006年第9期。

高凌云、屈小博、贾鹏：《中国工业企业规模与生产率的异质性》，《世界经济》2014年第6期。

高新：《消费者异质性对中国出口贸易影响研究》，《中国经济问题》2015年第9期。

葛小寒、陈凌：《国际R&D溢出的技术进步效应——基于吸收能力的实证研究》，《数量经济技术经济研究》2009年第7期。

龚六堂、谢丹阳：《我国省份之间的要素流动和边际生产率的差异分析》，《经济研究》2004年第1期。

顾乃华、李江帆：《中国服务业技术效率区域差异的实证分析》，《经济研究》2006年第1期。

顾乃华、夏杰长：《生产性服务业崛起背景下鲍莫尔－富克斯假说的再检验——基于中国236个样本城市面板数据的实证分析》，《财贸研究》2010年第6期。

郭克莎：《三次产业增长因素及其变动特点分析》，《经济研究》1992年第2期。

郭庆旺、贾俊雪：《中国全要素生产率的估算：1979—2004》，《经济研究》2005年第6期。

郭玉清、姜磊：《中国地区经济差距扩散的源泉：资本深化还是效率改进?》，《数量经济技术经济研究》2010年第7期。

何枫、陈荣、何炼成：《SFA模型及其在我国技术效率测算中的应用》，《系统工程理论与实践》2004年第5期。

何兴强、欧燕、史卫、刘阳：《FDI技术溢出与中国吸收能力门槛研究》，《世界经济》2014年第10期。

贺胜宾、周华蓉、刘有金：《环境约束下地区工业生产率增长异质性研究》,《南方经济》2011 年第 11 期。

胡鞍钢、熊义志:《我国知识发展的地区差距分析:特点、成因及对策》,《管理世界》2000 年第 8 期。

胡日东、李颖:《我国房地产业发展的综合评价——基于动态因子分析法》,《经济地理》2011 年第 11 期。

胡宗彪、王恕立:《中国服务业生产率增长来源:服务进口还是出口?》,《上海经济研究》2014 年第 7 期。

黄宪、余丹、杨柳:《我国商业银行 X 效率研究——基于 DEA 三阶段模型的实证分析》,《数量经济技术经济研究》2008 年第 7 期。

江静、刘志彪、于明超:《生产者服务业发展与制造业效率提升:基于区域和行业面板数据的经验分析》,《世界经济》2007 年第 8 期。

江小涓:《我国服务业加快发展的条件正在形成》,《首都经济贸易大学学报》2004 年第 3 期。

蒋萍、谷彬:《中国服务业 TFP 增长率分解与效率演进》,《数量经济技术经济研究》2009 年第 8 期。

蒋萍、王勇:《全口径中国文化产业投入产出效率研究——基于三阶段 DEA 模型和超效率 DEA 模型的分析》,《数量经济技术经济研究》2011 年第 12 期。

金飞、张琦:《中国市区县级 TFP 变动问题的讨论:2007—2010 年》,《数量经济技术经济研究》2013 年第 9 期。

孔翔、罗伯特、万广华:《国有企业全要素生产率变化及其决定因素:1990—1994》,《经济研究》1999 年第 7 期。

赖明勇、张新、彭水军、包群:《经济增长的源泉:人力资本、研究开发与技术外溢》,《中国社会科学》2005 年第 2 期。

李谷成:《人力资本与中国区域农业全要素生产率增长——基于 DEA 视角的实证分析》,《财经研究》2009 年第 8 期。

李国平、陈晓玲:《中国省区经济增长空间分布动态》,《地理学报》2007 年第 10 期。

　　李小平、朱钟棣：《国际贸易、R&D 溢出和生产率增长》，《经济研究》2006 年第 2 期。

　　李秀文、夏杰长：《基于自主创新的制造业与服务业融合：机理与路径》，《南京大学学报》（哲学社会科学版）2012 年第 2 期。

　　梁超：《垂直专业化、人力资本与我国技术创新能力：基于工业行业动态面板的实证研究》，《产业经济研究》2013 年第 2 期。

　　刘浩、原毅军：《中国生产性服务业与制造业的共生行为模式检验》，《财贸研究》2010 年第 3 期。

　　刘兴凯、张诚：《中国服务业全要素生产率增长及其收敛分析》，《数量经济技术经济研究》2010 年第 3 期。

　　卢洪友、郑法川、贾莎：《前沿技术进步、技术效率和区域经济差距》，《中国人口、资源与环境》2012 年第 5 期。

　　潘文卿：《外商投资对中国工业部门的外溢效应：基于面板数据的分析》，《世界经济》2003 年第 6 期。

　　邱爱莲、崔日明、徐晓龙：《生产性服务贸易对中国制造业全要素生产率提升的影响：机理及实证研究——基于价值链规模经济效应角度》，《国际贸易问题》2014 年第 6 期。

　　曲建君：《全要素生产率研究综述》，《经济师》2007 年第 1 期。

　　申广军、王雅琦：《市场分割与制造业企业全要素生产率》，《南方经济》2015 年第 4 期。

　　石风光、何雄浪：《全要素生产率、要素投入与中国地区经济差距的动态分布分析》，《南京社会科学》2010 年第 2 期。

　　石风光、李宗植：《要素投入、全要素生产率与地区经济差距——基于中国省区数据的分析》，《数量经济技术经济研究》2009 年第 12 期。

　　宋海岩、刘淄楠、蒋萍：《改革时期中国总投资决定因素的分析》，《世界经济文汇》2003 年第 1 期。

宋勇超、朱延福：《技术差距对 FDI 溢出的门限效应研究——来自中国制造业的经验证据》，《当代经济研究》2013 年第 3 期。

孙江永、冼国明：《产业关联、技术差距与外商直接投资的技术溢出》，《世界经济研究》2011 年第 4 期。

孙维峰、张秀娟：《山西省区域经济差距变动趋势与原因探悉——基于 1978—2009 年山西省数据的时政分析》，《中山大学学报》（社会科学版）2013 年第 5 期。

陶长琪、齐亚伟：《技术效率与要素累积对中国地区差距的效应分析——基于 DEA 三阶段模型》，《科学学与科学技术管理》2011 年第 9 期。

汪曲：《技术结构视角下吸收能力与知识溢出效应——基于中国省际 1995—2009 年面板数据的经验研究》，《经济管理》2012 年第 9 期。

王华、祝树金、赖明勇：《技术差距的门槛与 FDI 技术溢出的非线性：理论模型与中国企业的实证研究》，《数量经济技术经济研究》2012 年第 4 期。

王家庭、张荣：《基于三阶段 DEA 模型的中国 31 省市文化产业效率研究》，《中国软科学》2009 年第 9 期。

王恕立、胡宗彪：《中国服务业分行业生产率变迁及异质性考察》，《经济研究》2012 年第 4 期。

王霞、訾敬华、曾铖、郭兵：《要素生产率视角下的中心城市经济增长方式转变——基于中国 17 个城市面板数据的实证研究》，《上海经济研究》2015 年第 3 期。

王英、刘思峰：《国际技术外溢渠道的实证研究》，《数量经济技术经济研究》2008 年第 4 期。

王争、郑京海、史晋川：《中国地区工业生产绩效：结构差异、制度冲击及动态表现》，《经济研究》2006 年第 11 期。

王志刚、龚六堂、陈玉：《地区间生产效率与全要素生产率增长率分解（1978—2003）》，《中国社会科学》2006年第2期。

王自锋、孙浦阳、张伯伟、曹知修：《基础设施规模与利用效率对技术进步的影响：基于中国区域的实证分析》，《南开经济研究》2014年第2期。

吴建新：《技术进步、效率变化、资本积累与我国地区服务业发展》，《南方经济》2010年第8期。

吴建新：《资本积累、全要素生产率与中国地区发展差异——基于动态分布方法的研究》，《统计研究》2008年第11期。

夏杰长：《中国服务业三十年：发展经历、经验总结与改革措施》，《首都经济贸易大学》2008年第6期。

肖挺：《服务业分行业生产率变化、产权结构与工资收入变化》，《经济与金融管理》2015年第10期。

肖挺、刘华：《服务业分部门发展异质性与行业收入分配问题研究》，《中国科技论坛》2013年第8期。

谢建国、周露昭：《进口贸易、吸收能力与国际R&D技术溢出：中国省区面板数据的研究》，《世界经济》2009年第9期。

徐宏毅、欧阳明德：《中国服务业生产率的实证研究》，《工业工程与管理》2004年第5期。

徐盈之、赵豫：《中国信息制造业全要素生产率变动、区域差异与影响因素研究》，《中国工业经济》2007年第10期。

徐盈之、赵玥：《中国信息服务业全要素生产率变动的区域差异与趋同分析》，《数量经济技术经济研究》2009年第10期。

许建平、任燕：《我国服务业效率特征研究——基于区域发展差异影响因素的解释》，《产业经济研究》2012年第1期。

闫星宇、张月友：《我国现代服务业主导产业研究》，《中国工业经济》2010年第6期。

颜鹏飞、王兵：《技术效率、技术进步与生产率增长：基于DEA的实证分析》，《经济研究》2004年第12期。

杨宏儒、施祖麟：《内生经济增长理论的困难与新意》，《经济学动态》1992年第3期。

杨文举、龙睿赟：《中国地区工业的生态效率测度及趋同分析：2003—2010年》，《经济与管理》2013年第7期。

杨向阳：《基于Hicks-Moorsteen指数法的中国服务业TFP分解——以东部九省为例》，《财贸研究》2012年第1期。

杨向阳、徐翔：《中国服务业全要素生产率增长的实证分析》，《经济学家》2006年第3期。

杨勇：《中国服务业全要素生产率再测算》，《世界经济》2008年第10期。

尹琳琳、苏秦：《中国服务业生产率的变动态势及区域特征分析》，《软科学》2009年第11期。

原毅军：《辽宁省产业结构的演变与调整》，《大连理工大学学报》（社会科学版）2004年第6期。

臧霄鹏、林秀梅：《中国服务业效率研究——2004—2009年的面板数据》，《华南农业大学学报》（社会科学版）2012年第1期。

曾世宏、郑江淮、丁辉关：《国外服务业生产率研究：一个文献研究综述》，《产业经济评论》2016年第6期。

张军、施少华：《中国经济全要素生产率变动：1952—1998》，《世界经济文汇》2003年第2期。

张军、吴桂英、张吉鹏：《中国省际物质资本存量估算：1952—2000》，《经济研究》2004年第10期。

张礼卿、孙俊新：《出口是否促进了异质性企业生产率的增长：来自中国制造企业的实证分析》，《南开经济研究》2010年第4期。

张少华、蒋伟杰：《加工贸易与全要素生产率——基于供给和需求的分析视角》，《上海经济研究》2015年第6期。

赵伟、韩媛媛、赵金亮：《异质性、出口与中国企业技术创新》，《经济理论与经济管理》2012年第4期。

赵伟、汪全立：《人力资本与技术溢出：机遇进口传导机制的实证研究》，《中国软科学》2006年第4期。

郑京海、胡鞍钢：《中国改革时期省际生产率增长变化的实证分析（1979—2001年）》，《经济学（季刊）》2005年第2期。

支燕：《我国寿险业的效率研究》，《经济理论与经济管理》2009年第6期。

钟世川：《技术进步偏向与中国工业行业全要素生产率增长》，《经济学家》2014年第7期。

钟祖昌：《基于三阶DEA模型的中国物流产业技术效率研究》，《财经研究》2010年第9期。

周方：《科技进步与"增长函数"——兼评Solow教授"生产函数法"的原理性错误》，《数量经济计量经济研究》1999年第10期。

周晓艳、韩朝华：《中国各地区生产效率与全要素生产率增长率分解（1900—2006）》，《南开经济研究》2009年第5期。

朱子云：《中国经济发展省际差距成因的双层挖掘分析》，《数量经济技术经济研究》2015年第1期。

（三）学术论文类

林毅夫：《后发优势与后发劣势——与杨小凯教授商榷》，北京大学中国经济研究中心讨论稿系列，2002年。

石风光：《基于全要素生产率视角的中国省际经济差距研究》，博士学位论文，南京航空航天大学，2010年。

王华：《经济开放、异质性和技术创新研究》，博士学位论文，湖南大学，2012年。

徐宏毅：《服务业生产率与服务业经济增长研究》，博士学位论文，华中科技大学，2003年。

臧霄鹏：《我国服务业产业关联与生产率研究》，博士学位论文，吉林大学，2012年。

曾世宏：《基于产业关联视角的中国服务业结构变迁——"自

增强"假说及检验》，博士学位论文，南京大学，2011年。

周伟民：《经济增长的内生要素——基于管理投入的研究》，博士学位论文，南京大学，2011年。

（四）网络类

国家技术监督局：《中华人民共和国国家标准：质量管理与质量体系要素—服务指南》，http：//www.doc88.com/p-783378738112.Html。

二 英文参考文献

Abramovitz, M., "Catching Up, Forging Ahead, and Falling Behind", *Journal of Economic History*, Vol. 12, No. 2, 1986.

Aghion, P., Howitt, P., *Endogenous Growth Theory*, Lodon：Cambridge, MA, MIT Press, 1998.

Aghion, Philippe, "Innovation to Escape Entry: Theory and Micro-evidence", *Harvard, UCL and IFS, Working Paper*, 2003.

Aigner, D. J., Chu, S. F., "On Estimating the Industry Production Function", *American Economic Review*, Vol. 58, No. 4, 1968.

Aigner, J., Lovel, L. K., Schmidt, P., "Formulation and Estimation of Stochastic Frontier Production Function Models", *Journal of Econometric*, Vol. 16, No. 4, 1977.

Aiken, L., West, S., *Multiple Regression: Testing and Interpreting Interactions*, Newbury Park, CA: Sage, 1991.

Arrow, K. J., "The Economic Implications of Learning by Doing", *The Review of Economic Studies*, Vol. 29, No. 3, 1962.

Arthur Moura Neto, "Technical Efficiency: An Evaluation of Brazilian Airports", *Journal of Transport Literature*, Vol. 7, No. 4, 2013.

Avkiran, N. K., Rowlands, T., "How to Better Identify the True

Managerial Performance: State of the Art Using DEA", *Omega*, Vol. 36, No. 2, 2008.

Banker, R. D., Gifford, J. L., "A Relative Efficiency Model for the Evaluation of Public Health Nurse Productivity", *Mimeo Carnegie Mellon University*, 1988.

Barros, C. P., "Evaluation the Efficiency of A Small Hotel Chain with a Malmquist Productivity Index", *Tourism Management*, Vol. 7, No. 3, 2005.

Barros, C. P., "Measuring Efficiency in the Hotel Sector", *Annals of Tourism Research*, Vol. 32, No. 2, 2005.

Bartvanark, Erikmonnikhof, "Productivity in Services: An International Comparative Perspective", *Canadian Journal of Economics*, Vol. 32, No. 2, 1999.

Basu, S., Weil David, N., "Appropriate Technology and Growth", *Quarterly Journal of Economics*, Vol. 113, No. 4, 1998.

Batra Ravi, Beladi Hamid, "Technical Progress and Real Wages Once Again", *Review of International Economics*, Vol. 21, No. 3, 2013.

Battese, E., Coelli, T., "Prediction of Firm-level Technical Efficiencies with A Generalized Frontier Production Function and Panel Data", *Journal of Econometrics*, Vol. 38, No. 5, 1988.

Battese, G. E., Coelli, T. J., "Frontier Production Functions, Technical Efficiency and Panel Data: With Application to Paddy Farmers in India", *Journal of Productivity Analysis*, Vol. 3, No. 2, 1992.

Baumol, William, J., "Macroeconomics of Unbalanced Growth: The Anatomy of the Urban Crisis", *The American Economic Review*, Vol. 57, No. 3, 1967.

Bell Daniel, *The Coming of Post Industrial Society*, London: Heinemann Educational Books Ltd., 1974.

Berg, S. A., Forsund, F. R., Jansen, E. S., "Malmquist Indices of Productivity Growth during the Deregulation of Norwegian Banking 1980 – 1989", *Scandinavian Journal of Economics*, Vol. 94, No. 1, 1992.

Berg, S. A., Forsund, F. R., Hjalmarsson, L., Suominen, M., "Banking Efficiency in the Nordic Countries", *Journal of Banking & Finance*, Vol. 17, No. 2, 1993.

Bloom, N., Schankerman, M., "Identifying Technology Spillovers and Product Market Rivalry", *Econometrica*, Vol. 81, No. 4, 2013.

Borensztein, E. R., "How does Foreign Direct Investment Affect Economic Growth", *Journal of International Economics*, Vol. 1, No. 45, 1998.

Brown, J. R., Ragsdale, C. T., "The Competitive Market Efficiency of Hotel Brands: An Application of Data Envelopment Analysis", *Journal of Hospitality & Tourism Research*, Vol. 26, No. 4, 2002.

Brus, D., "Baumol's Disease in the Netherlands", *CBP Report*, 1998, No. 41.

Buera, F. J., Kaboski, J. P., "Scale and the Origins of Structural Change", *FRBC Working Papers*, 2008.

Burns, A., Mohapatra, S., "International Migration and Technological Progress", *World Development Report*, No. 10, 2008.

Caudill, S. B., Ford, J. M., Gropper, D. M., "Frontier Estimation and Firm-Specific Inefficiency Measures", *Journal of Business and Economic Statistics*, Vol. 1, No. 13, 1995.

Cavallo, E., Arizala, F., "Financial Development and TFP Growth: Cross-country and Industry-level Evidence", *Applied Financial Economics*, Vol. 23, No. 4, 2013.

Caves, D. W., Christensen, L. R., Diewert, W. E., "The Economic Theory of Index Numbers and the Measurement of Output, Input

Productivity", *Econometrica*, Vol. 50, No. 6, 1982b.

Caves, D. W., Christensen, L. R., "Diewert W. E. Multilateral Comparison of Output, Input and Productivity Using Superlative Index Number", *Economic Journal*, Vol. 92, No. 365, 1982a.

Chamarbagwala Ubiana, Ramaswamy Sunder, Wunnava Hanindra V., "The Role of Foreign Capital in Domestic Manufacturing Productivity: Empirical Evidence from Asian Economies", *Applied Economics*, Vol. 32, No. 4, 2000.

Chow Gregory, C., "Capital Formation and Economic Growth in China", *Quarterly Journal of Economics*, Vol. 108, No. 3, 1993.

Chow, G. C., "Capital Formation and Economic Growth in China", *Quarterly Journal of Economics*, Vol. 114, No. 2, 1993.

Coe, D. T., Helpman, E., "International R&D Spillovers", *European Economic Review*, Vol. 39, No. 5, 1995.

Coelli Tim, "A Guide to Frontier Version 4.1: A Computer Program for Stochastic Frontier Production and Cost Function Estimation", *CEPA Working paper*, 1996.

Cohen, W. M., Levinthal, D. A., "Innovation and Learning: The Two Faces of R&D", *The Economic Journal*, Vol. 99, No. 397, 1989.

Colin Clark, *The Conditions of Economic Progress*, London: Macmillan, 1960.

Comwell, C., Schmidt, P., Sickles, R. C., "Production the Efficiency of Decision Making Units", *European Journal of Operational Research*, Vol. 32, No. 2, 1990.

Debrulle, J., Maes, J., Sels, L., "Start-up Absorptive Capacity: Does the Owner's Human and Social Capital Matter", *International Small Business Journal*, Vol. 32, No. 7, 2014.

Driffield, N., Taylor, K., "FDI and the Labor Market: A Review of the Evidence and Policy Implications", *Oxford Review of Economic Policy*, Vol. 16, No. 3, 2000.

Estelle, S. M., Johnson, A. L., Ruggiero, J., "Three-stage DEA Models for Incorporating Exogenous Inputs", *Computers & Operations Research*, Vol. 37, No. 6, 2010.

Ethier Wilfred, "National and International Return to Scale in the Modern Theory of International Trade", *American Economic Review*, Vol. 17, No. 6, 1982.

Falvey, R., Neil, F., David, G., "North-South Trade, Knowledge Spillover and Growth", *Journal of Economic Integration*, Vol. 17, No. 2, 2002.

Farrell, J., "The Measurement of Productive Efficiency", *Journal of the Royal Statistical Society*, Vol. 120, No. 6, 1957.

Fernandes, A. M., "Structure and Performance of the Service Sector in Transition Economics", *Economics of Transition*, Vol. 17, No. 3, 2009.

Fisher, A. G. B., *The Clash of Progress and Security*, Lodon: Macmillam, 1935.

Fried, H. O., Lovell, C. A. K., Schmidt, S. S., Yaisawamg, S., "Accounting for Environmental Effects and Statistical Noise in Data Envelopment Analysis", *Journal of Productivity Analysis*, Vol. 17, No. 1, 2002.

Fuchs, V. R., "The Growing Importance of the Service Industries", *The Journal of Business*, Vol. 38, No. 4, 1965.

Gouyette, C., Perelman, S., "Productivity Convergence in OECD Service Industries", *Structure Change and Economic Dynamics*, Vol. 8, No. 3, 1997.

Harberger, A., "Perspectives on Capital and Technology in Less

Developed Country", *Contemporary Economic Analysis*, Vol. 17, No. 2, 1978.

Havrylchyk, O., "Efficiency of the Polish Banking Industry: Foreign Versus Domestic Banks", *Journal of Banking & Finance*, Vol. 30, No. 7, 2006.

Hempl, T., "Dose Experience Matter? Innovations and the Productivity of Information and Communication Technologies in German Services", *Economic Innovation and New Technology*, Vol. 14, No. 4, 2005.

Hood, N., Young, S., "The Globalization of Multinational Enterprise Activity and Economic Development", *Journal of Economic Literature*, Vol. 2, No. 38, 2000.

Hsu, F. M., Hsueh, C. C., "Measuring Relative Efficiency of Government-sponsored R&D Projects: A Three-stage Approach", *Evaluation and Program Planning*, Vol. 32, No. 2, 2009.

Hwang, S. N., Chang, T. Y., "Using Data Envelopment Analysis to Measure Hotel Managerial Efficiency Change in Taiwan", *Tourism Management*, Vol. 24, No. 4, 2003.

Inès Ayadi, "Technical Efficiency of Tunisian Banks", *International Business Research*, Vol. 7, No. 4, 2014.

Ismo Vuorinen, "Content and Measurement of Productivity in the Service Sector-A Conceptual Analysis with An Illustrative Case From the Insurance Business", *International Journal of Service Industry Management*, Vol. 9, No. 4, 1998.

Jabbour, L., "Ofifshoring and Firm Performance: Evidence from French Manufacturing Industry", *World Economy*, Vol. 33, No. 3, 2010.

Jamec, C., Spohrer, "Improving Service Quality and Productivity: Exploring the Digital Connections Scaling Model", *Service Technology and Management*, Vol. 11, No. 3, 2009.

Jefferson, G., Rawski, T., Zheng, Y., "Chinese Industrial Productivity: Trends, Measurement and Recent Development", *Quarterly Journal of Economics*, Vol. 23, No. 2, 1996.

Joachim Singelmann, *From Agriculture to Services: The Transformation of Industrial Employment*, Beverly Hills and London: Sage Publication, Inc., 1978.

Jondrow, J. C., "On the Estimation of Technical Inefficiency in the Stochastic Frontier Production Function Model", *Journal of Econometrics*, Vol. 19, No. 3, 1982.

Jones, C. I., "R&D Based Model of Cconomic Growth", *Journal of Political Economy*, No. 103, 1995a.

Jones, C. I., "Sources of U. S Economic Growth in a World of Idea", *American Econimic Review*, No. 92, 2002.

Jones, C. I., "Time Series Test of Endogenous Growth Model", *Quarterly Journal of Economics*, No. 110, 1995b.

Jose, L. Nararro, Jose, A. C., "Productivity of the Service Sector: A Regional Perspective", *The Service Industries Journal*, Vol. 121, No. 1, 2001.

Kasahara, H., Rodrigue, J., "Does the Use of Imported Intermediates Increase Productivity? Plant-level Evidence", *Journal of Development Economics*, Vol. 87, No. 1, 2008.

Katouzian, M. A., "The Development of the Service Sector: A New Approach", *Oxford Economic Papers*, *New Series*, Vol. 22, No. 3, 1970.

Katouzian, M. A., "The Development of the Service Sector: A New Approach", *Oxford Economic Papers*, Vol. 22, No. 3, 1970.

Keh, H. T., Chu, S. F., Xu, J. Y., "Efficiency, Effectiveness and Productivity of Marketing in Service", *European Journal of Op-*

erational Research, Vol. 170, No. 1, 2006.

Keller, W., Stephen, R. Yeaple, "Multinational Enterprises, International Trade, and Productivity Growth: Firm-Level Evidence from the United States", *The Review of Economics and Statistics*, Vol. 91, No. 4, 2009.

Kendrick, J., *Productivity Trends in the United States*, New York: NBER, 1961.

Klenow, P., A. Rodriguez-Clare, "The Neoclassical Revival in Growth Economics: Has It Gone Too Far?", *NBER Macroeconomics Annual*, Vol. 12, No. 2, 1997.

Kokko, A., Tansini, R., Zejan, M., "Productivity Spillovers from FDI in the Uurguayan Manufacturing Sector", *Jounral of Development Studies*, Vol. 32, No. 2, 1996.

Koopmans, T., *Activity Analysis of Production and Allocation*, New York: Wiley, 1951.

Krugman, P. R., "Increasing Returns, Monopolistic Competition, and International Trade", *Journal of International Economics*, Vol. 32, No. 9, 1979.

Krugman, P. R., "Scale Economies, Product Differentiation and the Pattern of Trade", *American Economic Review*, Vol. 70, No. 5, 1980.

Kumbhakar, S., "A parametric Approach to Efficiency Measurement Using a Flexible Profit Function", *Southern Economic Journal*, Vol. 63, No. 2, 1996.

Kumbhakar, S., "Production Frontiers, Panel Data, and Time-varying Technical Inefficiency", *Journal of Productivity Analysis*, Vol. 46, No. 2, 1990.

Kumbhakar, S. C., "Estimation and Decomposition of Productivity Change when Production Is Not Efficient: A Panel Data Approach", *Econometric Reviews, Vol. 19, No. 2, 2000.

Liehtenberg, F. R., Van Potterie, B., "International R&D Spillovers: A Re-examination", European Economic Review, Vol. 428, No. 3, 1998.

Lucas, R., "On the Mechanics of Economic Development", Journal of Monetary Econimics, Vol. 22, No. 1, 1988.

Lumenga-Neso, O., Olarreaga, M., Schif, M., "On 'Indirect' Trade-related R&D Spillovers", European Economic Review, Vol. 49, No. 7, 2005.

Madsen Jakob, B., "Technology Spillover through Trade and TFP Convergence: 135 Years of Evidence for the OECD Countries", Journal of International Economics, Vol. 72, No. 2, 2007.

Markusen, James, R., "Trade in Producer Services and in Other Specialized Intermediate Inputs", American Economic Review, Vol. 15, No. 3, 1989.

Marrewijk, C., "Producer Services, Comparatives Advantages, and International Trade Patterns", Journal of International Economics, Vol. 42, No. 2, 1997.

Masayuki Morikawa, "Demand Fluctuations and Productivity of Service Industries", Economics Letters, Vol. 117, No. 1, 2012.

Meeusen, W., Van Den Broeck, J., "Efficiency Estimation from Cobb-Douglas Production Functions with Composed Error", International Economic Review, Vol. 18, No. 2, 1977.

Melitz, M. J., "The Impact of Trade on Intra-Industry Reallocations and AggregateIndustry Productivity", Econometrica, Vol. 58, No. 71, 2003.

Mendoza Ronald U., Lau, A., "Promoting Technology Spillovers from Trade and Investments", International Journal of Development Issues, Vol. 13, No. 1, 2014.

Michael Van Biema, Bruce Greenwald, "Managing Our Way to Higher Service-sector Productivity", *Harvard Business Review*, Vol. 75, No. 4, 1997.

Miller, S. T., Noulas, A. G., "The Technical Efficiency of Large Bank Production", *Journal of Banking & Finance*, Vol. 20, No. 3, 1996.

Nam Deokwoo, WangJian, "Are Predictable Improvements in TFP Contractionary or Expansionary: Implications from Sectoral TFP?", *Economics Letters*, Vol. 124, No. 2, 2014.

Nishimizu, M., Page, J. M., "Total Factor Productivity Growth, Technical Progress and Technical Efficiency Change: Dimensions of Productivity Change in Yugoslavia", *The Economic Journal*, Vol. 92, No. 8, 1982.

Oulton, N., "Must the Growth Rate Decline? Baumol's Unbalanced Growth Revisited", *Oxford Economic Papers*, Vol. 53, No. 4, 2001.

Pastor, J. M., "Credit Risk and Efficiency in the European Banking System: A Three-stage Analysis", *Applied Financial Economics*, Vol. 12, No. 12, 2002.

Peneder, M., "Industrial Structure and Aggregate Growth", *Structural Change and Economic Dynamic*, Vol. 14, No. 4, 2003.

Perez, T., "Multinational Enterprises and Technological Spillovers: An Evolutionary Model", *Evolutionary Economics*, Vol. 2, No. 7, 1997.

Picazo-Tadeo, A. J., Gonzalez-Gomez, F., Saez-Fernandez, F. J., "Accounting for Operating Environments in Measuring Water Utilities' Managerial Efficiency", *The Service Industries Journal*, Vol. 29, No. 6, 2009.

Psacharopoulos, G., "Return to Investment in Education-A Global

Update", *World Development*, Vol. 22, No. 9, 1994.

Pugno, M., "The Service Paradox and Endogenous Economic Growth", *Structural Change and Economic Dynamics*, Vol. 17, No. 1, 2006.

Quah, D., "Empirical Cross-Section Dynamics in Economic Growth", *European Economic Review*, Vol. 37, No. 2, 1993.

Romer, P., "Endogenous Technological Change", *Journal of Political Economy*, Vol. 58, No. 98, 1990.

Romer, P. M., "Increasing Returns and Long-run Growth", *Journal of Political Economy*, Vol. 94, No. 5, 1986.

Rubalcaba, L., *The New Service Economy: Challenge and Policy Implications for Europe*, Cheltenham: Edward Elgar Press, 2007.

Ruttan, V. W., "Can Economic Growth be Sustained? A Post-Malthusian Perspective", *Population and Development Review*, Vol. 28, No. 1, 2002.

Sathye, M., "Efficiency of Banks in a Developing Economy: A Case of India", *European Journal of Operational Research*, Vol. 148, No. 3, 2003.

Sawada, N., "Technology Gap Matters on Spillover", *Review of development economics*, Vol. 14, No. 1, 2010.

Solow Robert, "A Contribution to the Theory of Economic Growth", *The Quarterly Journal of Economics*, Vol. 70, No. 1, 1956.

Solow, Robert, M., "Technical change and the Aggregate Production Function", *Review of Economics and Statistics*, Vol. 39, No. 8, 1957.

Tambe, P., Hitt, L. M., "Measuring Information Technology Spillover", *Information Systems Research*, Vol. 25, No. 1, 2014.

Thurow, L., "Toward a High Wage, High-Productivity Service Sector", *Economic Policy Institute*, Vol. 57, No. 3, 1989.

Triplett, A. E., Barry, P. B., "'Baumol's Disease' has been Cured: It and Multifactor Productivity in US Services Industries", *Prepared for the Texas A&M Conference*, 2002.

Vogel, A., Wagner, J., "Higher Productivity in Importing German Manufacturing Firms: Self-selection, Learning from Importing, or Both?", *Review of World Economics*, Vol. 145, No. 4, 2010.

Waldstein, L., "Service Sector Wages, Productivity and Job Creation in the US and Other Countries", *Economic Policy Institute*, Vol. 8, No. 3, 1989.

Wang, Y., Yao, Y., "Sources of China's Economic Growth 1952 – 1999: Incorporating Human Capital Accumulation", *China Economic Review*, Vol. 14, No. 1, 2003.

Wu, Y. R., "China's Cpital Stock Service by Region and Sector", *Business School, University of Western Australia, Discussion Paper*, 2009, No. 09.

Wêlfl, A., "Productivity Growth in Service Industries: An Assessment of Recent Patterns and the Role of Measurement", *STIW Working Paper*, 2003.

Xu, B., "Multinational Enterprises, Technology Diffusion, and Host Country Productivity growth", *Journal of Development Economies*, Vol. 2, No. 62, 2000.

Young, A., "Learning by Doing and the Dynamic Effects of International Trade", *Quarterly Journal of Economies*, Vol. 106, No. 2, 1991.

Zago Angelo, Mastromarco Camilla, "On Modeling the Determinants of TFP Growth", *Structural Change and Economic Dynamics*, Vol. 23, No. 4, 2012.

后　记

本书是在笔者博士论文的基础上丰富与完成的。在此部著作的写作与完成过程中，首先，我要感谢我的导师魏修建教授和师母尹立新老师，他们的真诚与鼓励，坚定了我求学的信心。作为"魏氏师门"下的一员，我深感温暖与荣幸。魏老师待人谦和、治学严谨，他的谆谆教导鞭策着我不断进步和成长。此部著作更是在魏老师的指导下不断修改完成的，从文章架构的设立到写作过程中的多次指导，直至最后的定稿，魏老师都给予了我很大的帮助和鼓励，魏老师的人品与学识，是我终身学习的榜样。在此，谨向魏老师表达崇高的敬意和衷心的感谢！其次，我要感谢所有教授过我和关心过我的老师，他们的渊博学识和人格魅力将深深地刻入我的记忆！感谢西安交通大学经济与金融学院的杨秀云老师、温军老师、李香菊老师、乔志林老师、程瑜老师在我写作过程中给予我关键的点拨和建议。感谢严明义老师在实证过程中给予我有价值的建议和帮助。感谢我的硕士生导师毛加强老师一直以来在我学习和生活中的关心与支持。感谢西安交通大学为我们创造了一个良好的学习环境与学术氛围，使我得以初窥经济学之门槛。感谢所有在我求学过程中授业于我的老师，他们的传道、授业与解惑，让我更加深刻懂得了"精勤求学、敦笃立志"的西安交大精神。感谢"魏氏师门"的所有师兄弟姐妹们，你们给我带来了真诚的友谊、丰富多彩的生活和大量的学术支持，在此表示深深的谢意！相信我们的"魏氏师门"会更加枝繁叶茂，熠熠生辉。

感谢西安财经大学的领导与同事，在我写作过程中给予的支持与鼓励！感谢经济学院领导在工作中对我的包容、关心与帮助，感谢我的同事和朋友，是你们让我感受到西安财经大学经济学院这个大家庭的温暖，让我能够以轻松愉快的心情投入工作，并顺利地完成书稿。

感谢我的家人在我的学业生涯和工作生活中一直给予的关心和支持！

感谢所有参考文献的作者，他们的研究成果给予我极大的帮助和启迪。

感谢中国社会科学出版社，在我著作出版过程中给予的支持与帮助！

谨以此文献给所有关心我、爱护我、支持我的人！

此外，本书受到了西安财经大学学术著作出版基金项目的支持，特此鸣谢！

崔　敏
2020 年 6 月作于西安